O PAPA É CULPADO?

A responsabilidade
do Vaticano
por violações de
direitos humanos

GEOFFREY ROBERTSON

O PAPA É CULPADO?

A responsabilidade
do Vaticano
por violações de
direitos humanos

Tradução de Otavio Albuquerque

Texto de acordo com a nova ortografia.

Título original: *The Case of the Pope: Vatican Accountability for Human Rights Abuse*

Capa: Ivan Pinheiro Machado
Tradução: Otavio Albuquerque
Preparação: Matheus Gazzola Tussi
Revisão: Patrícia Yurgel
Imagem página 10: Mussolini retratado em mural de Diego Rivera, 1933 © 2010 Banco do México. Diego Rivera/Frida Kahlo Museums Trust, Mexico, D.F./ DACS

CIP-Brasil. Catalogação na Fonte
Sindicato Nacional dos Editores de Livros, RJ

R549

Robertson, Geoffrey
 O papa é culpado? A responsabilidade do Vaticano por violações de direitos humanos / Geoffrey Robertson; tradução de Otavio Albuquerque. – Porto Alegre, RS: L&PM, 2011.
 280p. : 21 cm

 Tradução de: *The Case of the Pope: Vatican Accountability for Human Rights Abuse*
 Inclui bibliografia
 Apêndice
 ISBN 978-85-254-2450-1

 1. Direitos humanos - Aspectos religiosos - Igreja Católica. 2. Dignidade - Aspectos religiosos - Igreja Católica. 3. Igreja e problemas sociais - Igreja Católica. 4. Concílio Vaticano. I. Título.

11-5099.	CDD: 261.7
	CDU: 272:342.7

© Geoffrey Robertson, 2011
First published in Great Britain in the English language by Penguin Books Ltd.

Todos os direitos desta edição reservados a L&PM Editores
Rua Comendador Coruja 314, loja 9 – Floresta – 90.220-180
Porto Alegre – RS – Brasil / Fone: 51.3225.5777 – Fax: 51.3221-5380
Pedidos & Depto. Comercial: vendas@lpm.com.br
Fale conosco: info@lpm.com.br
www.lpm.com.br

Impresso no Brasil
Primavera de 2011

Para o meu pai

Prefácio

Escrevi um breve comentário para o *Guardian* e o *Daily Beast* na Páscoa de 2010, quando era esperado que o papa Bento XVI comentasse (embora não o tenha feito) a crise em sua Igreja causada pelas revelações no mundo todo de abusos sexuais cometidos por padres. Argumentei que os casos de estupro e assédio sexual perpetrados contra crianças de forma ampla e sistemática poderiam ser configurados como crimes contra a humanidade, e que o líder de qualquer organização que proteja seus membros criminosos da justiça poderia ser responsabilizado em um júri internacional. Expliquei também que a tese de inimputabilidade do papa por ser um chefe de Estado – da Santa Sé, no caso (uma ideia usada recentemente em sua defesa pelo governo Bush em tribunais dos Estados Unidos) – estava aberta a sérios questionamentos, uma vez que tem como base o precário acordo feito com Mussolini em 1929, o que não se compara à soberania das nações independentes. A Organização das Nações Unidas (ONU) errou ao garantir à Igreja Católica um status privilegiado que não é concedido a nenhuma outra religião ou ONG.

Minhas palavras sem dúvida alguma passariam despercebidas caso um ousado subeditor não tivesse decidido publicá-las sob a manchete "Colocando o papa na mira", uma ideia corajosa que transformou imediatamente o artigo em notícia internacional. Em seguida, Christopher Hitchens, um velho amigo que havia despertado meu interesse pelo assunto, e também Richard Dawkins e Sam Harris foram envolvidos por terem me apoiado no que se tornou uma absurda capa de tabloide com a manchete "Esquema planeja prender o papa". Isso fez com que o meu argumento inicial se perdesse em meio à comoção. O importante era deixar claro que os papas não são imunes a ações legais e que, a menos que o Vaticano desista de proteger padres pedófilos e abandone a exigência de julgá-los pelo direito canônico, seu líder poderia muito bem ser processado ou investigado pelo promotor de um júri internacional.

O fato é que dezenas de milhares de crianças no mundo todo foram abusadas sexualmente por padres que em sua maioria foram julgados em sigilo por um código de leis eclesiástico que não garante nenhuma punição verdadeira e dá a esses transgressores ampla oportunidade de reincidência. O mais impressionante é que isso não foi reconhecido como uma atrocidade contra os direitos humanos pelo ineficiente comitê da ONU responsável por supervisionar a Convenção dos Direitos da Criança, ou por países como os Estados Unidos e o Reino Unido, que preparam relatórios denunciando graves violações dos direitos humanos, ou até mesmo por organizações como a Anistia Internacional e a Human Rights Watch. Em parte, isso pode ser resultado de um bom trabalho feito por vários católicos e organizações católicas de ajuda humanitária, como a Caritas e a CAFOD, grupos que admiro muito e apoio desde a fundação. Mas também é uma consequência da equivocada postura de reconhecer essa organização religiosa como um Estado, dotado de poderosas conexões diplomáticas com governos do mundo todo e de um comandante beatífico que é procurado por líderes políticos que fazem peregrinações para serem abençoados. A ideia de que esse representante da paz e dos princípios morais poderia fechar os olhos para um crime internacional desafia as próprias crenças dessa religião.

Mas não há dúvida de que a escala desse escândalo só foi alcançada graças às diretivas do Vaticano, especialmente da Congregação para a Doutrina da Fé (CDF), por exigirem que todas as denúncias de abusos sexuais fossem processadas em sigilo absoluto sem nunca serem reveladas à polícia ou a advogados locais, sempre sob um código canônico obsoleto, ineficiente e não punitivo. A Santa Sé defende seu direito de operar esse sistema como um de seus privilégios de Estado, além do direito exclusivo de se pronunciar e organizar lobbies na ONU para promover sua pauta teológica: condenar o homossexualismo por ser "perverso", assim como o divórcio; negar às mulheres o direito à escolha, até mesmo para evitar uma gravidez em caso de estupro ou incesto; julgar a fertilização *in vitro* como um pecado por começar com uma masturbação; e não incentivar o uso de preservativos em caso algum, nem mesmo para evitar a AIDS entre parceiros casados.* O poder político associado à condição de Estado vem se mostrando muito sedutor para um papa como o cardeal Joseph Ratzinger, que foi diretor da CDF de 1981 a 2005 e que durante seu comando testemunhou uma imensa quantidade de casos de abuso sexual. O quanto ele sabia sobre o assunto e como os transgressores eram transferidos entre paróquias e até para outros países enquanto eram escondidos da justiça local não ficará claro até que a CDF seja obrigada a abrir seus arquivos, muito embora já exista uma quantidade suficiente de provas para transformar a responsabilidade moral de Joseph Ratzinger – e de João Paulo II – em alvo de um acalorado debate. Sua responsabilização legal é um tema controverso devido à tese de imunidade soberana, mas seria interessante nos perguntarmos, em um momento em que Bento XVI vem se mostrando contra uma reforma essencial da Igreja, se o papa deveria mesmo continuar sendo o único homem do mundo acima da lei.

Agradeço, como sempre, ao meu amigo Mark Stephens pelo seu apoio e a Jen Robinson pelo incrível trabalho de pesquisa e pelas excelentes ideias. Agradeço também a Matthew Albert, Lionel Nichols, Stephen Powles e Angela Giannotti pelo material complementar, e à minha assistente Judy Rollinson. Também sou grato a Tina Brown pelo apoio e a Caroline Michel, minha agente, que me inspirou a escrever o livro. E a Stefan McGrath e Will Goodlad, da editora Penguin, que prepararam a publicação em tempo recorde e aceitaram manter os parágrafos numerados, que é como eu, por ser advogado, acho que devo escrever. É uma grande honra, no 75º aniversário da Penguin, ser publicado como um *Penguin Special* – o primeiro desde 1989. Por fim, obrigado à minha esposa, Kathy Lette, que um dia já foi católica.

Doughty Street Chambers, 9 de agosto de 2010

---

* Em novembro de 2010 foi divulgado o livro de entrevistas com o papa Bento XVI, *Licht der Welt* [Luz do mundo], no qual ele admitia como moralmente aceitável o uso de camisinha para prevenção à AIDS em casos de prostituição homossexual, heterossexual ou transsexual. (N.E.)

Diego Rivera retrata uma verdade sobre o Tratado de Latrão. O papa pró-fascista Pio XI fica em silêncio e abençoa (com os dedos cruzados) o demagogo Mussolini, enquanto seu esquadrão da morte assassina o corajoso parlamentar democrata Matteotti (canto inferior direito).

Sumário

1. Vinde a mim os pequeninos 13
2. Os pecados dos pais 27
3. Direito canônico 58
4. O Tratado de Latrão 81
5. O critério para a condição de Estado 99
6. A Santa Sé e as Nações Unidas 118
7. A Convenção sobre os Direitos da Criança 136
8. Uma acusação a ser respondida? 146
9. Crimes contra a humanidade 161
10. O papa pode ser processado? 180
11. Reflexões 194

    Apêndice A: Um bispo no tribunal 207

    Apêndice B: Trechos da *Crimen Sollicitationis* 221

    Apêndice C: Trechos da *Sacramentorum sanctitatus tutela*: Carta apostólica do cardeal Ratzinger (2001) 230

    Apêndice D: *de gravioribus delictis* (julho de 2010) 233

    Epílogo 237

    Bibliografia 248

    Notas 258

1. Vinde a mim os pequeninos

"Agora que já estou na Igreja Católica há dezenove anos, não me lembro de ter ouvido falar nem uma vez sequer sobre um padre infiel na Inglaterra [...]. Refiro-me a casos em que um homem mantém uma fachada para o mundo, mas é um hipócrita vazio por dentro."

John Henry Newman, Apologia Pro Vita Sua (1865)[1]

1. Toda pessoa tem direito à religião e a manifestá-la junto a outras pessoas por meio do seu "ensino, prática, culto e observância".[2] O corolário desse direito – expresso com essas palavras na Declaração Universal e em todas as convenções de direitos humanos – é que as igrejas devem ser livres para abraçar suas doutrinas, mas sempre sujeitas (e essa é uma condição explicitamente imposta em todas essas convenções) às leis necessárias em uma democracia para proteger os interesses públicos e os direitos e liberdades dos outros cidadãos. Os líderes e servidores dessas igrejas estão sujeitos, como qualquer outra pessoa, não apenas às leis dos países onde vivem, por violações pelas quais poderiam ser julgados ou processados por danos causados, como também ao direito penal internacional – um conjunto de leis pelo qual alguns líderes políticos e militares e vários padres e freiras já foram condenados e sentenciados severamente por crimes contra a humanidade. A influência psicológica que qualquer padre tem sobre seus seguidores é potente e capaz de causar abusos (como é dramaticamente ilustrado no vídeo dos padres ortodoxos abençoando soldados sérvios antes de estes executarem suas vítimas inocentes em Srebrenica). Assim sendo, um cargo espiritual não pode oferecer imunidade: o "benefício clerical" foi abolido há muito tempo na Grã-Bretanha, onde o princípio primordial da regra legal é o formulado pelo dr. Thomas Fuller em 1733: "independente do quão elevada for a tua condição, a

lei sempre estará acima dela". Como o Lorde Bingham explicou, "se você maltratar um pinguim no zoológico de Londres, não pode escapar de um processo apenas por ser o arcebispo de Canterbury".[3] Como, então, poderia um líder religioso estar acima de todas as leis, sejam elas nacionais ou internacionais, civis ou criminais? Segundo seus seguidores e diplomatas, Sua Santidade, o papa, é inimputável, além de infalível, ainda que ele maltrate um pinguim em uma visita ao zoológico de Londres, faça um discurso de ódio contra homossexuais ou permita que a Igreja Católica ofereça proteção no mundo todo para molestadores de crianças.

2. Essa questão foi levantada no contexto das provas de abusos sexuais praticados por membros do clero que vieram à tona em casos nos tribunais dos Estados Unidos (onde os acordos judiciais até agora já passam de US$ 1,6 bilhão); em relatórios oficiais na República da Irlanda, que informavam que o abuso sexual de crianças realizado por padres era bastante disseminado (um relatório judicial chegou a descrever a situação como "endêmica" nas instituições católicas); e em padrões similares que vêm emergindo nos últimos tempos na Europa, na Austrália e no Canadá. Esses fatos, que os líderes da Igreja admitem com desculpas agora abundantes, são dignos de vergonha e escândalo. No entanto, tais casos têm consequências que vão muito além dos danos à reputação da Igreja. Essas provas mostram que, sob a direção do Vaticano, esses transgressores foram tratados de uma maneira que os protegeu de serem expostos, silenciou suas vítimas, contribuiu para que alguns deles voltassem a cometer novos abusos e escondeu das autoridades legais as provas de seus graves crimes. Na verdade, em vários países a Igreja vem operando um sistema de justiça penal paralelo, sem o conhecimento externo e deliberadamente escondido do público, da polícia e dos parlamentos, segundo o qual os culpados não são punidos e as vítimas são caladas – por meio de juramentos forçados e acordos legais confidenciais. Esse sistema alternativo de "justiça" foi supervisionado durante quase um quarto de século pelo cardeal Ratzinger (que em 2005 se tornou o papa

Bento XVI); o fato de tantos crimes terem sido cometidos sob seu comando levanta sérias questões quanto à sua competência como líder e administrador. Hoje ele atua como comandante do Vaticano – um monarca absolutista perante a lei – e líder da Santa Sé, que se proclama um Estado soberano. Qualquer líder responsável por graves negligências pode ser enquadrado pelo direito internacional como tendo "responsabilidade de comando" por crimes contra a humanidade; a maioria dos códigos penais nacionais classifica como delito esconder provas de um crime grave, e o código civil presume responsabilidade indireta para aqueles cuja negligência tenha causado ou contribuído para algum sofrimento humano. Com que base alguém poderia alegar que o papa e a Santa Sé não podem ser investigados por essas diferentes formas de responsabilização legal?

3. O abuso sexual de menores é um absurdo – um crime já vil o suficiente em casos comuns de pedófilos, e pior ainda quando professores, chefes escoteiros, babás ou pais abusam da confiança a eles delegada e molestam crianças sob sua tutela. Mas pior ainda é o caso dos padres que atacam suas vítimas em confessionários e retiros usando o poder espiritual neles investido (muitas vezes absolvendo a criança após terem saciado seus desejos). As vítimas descrevem esses ataques como eventos que literalmente destruíram suas almas – prejudicando a capacidade que tinham de ter fé, assim como seu equilíbrio mental para a vida no futuro.[4] Certas provas sugerem que as vítimas de abuso clerical demoram mais tempo para se recuperar e são mais propensas até mesmo a jamais se recuperar em relação a outras pessoas sujeitas a abusos quando crianças, e os danos são agravados quando elas são forçadas pela Igreja a fazer um juramento de "segredo pontifical", mesmo sabendo que seu agressor foi perdoado e está livre para atacar de novo. É por isso que as respostas do Vaticano aos escândalos de abusos infantis, desde sua primeira grande exposição na mídia pelo *Boston Globe*, em 2002, têm sido lamentáveis, primeiro tentando fingir que esse é um problema unicamente "americano", depois alegando que a incidência desses crimes na Igreja não é maior do que em outras

organizações, e por fim culpando a "cultura gay" ou a malícia da mídia, sem nunca – até hoje – ter enfrentando o fato central de que a Igreja, por muitos anos sob o comando do cardeal Ratzinger na CDF, vem assumindo o papel da própria lei, oferecendo um sistema paralelo de procedimentos secretos sob o qual padres transgressores são perdoados, suas vítimas são silenciadas e a devida execução das leis nacionais é impedida.

4. A resposta da Igreja, ainda repetida por pessoas como Alan Dershowitz que defendem o atual papa, foi de que esse tipo de abuso sexual hierárquico ocorre em todas as instituições religiosas e em escolas seculares, e que é errado "estereotipar" os sacerdotes católicos romanos. No entanto, as provas mostram com clareza uma incidência muito maior de abusos nas instituições católicas (ver Capítulo 2) e, de qualquer forma, esse argumento ignora o fato de que essa Igreja, por meio das suas pretensões de ser um Estado, com seu próprio direito canônico não punitivo, na verdade vem acobertando os abusos e protegendo os transgressores. Além disso, essa religião em particular concede aos seus sacerdotes poderes divinos aos olhos das crianças, que são postas sob sua tutela espiritual assim que desenvolvem suas primeiras faculdades de raciocínio. Muitas vezes, aos sete anos as crianças católicas já comungam – uma experiência espetacular para elas, na qual o padre realiza diante de seus olhos o milagre da transubstanciação ao transformar pão e vinho no corpo e sangue de Cristo por meio da autoridade concedida a ele pelo sacramento da ordem sacerdotal. Na mesma idade, as crianças, influenciáveis e inseguras, também são forçadas a confessar seus pecados, e os padres, como deuses, concedem seu perdão. O padre Tom Doyle explica o fenômeno da obediência das crianças aos pedidos sexuais dos padres como algo induzido pelo "medo reverencial": as vítimas nutrem um respeito emocional e psicológico tão grande pelo agressor que não conseguem negar seus pedidos. "Os católicos são ensinados desde pequenos que os padres assumem o lugar de Jesus Cristo e que devem obedecê-los a todo custo, sem nunca questionar ou criticar nada." Uma Igreja que coloca suas crianças desde tão tenra idade sob o controle espiritual de sacerdotes, representantes de Deus, a quem devem

obediência cega, deveria tomar as mais rigorosas medidas para protegê-las de qualquer abuso que essa situação possa vir a lhes causar. Essas medidas incluem a obrigação de entregar os devidos suspeitos de abusos sexuais praticados contra crianças às autoridades seculares para serem julgados e, em caso de condenação, punidos. É essa obrigação que o cardeal Joseph Ratzinger, ou Bento XVI, vem se recusando ferrenhamente a aceitar nos últimos trinta anos.

5. É consenso que sujeitar uma criança a um abuso sexual é crime digno de punição, independentemente de também ser ou não um pecado que exija penitência. Isolados em uma ilha deserta no meio do oceano Pacífico, os amotinados do navio *HMS Bounty* e seus descendentes viveram quase dois séculos sem terem um código legal escrito, mas ainda assim o Conselho Privado do Reino Unido (a mais alta corte da Comunidade Britânica) não teve dúvidas de que os habitantes das ilhas Pitcairn sabiam que cometer esses atos era errado: "uma conduta desse tipo só pode ser encarada como um crime merecedor de punição".[5] A menos, é claro, que tal conduta seja praticada por um padre católico, pois a Igreja julga esse ato como um pecado digno apenas de penitência e faz de tudo para impedir que esses malfeitores sejam presos, julgados publicamente e condenados à prisão, como aconteceu com os habitantes de Pitcairn e com a maioria dos outros molestadores de crianças que foram sujeitos à justiça pública. Que tipo de cegueira moral fez com que uma Igreja famosa por sua benevolência se tornasse tão relutante em expulsar e punir todos os criminosos existentes em seu seio, e até se dispusesse – como as provas claramente mostram – a transferi-los para novos pastos com rebanhos inocentes?

6. Em termos sociológicos, essas questões têm respostas meramente hipotéticas, e não é meu objetivo (ou especialidade) explorá-las. Com certeza, o compromisso com o celibato e a ideia promovida pela Igreja de que a masturbação é um pecado mortal criam uma tensão insuportável para muitos padres, e sacerdotes veteranos já chegaram a admitir que até metade deles seja "sexual-

mente ativa" de uma forma ou de outra. No entanto, isso não explica por que tantos deles – de 6 a 9%, segundo estimativas – sejam sexualmente ativos com crianças.[6] O sacerdócio oferece incomparáveis oportunidades e poderes espirituais aos pedófilos, e alguns podem ter se infiltrado maliciosamente na Igreja, mas a maioria dos transgressores parece ser psicossexualmente imatura, muitas vezes não sendo capaz de aceitar sua condição e esperando que os rigores do sacerdócio possam protegê-la de si mesma. Em vez disso, no entanto, eles encontram uma irmandade, uma congregação que se esforça para protegê-los, não de si mesmos, mas das consequências de suas ações, uma vez que a principal filosofia de seus superiores vem sendo a de evitar escândalos para a Igreja, o que se traduz em uma cultura de pronto perdão aos seus pecados sexuais. Richard Sipe, um ex-padre que hoje é psiquiatra, argumenta que a prevalência da masturbação nos seminários, assim como o pronto perdão nas confissões, "forma um ciclo de culpa que une os clérigos e os confessores em uma situação na qual as transgressões sexuais são minimizadas e banalizadas – *e até o sexo com menores se torna apenas mais um pecado a ser perdoado*".[7] Ele afirma que os padres transgressores se veem como privilegiados e, por seu sofrimento e sua pobreza (ainda que muitos sejam realmente gentis e esforçados), sentem-se no "direito" de usar as crianças como uma válvula de escape sexual. Ele descreve essa cultura como o "altruísmo a serviço do narcisismo": o bem que eles fazem tem uma recompensa, a autogratificação e a autoexaltação. O eminente historiador católico Gary Wills tende a concordar: "fatores como a infantilidade dos padres, a combinação entre a inexperiência sexual e as tensões resultantes do celibato e a ideia de que homens celibatários são mais aptos ao trabalho espiritual do que homens casados criavam um ambiente onde os pecados, quando ocorriam, eram negados e as vítimas eram culpadas, e a solução para o problema era simplesmente rezar com mais afinco. Quando a terapia fracassava, o confessionário podia absolver o pecador com uma força espiritual que ia muito além da sabedoria mundana dos psiquiatras".[8]

7. Independentemente de tudo isso, as irrefutáveis provas vindas à tona agora mostram que o abuso sexual de crianças cometido por padres da Igreja Católica vem acontecendo em um nível consideravelmente mais alto do que em qualquer outra organização, e que isso vem sendo acobertado por muitos bispos e com o apoio e a direção do Vaticano. Esse acobertamento tem incluído uma recusa quase visceral em contatar a polícia, uma exigência de que as vítimas e testemunhas jurem manter sigilo quanto ao caso, e o uso do direito canônico, um código clandestino, que tem um claro viés de benefício ao padre acusado e nunca oferece qualquer punição real aos culpados. Transgressores com propensão à reincidência foram transferidos para paróquias onde não eram conhecidos ou para outros países: quase 60% dos padres dos Estados Unidos foram "realocados" dessa forma depois de terem sido acusados pela primeira vez de abusos contra menores.[9] Esse "tráfego" de padres pedófilos entrando e saindo dos Estados Unidos, indo especialmente para lugares como Irlanda, México e Roma, é bem documentado, e provas recentes também mostram transferências para paróquias na África e na América Latina, onde esses padres sofrem pouco ou nenhum controle. Nenhuma explicação foi dada sobre por que isso foi tolerado nos mais altos níveis da Igreja, especialmente durante o papado de João Paulo II e o comando do cardeal Ratzinger na Congregação para a Doutrina da Fé. Fechar os olhos para essa importante crise foi uma atitude negligente, e tentar culpar a "cultura gay" ou os jornalistas maliciosos pelo escândalo mostrou um preconceito ingênuo. Mas algo mais parecia estar em jogo em 2001, quando o papa e seus principais cardeais concordaram em parabenizar um bispo francês por ter escondido um padre pedófilo da polícia e realocaram esse padre para que ele voltasse a cometer novos abusos; e depois, em 2004, quando o papa trouxe a Roma e abençoou pessoalmente um notório pedófilo que havia fundado uma ordem religiosa misógina. Esses e outros incidentes demonstram uma certa arrogância no exercício do poder trazido pela condição de Estado concedida à Santa Sé – um poder de se julgar acima da lei e de se gabar da impunidade associada à sua soberania. O direito ou

não de uma ordem religiosa a esse tipo de poder é uma questão que exige um cuidadoso estudo.

8. Em seguida, é claro, existe a questão do perdão ou, mais especificamente, de quem deveria conceder esse perdão e quando deveria fazê-lo. O abuso sexual de crianças é um crime grave, e o fato de ser também um pecado (como a maioria dos crimes graves é) não importa, qualquer que seja a circunstância. O perdão em geral é encarado como uma prerrogativa das vítimas, e não daqueles que empregaram e toleraram seus agressores. Em última instância esse é um direito que pertence ao Estado, e só ocorre após o criminoso ter cumprido a pena imposta por um tribunal. No entanto, a Igreja Católica insiste em perdoar seus padres transgressores que confessam, alegam estar arrependidos e rezam ou fazem alguns trabalhos de caridade, e esse perdão vem para protegê-los de serem presos e julgados. O problema foi explicitado pelo pedido de desculpas feito pelo papa aos seus fieis irlandeses, em março de 2010: mesmo condenando o pecado, ele não foi capaz de condenar os pecadores – por três vezes ele disse que os transgressores poderiam contar com seu perdão por terem pedido, rezado e se arrependido. Isso dificilmente conseguirá intimidar homens fracos que se veem tentados a molestar crianças. Uma Igreja que acredita na redenção dos piores criminosos, até mesmo daqueles propensos à reincidência, apresenta uma postura moral louvável, mas não quando os protege de serem julgados e punidos perante o direito de seu país e lhes dá novas oportunidades para estuprar indivíduos que pela lei e pela lógica não são capazes de consentir com essas atividades. O equívoco de tratar molestadores de menores como pecadores carentes de aconselhamento espiritual, em vez de criminosos dignos de punição, aliado ao objetivo de proteger a reputação da Igreja a qualquer custo, vem sendo sustentado pela crença de que a Santa Sé e seu inimputável líder não podem cometer nenhum mal simplesmente por não poderem ser responsabilizados perante o direito diplomático.

9. Existem poucos casos registrados de tentativas de responsabilizar o Vaticano em si, ou seu pontífice, pelas práticas da Igreja de

esconder padres pedófilos, acobertar seus crimes ou transferi-los para diferentes paróquias mesmo sabendo de sua predisposição à reincidência. Em alguns países foram instauradas ações civis contra os empregadores diretos dos padres transgressores, ou seja, os bispos e suas dioceses. Esses casos foram resolvidos em grande parte por meio de acordos com seguradoras, em geral com termos que impunham um silêncio eterno às vítimas em troca de uma compensação financeira. As indenizações têm sido consideráveis e, em alguns casos, bastante substanciais (especialmente nos Estados Unidos, com suas ações coletivas), sendo oferecidas pelas seguradoras por medo de uma reação acalorada dos jurados não apenas pelas provas dos abusos, mas também pela negligência e pela conivência das autoridades da Igreja. Esses acordos são insatisfatórios para muitas vítimas por não proporcionarem uma solução verdadeira, que só viria ao se "cortar o mal pela raiz", ou seja, ao se responsabilizar o Vaticano por viabilizar e coordenar uma rota de fuga para os transgressores por meio do sistema de justiça paralelo que é o direito canônico. Além disso, algumas dioceses não seguradas dos Estados Unidos declararam falência para evitar o pagamento de grandes indenizações, fazendo com que a única alternativa da vítima fosse ir até Roma em busca de alguma compensação. É nesse contexto que o papa e a Igreja/Estado que ele gerencia (a Santa Sé) vêm sendo enquadrados como réus em ações civis. Mas o Departamento de Estado dos Estados Unidos interveio, publicando uma "sugestão de imunidade" (que não é nenhuma "sugestão", mas sim uma ordem que com certeza será acatada pelos juízes do país). O fato de a Santa Sé ser um Estado, segundo esse documento, garante ao papa uma "imunidade diplomática" que o impede de ser processado civil ou criminalmente, e garante uma imunidade de Estado à Santa Sé, o que (com certas exceções) exclui sua responsabilidade por violações civis.

10. Essa condição de Estado é atribuída à Santa Sé por ser proprietária de um conjunto de terras em Roma, o que dá à Igreja Católica Romana diversas vantagens negadas a outras religiões e ONGs. Mais do que isso, o status da Santa Sé na ONU como o

único "Estado não membro" garante a ela todos os direitos de um Estado membro, a não ser o de voto. E seu exército de diplomatas explora esse status privilegiado de maneira implacável em conferências e agências da ONU para promover seus dogmas – o preconceito contra mulheres e casais divorciados e a demonização dos homossexuais. Essa condição de Estado lhes permite obstruir esforços de combate à AIDS/HIV com o uso de preservativos e condenar qualquer medida de planejamento familiar com alguma referência a tolerância do aborto (até mesmo para salvar a vida da mãe), técnicas de inseminação artificial ou *in vitro*, uso de mães de aluguel, transferência de embriões e até mesmo exames pré-natais. A Igreja Católica tem todo o direito de divulgar essas opiniões, que são compartilhadas com alguns países do Oriente Médio (a Santa Sé frequentemente se alia à Líbia e ao Irã na ONU), mas não tem direito algum a qualquer tratamento preferencial para fazer isso caso não seja um Estado. Essa questão deveria ser decidida com um critério objetivo, e não apenas pela postura de nações que já enviaram, em geral por questões políticas internas, representantes diplomáticos à Santa Sé e também já receberam seus núncios, os embaixadores papais. A Igreja Católica precisa ser responsabilizada pela forma como vem protegendo padres pedófilos: suas pretensões de Estado não deveriam lhe garantir qualquer imunidade perante o direito internacional ou em questões internacionais, como não acontece com várias outras religiões respeitadas do mundo.

11. O escândalo dos abusos sexuais cometidos por padres tem levantado essas questões com maior evidência, mas existem outras violações e outros problemas causados pelos altos sacerdotes políticos que, por algum motivo teológico, incentivam o ódio, a violência ou a discriminação dentro de suas comunidades. A liberdade de religião não dá o direito a pregar o ódio, como descobriram alguns mulás radicais que foram condenados em Old Bailey, o tribunal judicial geral de Londres. Em 2009 a Grã-Bretanha barrou a entrada de vários evangelistas dos Estados Unidos e um apresentador de rádio texano no país por receio de que eles pudessem promover a homofobia; e em 2010

um fanático religioso foi preso no centro de uma cidade por ter manifestado aos policiais locais suas ideias de que o homossexualismo era errado. Sensatamente, as autoridades decidiram não processar esse indivíduo, que era sem dúvida apenas um maluco qualquer. No entanto, esse não é o caso do papa Bento XVI. Caso volte a professar em público sua visão já muitas vezes exposta de que o homossexualismo é "perverso" e de que todos os homossexuais são pessoas com problemas de personalidade[10], ele estará fazendo pleno uso de seu cargo espiritual para demonizar uma camada da população protegida pela igualdade perante a lei. Há sempre, é claro, um limite a ser respeitado em favor da liberdade de expressão, embora o poder das condenações papais seja muito maior do que o dos mulás e dos evangelistas norte-americanos banidos, mesmo (especialmente, na verdade) quando expressadas em uma linguagem decente para suas congregações religiosas. Caso o papa Bento XVI ameaçasse professar com força total suas visões, que já foram acusadas de incitar o espancamento de homossexuais no Brasil e em outros países católicos, o Ministério do Interior britânico também não poderia, sendo coerente quanto às suas decisões em outros casos, permitir sua entrada no país. No entanto, seria inconcebível para o governo do Reino Unido barrar a entrada do papa. Pelo contrário, ele foi convidado para uma "visita oficial", pela qual os contribuintes britânicos ainda serão obrigados a pagar metade da conta, estimada hoje em mais de US$ 32 milhões – o que não poderia acontecer caso o papa não fosse reconhecido como um chefe de Estado. Conforme previsto, ele deverá descer em Edimburgo de seu avião particular, resplandecente com seu manto de "chefe de Estado" ("um manto de cetim vermelho com bordas de pele por cima de um roquete, e uma estola papal bordada"), para uma reunião com sua colega chefe de Estado, a rainha Elizabeth II (que deverá estar de preto, já que apenas rainhas católicas podem receber o papa de branco). Ele então voltará a aparecer no dia seguinte com seu modesto manto branco de "chefe da Igreja" para conduzir uma missa pública. Nesse segundo caso suas vestes merecem respeito, mas no primeiro é importante deixar claro que é um exagero.

12. O estudo presente neste livro foi inspirado pelas recentes revelações sobre a escala dos abusos de crianças cometidos por padres católicos e pela forma como as acusações foram tratadas pela Igreja, de acordo com as instruções do Vaticano para manter esses crimes longe do alcance das leis civis. Começo com um sumário desses fatos conforme apurados até a presente data (agosto de 2010), em maior parte como resultado de ações civis nos Estados Unidos e de inquéritos judiciais na República da Irlanda, mas com mais informações sobre o tratamento da Igreja dado aos transgressores na Austrália, Canadá e Europa. Em seguida discutirei a alegação do Vaticano de ser inimputável por esses crimes perante o direito civil, penal e internacional, uma alegação que se baseia em grande parte na sua exigência de ser visto como um Estado com seu próprio direito canônico, e não apenas como a matriz de uma religião sem nenhum poder a não ser o de disciplinar seus padres. A imunidade quanto às ações legais nos casos de abusos de menores praticados por padres se volta para essa questão, assim como sua extraordinária influência sobre políticas sociais internacionais em virtude de sua posição única como um Estado não membro da ONU e, portanto, capaz de promover, ao contrário de outras religiões e organizações de direitos humanos, seus dogmas em conferências e convenções, em países onde a Igreja é acusada de incentivar a discriminação contra mulheres e homossexuais, além de criar obstáculos para a luta contra a AIDS/HIV. Necessariamente, a questão de a Santa Sé ser ou não um "Estado Papai Noel" (por mais que muitos acreditem, ele na verdade não existe) exige algumas análises do direito internacional, um assunto complexo que tentei expor da forma mais direta possível, mas sem ser simplista. É importante dizer que diversas ONGs católicas defendem a recusa do status de Estado à Santa Sé, tanto por uma questão de princípio (de que a Igreja não deveria se envolver na política), quanto pelos resultados práticos da imposição de suas doutrinas religiosas em organizações de ajuda humanitária. É óbvio, embora nunca seja demais repetir, que negar a existência do Vaticano como um Estado não implica de qualquer maneira negar a existência de Deus.

Um comentário sobre terminologia

13. Até agora venho usando "Vaticano" e "Santa Sé" (e em alguns casos "papa") como elementos intercambiáveis. Como ficará claro quando eu voltar ao debate sobre a condição de Estado, esses termos denotam entidades legais diferentes. O Vaticano é um território de 0,44 quilômetro quadrado localizado na cidade de Roma, englobando pouco mais do que um palácio com museus e uma enorme basílica com um grande jardim que serve como "casa" apenas para o papa e para uma população de centenas de burocratas católicos em constante rotatividade. Seu status especial perante o direito italiano foi conquistado com o Tratado de Latrão, negociado com Mussolini em 1929. A Santa Sé (de *sedes* – um assento, em geral de bispos) é uma entidade muito mais antiga e um tanto metafísica que denota o governo da Igreja Católica Romana, sendo composto do papa, da cúria, do corpo de cardeais e de seu próprio direito canônico, e que oferece as regras para a administração da Igreja e de seus cargos espirituais, e para o julgamento de pecados contra a fé (heresia) e a moral (abusos sexuais, incluindo o estupro de menores). Séculos atrás, a Santa Sé era dona de vastos territórios europeus, travava guerras e fazia parte de alianças diplomáticas, mas os "Estados papais" na Itália central foram extintos quando o exército italiano do movimento unificador conhecido como Risorgimento tomou Roma em 1870.

14. O papa é um comandante supremo – o monarca absolutista do Vaticano – e o comandante da Santa Sé, que tem um "secretário de Estado" – o cardeal Bertone, precedido pelo cardeal Sodano, atual reitor do Colégio dos Cardeais – e um conjunto de ministros e institutos que tratam de assuntos variados, desde questões políticas e diplomáticas até a liturgia e a nomeação dos bispos. A Santa Sé mantém relações diplomáticas de uma natureza ou de outra com 178 países, embora apenas um terço desse número tenha embaixadores em Roma. Ela conta com uma rede de postos diplomáticos (nunciaturas) e envia núncios papais como embaixadores para países com populações católicas significativas. O papa é visto como o último monarca absolutista, atuando

em seu cargo até morrer, quando a cúria então se reúne na Capela Sistina para a eleição de seu sucessor (sinalizada por sopros de uma fumaça branca e o grito *"Habemus papam!"*).

15. Em seu site oficial, o Vaticano se descreve como uma "monarquia absolutista" na qual o "chefe de Estado é o papa, com poderes legislativos, executivos e judiciais plenos".[11] Ele delega a administração interna do Vaticano à Comissão Pontifícia, formada de cardeais que são indicados por ele mesmo. O papa João Paulo II foi substituído no dia 19 de abril de 2005 por Bento XVI – o conhecido teólogo alemão conservador Joseph Ratzinger, que atuou como padre durante menos de um ano antes de entrar na carreira acadêmica. Ele atuou como bispo de Munique antes de ir para o Vaticano, em 1981, quando foi indicado para prefeito (ou seja, diretor) da Sagrada Congregação para a Doutrina da Fé (CDF). Esse órgão, de grande importância no escândalo dos abusos sexuais, substituiu a Inquisição e é responsável pelo trabalho de disciplinar o clero. Sob o comando do cardeal Ratzinger, excomungou vários apoiadores da "teologia da libertação" e da ordenação de mulheres. A CDF é vista como a instituição mais poderosa do Vaticano, atuando como um tribunal sem os devidos procedimentos legais e, desde 2005, vem sendo dirigida pelo cardeal William Levada.[12] Além de tratar dos casos de heresia, a CDF também cuida dos padres que pecam contra o sexto mandamento do Decálogo ("Não cometerás adultério"), que pelo direito canônico inclui o abuso sexual de menores de 18 anos.

2. Os pecados dos pais

"Mas se alguém fizer tropeçar um destes pequeninos que creem em mim, melhor lhe seria amarrar uma pedra de moinho no pescoço e se afogar nas profundezas do mar."

Mateus 18:6

16. Todas as instituições que oferecem ensino ou orientação a jovens devem estar alertas para o perigo de que adultos abusem da confiança a eles conferida. Uma organização religiosa que impõe o celibato aos seus sacerdotes e concede ao clero o poder de dar orientação espiritual e amplas oportunidades para influenciar crianças deveria estar particularmente alerta. Os líderes da Igreja Católica Romana há muito tempo estão cientes do risco que correm as crianças diante de clérigos pedófilos ou incapazes de resistir à tentação como resultado de sua luxúria ou solidão, do uso de drogas ou de distúrbios de personalidade. A Igreja sofreu seu primeiro escândalo ligado ao abuso sexual de menores no ano 153; e a primeira lei contra o abuso sexual de garotos pelo clero foi criada pelo Conselho de Elvira no ano 306.[1] Quando o direito canônico foi organizado, em 1917, o abuso de crianças menores de 16 anos (a idade agora é 18) foi especificamente classificado como um pecado e, cinco anos depois, a Igreja criou sua primeira instrução no direito canônico sobre os procedimentos e as penas a serem usados para essa transgressão. O código foi repassado a todos os bispos em 1962 com a instrução papal *Crimen Sollicitationis* ("*Crimen*"). A *Crimen* foi revisada por meio de uma declaração promulgada pelo cardeal Ratzinger, como prefeito da CDF em 2001, e novamente com as "Novas Normas" para graves violações – *de gravioribus delictis* –, publicadas por ele como Bento XVI em 2010.

17. Antes da Reforma, e com certeza após também, a Igreja já havia sofrido com inúmeras histórias obscenas sobre a libertinagem de seus padres e freiras, uma farta fonte para pornografia e propaganda anticlerical protestante. No entanto, o foco dessas acusações nunca foi particularmente voltado para o abuso de menores (a maioridade ainda não havia sido determinada), embora as primeiras leis antissodomia da Inglaterra tenham sido criadas por Henrique VIII contra padres católicos. Séculos depois, o regime nazista alemão manteve a Igreja Católica na linha ameaçando processar os padres acusados do abuso de menores e com o uso de charges sobre padres pedófilos publicadas nas revistas da "Juventude Hitlerista". No entanto, após a guerra o problema pareceu desaparecer: bem poucos casos de abusos sexuais cometidos por padres foram julgados em tribunais públicos no mundo todo nos cinquenta anos seguintes, em momentos e lugares nos quais hoje sabemos que esse problema era amplamente disseminado. Um alerta – entregue pessoalmente ao papa Paulo e por correspondência a vários oficiais e bispos do Vaticano nos anos 1950 e 1960 – foi preparado pelo reverendo Gerald Fitzgerald, fundador do centro de tratamento Servos do Paracleto, que tratava os padres transgressores sob o lema "Padres ajudando padres". Ele disse ao papa que os casos de abuso sexual estavam aumentando (vários seminários já teriam sido profundamente afetados) e eram fruto de um problema incurável que poderia ser "devastador para a manutenção do sacerdócio". Suas recomendações (entrevistar cuidadosamente os novatos para evitar aqueles com problemas sexuais, permitir que alguns padres se casassem, criar normas rígidas para expulsar os transgressores e ensinar a todos os padres que a "masturbação mútua é um pecado mortal") foram ignoradas, e suas cartas só vieram a público em 2007 em um processo judicial no Novo México, onde ele fundou a ordem do Paracleto. Nessa época era comum que o bispo de Manchester escrevesse em segredo para essa ordem, comentando, por exemplo, sobre um "padre problemático" envolvido em "uma série de escândalos com meninas" e concluindo que "a solução para seu problema parece ser um recomeço em alguma diocese onde ele não seja conhecido".[2]

Desesperado, Fitzgerald sugeriu que o Vaticano comprasse uma ilha no Caribe para exilar seus padres pedófilos, mas o crescente fluxo de turistas para o santuário escolhido (a ilha de Caricou) tornou essa proposta inviável, além de indesejada. O Vaticano e seus bispos não ouviram Fitzgerald, ignorando seus alertas (feitos desde 1952) de que "deixá-los [os padres pedófilos] em seus cargos ou apenas transferi-los de diocese para diocese" seria "correr o risco de um escândalo".

Os casos dos Estados Unidos

18. Esse escândalo cresceu durante meio século por trás de uma muralha de "sigilo pontifício" que protegia os sacerdotes transgressores de serem expostos e presos, até que a bomba explodiu em Boston, em 2002. Tudo começou com uma manchete no *Boston Globe* de 6 de janeiro de 2002:

    IGREJA PERMITIU QUE PADRE COMETESSE ABUSO DURANTE ANOS
    Desde a metade dos anos 1990, mais de 130 pessoas vieram a público com histórias de infância horríveis de como o ex-padre John Jay Geoghan supostamente teria as bolinado ou estuprado durante três décadas em meia dúzia de paróquias de Boston. Quase sempre suas vítimas eram meninos da escola primária. Um deles tinha apenas quatro anos.

19. Em uma série de matérias, o *Boston Globe* alegou (e documentos da Igreja depois confirmaram) que o cardeal Bernard Law e seus altos sacerdotes estavam completamente cientes de que vários de seus padres estavam molestando meninos e não fizeram nada sobre as reclamações de suas vítimas a não ser transferir os padres para outras paróquias onde não eram conhecidos. O próprio Law foi transferido para o Vaticano para ser afastado da revolta da população e de investigações policiais, tornando-se pastor de uma grande basílica – uma honraria –, e depois também teve a honra de ser escolhido para presidir a missa fúnebre do papa João Paulo II. Enquanto isso, sua igreja em Boston teve que pagar indenizações de mais de US$ 100 milhões pela negligência e cumplicidade que foram caracterizadas sob seu coman-

do. Por todo o país as vítimas de abusos sexuais que estavam caladas há anos, e muitas vezes décadas, ganharam coragem para procurar jornalistas e advogados, e inúmeras ações civis por negligência contra bispos e suas dioceses foram instauradas, culminando em um vultoso acordo de US$ 660 milhões de uma ação coletiva a ser pago pela arquidiocese de Los Angeles, onde as investigações policiais continuam.[3] A inacreditável indiferença dos altos sacerdotes é mostrada no Apêndice A, que oferece apenas um exemplo de como um notório pedófilo recebeu todas as oportunidades (e as aproveitou) para molestar meninos em paróquias da Califórnia durante quinze anos mesmo depois de ter confessado ao cardeal Mahony que já havia abusado sexualmente de garotos.

20. Também veio a público que William Levada – indicado pelo papa Bento em 2005 como seu sucessor para prefeito da CDF – já havia sido alertado pelos advogados da Igreja sobre o perigo dos padres pedófilos desde 1985, mas não fez nada. Como bispo de Portland, sua ingerência em inúmeros casos de abuso sexual fez com que sua diocese fosse à falência, condição da qual só conseguiu sair depois de arrecadar US$ 75 milhões para pagar um acordo. Outras dioceses – incluindo as de Spokane, Washington, Tucson e Arizona – recorreram à falência para se proteger de ações pelo abuso de menores, incentivando assim que as vítimas processassem a Santa Sé, a entidade para a qual os bispos enviavam suas contribuições e que os havia instruído sobre como deveriam tratar os padres "problemáticos".[4] A soma total dos acordos pelos casos de abuso sexual está chegando a US$ 2 bilhões (sem incluir os honorários advocatícios) e continua (dada a morosidade dos casos de negligência nos Estados Unidos) crescendo – podendo chegar a até US$ 5 bilhões, conforme previsto pela revista *Forbes*. Embora a maior parte dos processos tenha sido encerrada com acordos, alguns dos depoimentos de altos sacerdotes feitos em vídeo vieram a público e foram usados de forma devastadora por Amy Berg em seu documentário, indicado ao Oscar de 2007, *Livrai-nos do mal*. O filme mostra um sacerdote pedófilo, o pa-

dre Oliver O'Grady, contando que passou por cinco paróquias da Califórnia para as quais foi transferido enquanto molestava crianças; o angustiante testemunho das vítimas foi justaposto ao do padre, mostrando sua total falta de moral e de discernimento. As cenas mais emocionantes (por causarem ódio) são trechos dos depoimentos de altos sacerdotes, justificando com arrogância as próprias condutas.

21. A mídia dos Estados Unidos já revelou inúmeros escândalos de abusos sexuais em quase todos os Estados da União.[5] Ficou claro um padrão no qual a Igreja fechava os olhos para as acusações contra padres a menos ou até que surgisse a ameaça de um escândalo público. Em seguida os padres eram afastados, passando por sessões de aconselhamento ou de terapia, e então transferidos para uma paróquia diferente onde ninguém era avisado sobre suas transgressões e nenhum cuidado especial era tomado para impedir que eles voltassem a cometer novos abusos. Muitas vezes os padres eram transferidos para capelas de hospitais (até mesmo de hospitais pediátricos), e aqueles com histórico acadêmico eram matriculados em universidades para estudar direito canônico, de forma que pudessem voltar e participar de julgamentos canônicos em que seriam responsáveis por investigar as alegações de abuso sexual feitas contra outros padres. Os bispos tinham uma predileção por defesas de uma ingenuidade absurda: quando uma testemunha (um padre) viu outro padre "montando em um coroinha de 15 anos em uma sala escura", o arcebispo (agora cardeal) Nevada aceitou a desculpa de que isso era uma mera "brincadeira de lutinha". Ele suspendeu a testemunha no lugar do padre "brincalhão", cuja confissão da verdade depois veio a custar à arquidiocese US$ 750 mil em indenizações. Outro padre, que amarrava garotos com as pernas e braços abertos e os fotografava pelados, convenceu seu bispo de que estava os ajudando a aprender "como Cristo se sentiu por meio da humilhação e da dor física". Um cardeal em Chicago descartou acusações por serem "brincadeiras físicas que poderiam estar sendo mal-interpretadas", inclusive o caso de um padre pego agarrando um garoto em uma

casa de praia, já que ele poderia estar "apenas abraçando" o menino. Os bispos depois culparam sua própria ignorância sobre a pedofilia para explicar por que ignoraram esses casos ("eles eram enviados para um retiro, depois voltavam e eram transferidos para outra paróquia"). Os motivos para não denunciar os transgressores à polícia variavam desde "na época, eu nem pensei em denunciá-los", até "o evangelho prega a reconciliação. Nós acreditamos no perdão", ou desculpas mais honestas, como "com a nossa falta de padres, eu não poderia me dar ao luxo de perdê-lo". Em Idaho, um bispo pediu a um colega na Inglaterra que contratasse um padre que havia molestado um garoto de oito anos porque o irmão do menino havia ameaçado fazer uma denúncia à polícia e o padre estaria "correndo o risco de ser preso e condenado se continuasse aqui".

22. Em Nova York, bispos enviaram padres molestadores confessos para a África em vez de para a cadeia. Investigações recentes revelaram um trânsito de padres pedófilos entre Estados Unidos e Irlanda, Roma, México e África (em maio de 2010, a Associated Press divulgou trinta desses exemplos, número que continua a crescer enquanto novos casos do tráfego de pedófilos da Europa para a África vêm à tona). Tudo isso foi feito – ao menos em tese – com a aprovação da CDF, que, segundo a *Crimen*, deveria ter sido informada sobre todos os casos, e às vezes com a conivência do núncio enviado pelo Vaticano para supervisionar os bispos e padres locais. Em Cleveland, um bispo que também atuava como advogado foi acusado de aconselhar outros advogados da Igreja a eliminarem documentos dos históricos dos padres suspeitos ao dizer a um grupo de bispos que: "Se os senhores quiserem esconder algum registro, basta enviá-lo para o delegado apostólico [o núncio na embaixada da Santa Sé em Washington], porque eles têm imunidade". Essa é uma questão importante: a imunidade diplomática pode às vezes acobertar crimes cometidos por diplomatas. Mas isso seria válido para padres?

23. No início da onda de escândalos, a Conferência dos Bispos Católicos dos Estados Unidos propôs uma estratégia de "tolerância zero", que incluiria instruções para que os padres suspeitos fos-

sem denunciados à polícia e um maior uso da laicização (destituição) para os culpados. Essa política foi vetada pelo Vaticano, alegando que isso seria injusto com os padres, que tinham todos os direitos de defesa garantidos por um julgamento sob o direito canônico. Os cardeais do Vaticano foram contra a ideia de que os bispos deveriam denunciar os suspeitos à polícia. "Se um padre não puder se confessar com seu bispo por medo de ser denunciado, a liberdade de consciência deixa de existir", disse Tarcisio Bertone, o segundo no comando da CDF e agora o segundo no comando (secretário de Estado) do papado de Bento XVI. Ele rejeitou fortemente "a exigência de que um bispo fosse obrigado a contatar a polícia para denunciar um padre que tivesse confessado ser pedófilo". O cardeal Castrillon Hoyos defendeu a preferência da Igreja por "manter as coisas em família". O arcebispo Hemanz disse que essa regra "iria contra o pressuposto de inocência" (embora não tenha explicado como); e o cardeal Rodriguez declarou que essa norma era similar à perseguição stalinista, antes de transpor sua comparação para o ocidente – "nós somos pastores, não agentes do FBI ou da CIA [...]. Eu preferiria ser preso a prejudicar algum dos meus padres". O cardeal Bravo, da Nicarágua, para o espanto de muitos, comparou as vítimas à esposa de Potifar na Bíblia – pessoas que mentem por prazer, maldade e amores não correspondidos: "estamos lidando com supostas vítimas que querem receber grandes indenizações com base em acusações caluniosas".[6] Essas vozes do Vaticano em 2002 – inclusive a do cardeal Ratzinger, que se manifestou contra a campanha "manipulada" e "planejada" pela imprensa dos Estados Unidos (alegando que "menos de 1% dos padres são culpados") – mostram até que ponto a arrogância e a ignorância afetaram os membros da cúria. Eles viram o escândalo como "um problema dos Estados Unidos", causado não por padres pedófilos ou pela negligência dos bispos e da CDF em Roma, mas sim pelo jornalismo sensacionalista dos Estados Unidos, pelas leis de delitos civis dos Estados Unidos e seus advogados, e pela "cultura gay" na Igreja. A Santa Sé, no entanto, patrocinou em 2003 uma conferência sobre pedofilia com especialistas que concluiu (para a surpresa e incredulidade de alguns de seus oficiais) que não havia nenhum elo causal entre o homossexualismo e a propensão de um padre a ser um molestador.[7] (Essa descoberta foi ignorada, já que até a Páscoa de 2010 Bertone continuava culpando em público a infiltração de homossexuais no clero pelo escândalo dos abusos sexuais contra menores.)

24. Diante dessa crescente crise, em 2002 a Conferência dos Bispos Católicos dos Estados Unidos decidiu encomendar um estudo objetivo sobre o problema. A pesquisa envolveu um grupo de respeitados criminologistas da Faculdade de Justiça Criminal John Jay, em Nova York, que realizou uma ampla análise. Seu relatório final, publicado em 2004, trouxe algumas conclusões muito perturbadoras. O estudo mostrou que desde 1950 nada menos do que 10.667 indivíduos fizeram acusações plausíveis contra 4.392 padres – 4,3% de todos aqueles na ativa durante o período.[8] Esses cálculos são quase que certamente subestimados (a própria Igreja hoje aceita uma estatística de 5,3%, enquanto outros alegam que o verdadeiro número esteja entre 6 e 9%): o estudo não tinha nenhum poder de coerção, nem acesso aos registros confidenciais das paróquias, e se baseou apenas nas informações disponibilizadas voluntariamente pelas autoridades da Igreja – sendo que algumas não cuidavam de seus registros com muita competência. De qualquer forma, foi conclusivamente comprovado que a estimativa alegada por Ratzinger de "menos de 1%" estava equivocada.

25. Esse relatório aponta para a natureza de "bomba relógio" dos abusos sexuais contra menores – muitas das vítimas ficam tão traumatizadas que podem levar anos, ou mesmo décadas, até se sentirem prontas para se pronunciarem.[9] Apenas 13% das acusações foram feitas no ano do crime, e 25% delas apenas trinta anos depois. Isso significa que a Igreja continuará enfrentando acusações por muitos anos ainda. Outra implicação – importante para que a justiça seja feita – é que os limites de tempo para as ações desse tipo em muitos países acabarão permitindo que muitos molestadores, quando expostos tardiamente, escapem de um julgamento penal. Praticamente todos os países têm li-

mites de tempo para as ações de reparação (um ramo do direito civil que permite que as vítimas prejudicadas por agressões ou por negligência exijam indenizações) e esses prazos – seis anos na maioria das jurisdições do *common law* – podem impedir que muitas vítimas recebam sua compensação. Isso significa que os limites de tempo impostos pelo direito canônico para uma ação contra padres pedófilos (dez anos a partir do 18º aniversário da vítima) também eram irrealistas e injustos – argumento com o qual o papa chegou até a concordar em julho de 2010, quando esses prazos foram estendidos para vinte anos, mas não descartados em definitivo, conforme exigiria a justiça.

26. O estudo mostrou que a vasta maioria dos padres molestadores da Igreja Católica havia sido ordenada antes do final dos anos 1970 (desqualificando assim a afirmação feita por Bento XVI de que a culpa era da "cultura gay" dos anos 1980 e 1990), e que muitos fizeram diversas vítimas ou cometeram abusos por um longo período de tempo. Grande parte das vítimas tinha de 11 a 14 anos (16% tinham de 8 a 10, e 6% menos de 7) e a ampla maioria – 81% – era de garotos. Os atos sexuais variavam desde masturbação até sexo oral e sodomia, e em geral eram cometidos na residência paroquial, dentro da igreja ou nas salas de catequese. As táticas de persuasão incluíam intimidação emocional, "manipulação espiritual" (promessas de absolvição, por exemplo) e até chantagem (ameaças de condenação ao inferno caso "o nosso segredo seja revelado" podem ser uma forte ameaça para crianças quando feitas por um padre, e, no caso de muitos jovens ensinados a ver os sacerdotes como agentes divinos, frases como "confie em mim, você não irá para o inferno porque eu sou padre" acabam conquistando sua obediência). Os clérigos molestadores em geral tinham algum distúrbio de personalidade e alguns eram pedófilos e outros efebófilos (pessoas que têm uma atração sexual predatória por adolescentes). Em um estudo posterior, a Faculdade John Jay concluiu que a própria homossexualidade não era um fator relevante para os abusos, e outros estudos associam as desordens de personalidade ao celibato obrigatório, que pode levar a males como solidão, baixa

autoestima, depressão, alcoolismo e impulsos sexuais frustrados. (Essa conclusão vem sendo refutada pelo Vaticano desde 1139, quando o Conselho de Latrão decidiu impor um voto de castidade, apesar do presciente aviso feito por um de seus bispos de que "se o celibato for imposto, os padres cometerão pecados muito piores do que a fornicação. Eles serão levados a extravasar seus desejos como puderem".)[10]

27. A descoberta mais chocante foi a de que 76% das alegações de abuso sexual de menores cometido por padres nunca chegaram a ser repassadas às autoridades policiais.[11] Apenas 6% dos padres acusados foram condenados e meros 2% receberam penas de prisão (as sentenças alternativas para o abuso de menores em geral resultam de alegações oferecidas pela Igreja de que o acusado tinha "bom caráter"). O pequeno número de padres condenados pode ser atribuído em parte à demora das vítimas para denunciarem os crimes: em muitas partes dos Estados Unidos, as acusações não puderam ser feitas devido aos limites de tempo definidos por determinados estatutos. Existem provas de que a Igreja "transferiu" alguns reincidentes – 143 padres foram acusados em mais de uma diocese. Inacreditavelmente, apenas 6% dos padres foram destituídos pelo processo do direito canônico chamado "laicização" – o rebaixamento de um eclesiástico à condição de leigo – e outros 21% simplesmente sofreram restrições (sendo impedidos de rezar a missa por algum tempo ou de supervisionar coroinhas, por exemplo). Alguns pediram afastamento ou se aposentaram com suas reputações intactas, mas na maioria dos casos os acusados apenas passaram por "avaliações" ou foram enviados para retiros espirituais, muitas vezes para o Paracleto, no Novo México, embora essa ordem nunca tenha alegado que seu tratamento "funcionasse" com pedófilos. Nos casos (1.872 ao todo) em que as acusações foram totalmente comprovadas, apenas 1% dos padres foram excomungados e somente 6% foram laicizados: 29% deles puderam se afastar ou se aposentar, 10% foram apenas repreendidos e 53% foram "conduzidos para tratamento". A natureza desse tratamento nunca foi esclarecida: segundo o bispo de Los Angeles, até en-

tão muitos acreditavam que sessões de aconselhamento seriam o suficiente. Mesmo sendo uma alternativa, a castração química (com medicamentos como metilfenidato ou depo-provera) raramente foi usada. A terapia comportamental, que busca fazer com que o transgressor entenda o erro em sua conduta e tenha compaixão pelas vítimas, pode ser útil, embora se saiba que em muitos casos ela não consegue evitar a reincidência.

28. O estudo de John Jay foi importante para determinar a escala dos abusos contra menores, em especial porque suas estatísticas provavelmente subestimam o problema, e para refutar a afirmação pública feita pelo cardeal Ratzinger em 2002 de que menos de 1% dos padres estavam envolvidos, assim como a alegação feita em particular pelo cardeal Castrillon Hoyos, prefeito da Congregação do Clero, de que o problema era "estatisticamente insignificante [...] já que menos de 0,3% dos padres são pedófilos".[12] O documento não citava nomes, mas os jornais logo o fizeram, identificando figuras-chave da Igreja dos Estados Unidos que teriam fechado os olhos para os casos e apontando o Vaticano como a fonte de sua autoridade para tal. O pior caso envolvia o estupro de duzentos meninos surdos em Wisconsin durante um período de vinte anos pelo padre Lawrence Murphy. Seu bispo se recusou a dar ouvidos às queixas das vítimas até que, por fim, vários casos depois, a Igreja deu início a um processo canônico secreto e, em 1996, notificou a CDF – o órgão responsável no Vaticano, comandado na época pelo cardeal Ratzinger. Ele não fez nada (querendo evitar o risco de "aumentar o escândalo", enfatizando assim "a necessidade de sigilo") até o padre chegar à beira da morte, quando deu então ordem para encerrar o processo canônico para que o padre – que ele sabia ser culpado – pudesse morrer como um membro respeitado de sua irmandade. Outro caso chocante ocorreu em 1981, quando o bispo de Oakland recomendou com urgência à CDF que o padre Stephen Kiesle fosse destituído depois de ter sido condenado em um tribunal por ter amarrado e molestado dois meninos em um monastério em São Francisco. Ratzinger, então prefeito da CDF, procrastinou por quatro anos, a despeito

dos ansiosos e insistentes pedidos do bispo, por medo de provocar o que ele descreveu como "prejuízos à comunidade dos fiéis em Cristo". Dada a "tenra idade" do padre (38 anos), ele pôde continuar trabalhando com crianças. Ele foi condenado novamente em 2004 por molestar uma menina, depois de processos anteriores por seus abusos como padre terem sido suspensos por um estatuto de limitação.[13] Uma carta escrita em 1985 com a assinatura de Ratzinger, na qual ele colocava "o bem da Igreja universal" acima da necessidade de se destituir esse incorrigível estuprador de crianças, foi publicada pela imprensa em 2010, mostrando que o atual papa estava ligado ao acobertamento dos casos de abuso sexual de menores enquanto comandava o órgão do Vaticano responsável por esses assuntos.

29. É possível que ao longo desse período (e até há bem pouco tempo) o Vaticano tenha encarado, ou decidido encarar, os abusos sexuais cometidos por padres como "um problema apenas dos Estados Unidos" – como o papa João Paulo II chegou a afirmar para a *Times Magazine*.[14] Seu porta-voz sugeriu que talvez "a culpa na verdade fosse de uma sociedade irresponsável e permissiva, saturada com uma sexualidade capaz de induzir até pessoas com sólida formação moral a cometerem graves atos imorais".[15] Tempos depois, essa defesa acabaria mudando para culpar outro aspecto da sociedade dos Estados Unidos – sua imprensa sensacionalista e seus advogados gananciosos. Em abril de 2010, o cardeal Levada foi ao programa *Newshour* da rede PBS e culpou os repórteres do *New York Times* por serem injustos e se basearem apenas nas informações dos advogados das vítimas.[16]

A República da Irlanda

30. No entanto, essa reação defensiva – de culpar a sociedade permissiva dos Estados Unidos, assim como seus jornais e advogados, pelos terríveis abusos sexuais cometidos pelos padres católicos – não se sustentou frente às provas de três inquéritos judiciais contra a Igreja da República da Irlanda, que mostravam como o

abuso de menores em instituições de ensino, reformatórios e orfanatos católicos para meninos era "endêmico". Foi essa a conclusão à qual chegou Sean Ryan, um juiz da alta corte, quando publicou um imenso relatório de cinco volumes após nove anos de entrevistas com milhares de vítimas, professores e oficiais. O relatório mostrou que essas instituições, administradas principalmente pelos Irmãos Cristãos, uma ordem católica irlandesa, tinham políticas que na verdade incentivaram o abuso de milhares de crianças. Quando encontravam provas contra padres pedófilos, os bispos simplesmente os transferiam para outras paróquias, onde muitos voltavam a cometer novos abusos. As vítimas que se pronunciavam eram forçadas a jurar sigilo. Os oficiais da polícia irlandesa (a Guardai) não se dispunham a investigar padres por sempre terem confiado no clero. Até mesmo o direito canônico (que sugere um julgamento interno para as alegações de abusos sexuais) foi ignorado pelas autoridades da Igreja. E isso tudo a despeito da argumentação feita por um inquérito judicial anterior sobre os abusos na diocese de Ferns, que acusava a Igreja de "não se dar conta dos terríveis males que o abuso sexual de crianças pode e de fato chega a causar. A equipe de inquérito ficou chocada com os traumas ainda carregados pelas vítimas agora já maduras e esclarecidas que forneceram as provas para o documento".[17]

31. O Relatório Ryan mostrou que os casos de abuso sexual, indo desde carícias eróticas até estupros violentos, eram sistêmicos em instituições para garotos e, ocasionalmente, em escolas para meninas.[18] Esses casos foram "administrados visando minimizar o risco de exposição pública e seus consequentes danos à instituição e à congregação. Essa política resultou na proteção dos criminosos". Ficou claro que os bispos estavam bem cientes da propensão à reincidência dos molestadores, mas estavam mais preocupados com "os potenciais escândalos e publicidade negativa que a revelação dos abusos causaria. O perigo às crianças não foi posto em questão".[19] Havia uma "cultura do silêncio". Alguns molestadores foram liberados para trabalhar em escolas estaduais onde continuaram a molestar crianças. A polícia nunca

foi alertada.[20] Crianças com dificuldades de aprendizado, órfãs e com deficiências físicas ou mentais eram particularmente vulneráveis aos padres pedófilos, e o relato do sofrimento desses menores é angustiante. O que se tornou quase inaceitável para muitos católicos na Irlanda foi a revelação de que os líderes da Igreja tinham ajudado a silenciar as vítimas – às vezes chegando a arrancar juramentos de sigilo de crianças pequenas em cerimônias provavelmente intimidadoras. O cardeal Brady, arcebispo católico da Irlanda, fez dois adolescentes jurarem sigilo em 1975 depois de terem feito acusações verdadeiras contra o padre Brendan Smyth, que abusou de mais de cem crianças ao longo de sua carreira. Muitos consideram que Brady agiu de forma desonrosa ao não ter renunciado quando sua conduta, ainda que como um mero oficial da Igreja muitos anos antes, veio à tona.[21] (No entanto, em agosto de 2001 o papa se recusou a aceitar as renúncias de dois bispos auxiliares irlandeses, indicando a truculência do Vaticano – e talvez seu desprezo por pedidos sinceros de desculpas.)

32. Um segundo relatório, publicado em 2009, foi ainda mais devastador, especialmente por analisar em retrospecto a responsabilidade do Vaticano. Um tribunal presidido pelo juiz Murphy analisou os casos de 46 padres pedófilos que tinham, ao todo, molestado milhares de crianças. A investigação examinou arquivos secretos da Igreja relacionados a esses homens e mostrou que o arcebispo não os denunciou à polícia, preferindo evitar um escândalo público e transferindo esses padres para outras paróquias. A comissão concluiu que os líderes da Igreja já estavam bem cientes do risco que as crianças corriam desde 1987, uma vez que, nesse mesmo ano, eles cinicamente contrataram seguros para cobrir os custos legais de uma defesa contra futuros pedidos de indenização. Em 2009, o governo irlandês divulgou uma declaração pública: o Relatório Murphy "mostra com clareza como uma perversão sistemática e calculada do poder e da confiança detidos pelos sacerdotes foi usada contra crianças indefesas e inocentes". (Como veremos, casos que incluem o estupro e a escravidão sexual de crianças inocentes em am-

pla escala por meio do abuso de poder podem ser qualificados como crimes contra a humanidade.) O juiz Murphy concluiu:

> As preocupações da arquidiocese de Dublin ao tratar dos casos de abuso sexual de crianças, pelo menos até a metade dos anos 1990, foram de mantê-los em segredo, evitar escândalos, proteger a reputação da Igreja e preservar seu patrimônio. Todas as outras considerações, incluindo o bem-estar das crianças e a justiça às vítimas, ficaram em segundo plano. A arquidiocese não fez uso de suas próprias normas do direito canônico e fez de tudo para evitar que qualquer lei nacional fosse aplicada.[22]

33. O importante foi que o Relatório Murphy revelou não apenas que os abusos clericais de menores estavam sendo acobertados, como também que "as estruturas e regras da Igreja Católica facilitavam esse acobertamento".[23] O documento culpava em parte o Estado, por "permitir que as instituições da Igreja ficassem acima dos processos da lei comum", mas reconhecia que a própria Igreja, controlada pelo direito canônico do Vaticano, vinha protegendo seus membros mais importantes (ou seja, seus padres) de investigações, para evitar escândalos e defender seu patrimônio caso fosse processada. A Igreja não tinha nenhuma consideração pelas vítimas, respondendo as reclamações com "descrença, arrogância, estratégias de acobertamento e até com incompetência e incompreensão em alguns casos".[24] Os bispos irlandeses e seus altos conselheiros agiram de má-fé ao se recusarem a denunciar os padres à polícia, mesmo quando sabiam que eles eram culpados de crimes sérios, ainda que isso fizesse parte de uma filosofia (de que o sigilo deveria ser mantido a todo custo) derivada das normas do direito canônico do Vaticano. A comissão escreveu várias vezes para a CDF em Roma pedindo informações sobre essas normas. O Vaticano não respondeu, mas reclamou com arrogância para o Ministério do Exterior irlandês que, sendo um Estado soberano, a Santa Sé só deveria receber comunicações de outros Estados, e não de comissões judiciais (esse é um bom exemplo da prepotência que a condição de Estado pode induzir). A Comissão então escreveu – diversas vezes – para o núncio papal, Giuseppi Lazzarotto, que

vergonhosamente nem sequer se deu ao trabalho de responder. (Ele foi fortemente criticado no Relatório Murphy e depois pela imprensa e pelo parlamento, mas isso quando já estava atuando como núncio papal na Austrália.) Um cardeal irlandês (Connell) que já havia atuado na CDF sob o comando de Ratzinger durante doze anos também se recusou a prestar qualquer assistência à comissão, alegando ter feito um juramento de sigilo sobre as suas funções.

34. Apesar de toda essa truculência, que negou à comissão qualquer acesso aos arquivos do Vaticano ou a qualquer informação sobre a administração dos casos de abuso sexual na Irlanda, o juiz Murphy pôde examinar os estatutos e regulamentos preparados por Roma na forma do direito canônico (que só pode ser alterado pelo papa) e dos decretos papais. A comissão constatou que os procedimentos usados para administrar esses casos foram promulgados (em latim) pela primeira vez em 1922 e reafirmados para todos os bispos em 1962, na doutrina *Crimen Sollicitationis* (também em latim), um decreto tão sigiloso que não foi entregue aos advogados da Igreja e só foi publicado em 2003, depois de ter sido vazado para o advogado de uma vítima nos Estados Unidos. O documento trazia as regras para o sistema de inquérito no direito canônico e exigia que todos no processo (inclusive o reclamante) deveriam jurar sigilo, e que nada – até mesmo em casos que resultassem em uma condenação após o julgamento – poderia ser trazido a público ou repassado confidencialmente à polícia. Outra instrução preparada pelo Vaticano sob o comando do cardeal Ratzinger, intitulada *Sacramentorum sanctitatus tutela*, foi lançada em maio de 2001, exigindo que todas as alegações plausíveis de abuso sexual (tendo "um quê de verdade", ou seja, quando havia um caso *prima facie*) fossem repassadas à CDF em Roma. Nesse órgão, o cardeal Ratinzger, como seu prefeito, aconselharia o bispo sobre como administrar o caso, ou então poderia decidir assumi-lo. A intenção seria garantir a uniformidade no tratamento desse tipo de alegação em todo o mundo católico. No entanto, como os casos ainda eram tratados em sigilo absoluto, nem o mundo

católico, tampouco o resto do mundo em geral, jamais ficava sabendo de nada, e isso, é claro, causava imensos atrasos, fazendo com que muitos casos extrapolassem os limites de tempo impostos pelas leis de cada país.

35. Para o espanto de muitos (inclusive para a Comissão Murphy), foi constatado que sob o direito canônico o fato de um padre acusado ser pedófilo na verdade trazia em si uma defesa, já que a pedofilia poderia produzir impulsos incontroláveis que não eram imputáveis na lei eclesiástica. Murphy descobriu que dois padres "condenados" pelos tribunais da Igreja por abusos em série de menores tinham conseguido apelar a Ratzinger, provavelmente depois de a CDF ter usado essa defesa do direito canônico. Para a comissão, era "muito preocupante" que o direito canônico fosse tão diferente do direito pátrio de cada país, em que é esperado que os pedófilos controlem seus impulsos de molestar crianças pequenas e não é oferecida qualquer defesa quando isso não ocorre. Além disso, o direito na Irlanda, como no Reino Unido, não estabelece prazos de prescrição para crimes graves. Até 2001, o direito canônico não aceitava a abertura de processos mais de cinco anos após o suposto crime (esse limite foi estendido para dez anos por um decreto de Ratzinger em 2001, contados a partir do décimo oitavo aniversário da vítima, e agora foi estendido de novo para vinte anos). Graças a essas diferenças, padres molestadores que seriam condenados à prisão pelo *common law* nem sequer foram investigados sob as leis da Igreja, conforme instrução do Vaticano, leis estas operadas exclusivamente em um sistema de justiça paralelo e secreto. Esse sistema paralelo, ao contrário da maioria dos códigos de leis nacionais, é ainda mais defensivo, uma vez que não obriga aqueles cientes dos abusos – e muitos outros padres e oficiais leigos católicos ficavam sabendo dos casos – a denunciarem os molestadores à polícia. Essas obstruções da justiça penal são ampliadas ainda mais pelo fato de que as punições do direito canônico (ordens para rezar, cumprir penitência ou trabalhar apenas com adultos, por exemplo) eram "virtualmente inexecutáveis". A punição de destituir os padres, mesmo quando apli-

cada, ainda permitia que eles vissem e molestassem jovens em situações sociais ou seculares. Em consequência disso, Murphy concluiu que "o abuso de menores em Dublin é um escândalo. E o fracasso das autoridades arquidiocesanas em penalizar os criminosos também é um escândalo".[25]

Outros países: o padrão

36. Esses escândalos na Irlanda, em 2009, após os que vinham surgindo nos Estados Unidos desde 2002, foram seguidos em 2010 por novos casos na Europa toda. Na Alemanha, uma investigação sobre uma ordem jesuíta descobriu que cinquenta padres haviam abusado de mais de duzentas crianças em suas escolas.[26] Foi constatado que o próprio papa Bento, quando era bispo de Munique, havia aprovado a transferência de um conhecido padre pedófilo, Peter Hullermann, para outra paróquia sem denunciá-lo à polícia, mesmo após ele ter continuado a molestar garotos. Seus crimes subsequentes em sua nova paróquia provavelmente não teriam sido cometidos caso o bispo Ratzinger o tivesse denunciado às autoridades.[27] O bispo de Bruges renunciou repentinamente após admitir ter molestado um jovem de uma forma que havia "marcado a vítima para sempre". (No entanto, o bispo se salvou de ser marcado para sempre pela lei: ele esperou para confessar após o prazo de dez anos, e só fez isso depois que sua vítima começou a falar sobre o fato.) Enquanto isso, na Noruega, o papa Bento permitiu que o arcebispo Mueller renunciasse após admitir ter abusado de um coroinha de 12 anos no começo dos anos 1990 – um crime que havia sido abafado por uma indenização confidencial e só foi denunciado à polícia (de novo) uma vez passado o prazo previsto para prescrição. Um caso ainda pior foi o do cardeal austríaco Groer, que molestou cerca de dois mil garotos ao longo dos seus vinte anos de bispado, período durante o qual ele foi protegido por João Paulo II, que até permitiu que ele se aposentasse sem qualquer punição e passasse os últimos anos de sua vida escondido em um convento de freiras, após

seus crimes terem sido descobertos. Algumas de suas vítimas receberam uma "compensação" em troca de seu silêncio sobre o imenso escândalo, que aconteceu sob o comando de Ratzinger na CDF nos anos 1980 e 1990. O prefeito da CDF e o papa também foram informados em 2000 que o arcebispo polonês Julius Z. Paetz estava abusando de jovens padres em treinamento: eles ignoraram essa informação na época e só exigiram a renúncia de Paetz quando acusações fidedignas começaram a vir a público vários anos depois.

37. No entanto, os escândalos europeus em breve podem parecer até insignificantes se comparados à possível revelação do que padres fizeram com crianças no terceiro mundo, especialmente em países da América Latina e da África, onde nenhuma investigação oficial ainda foi realizada e para onde diversos padres molestadores foram enviados para trabalhar sob pouca ou nenhuma supervisão. Em maio de 2010 foram publicados os primeiros relatórios mostrando um intenso trânsito de padres molestadores de menores da Alemanha, Itália, Irlanda e Estados Unidos para Nigéria, África do Sul, Moçambique e Congo. O presidente da Conferência dos Bispos da África do Sul admitiu que o "mau comportamento dos padres na África ainda não foi explorado com o mesmo cuidado da mídia como em outras partes do mundo", e reclamou que o continente africano vinha recebendo padres que eram "lobos em pele de cordeiro". Enquanto isso, o papa Bento estava recebendo bispos africanos no Vaticano e pregando para eles sobre os aspectos perversos do divórcio.[28]

38. Na América Latina, os escândalos também começaram a vir à tona, sendo que nenhum foi pior do que o caso do padre Marcial Maciel Degollado ("padre Maciel"), o mexicano que fundou uma ordem clerical reacionária. Ele era um grande amigo do papa João Paulo, que o abençoou no Vaticano, em 2004, apesar de seu longo e notório histórico de abusos contra menores e de ser pai de sete crianças (das quais ele também abusou). No ano seguinte, o papa Bento o convidou a levar "uma vida reservada de oração e penitência" – um convite feito, sob a deturpada

lógica do Vaticano, como uma "punição", ainda que isso não resultasse em sua destituição, muito menos em qualquer tipo de punição criminal (ver também parágrafo 184). [29]

39. Em relação a esses e a outros casos de grande impacto expostos pela mídia em 2010, os apoiadores de Bento culparam o papa João Paulo II, mas o fato continua sendo que o cardeal Ratzinger, como prefeito da CDF e potencial sucessor do papa durante aquele período, também é responsável pelos acobertamentos. Em abril de 2010, Bento fez um gesto simbólico – em uma visita a Malta, ele se encontrou privadamente com vítimas de padres molestadores, sendo que cinquenta deles haviam sido identificados entre os 850 membros do clero na ilha. Um dos molestados disse à imprensa que havia sido abusado desde os 10 anos por um padre que "me acordava com um beijo, muitas vezes pondo sua língua na minha boca, e então me masturbava" e depois realizava uma missa matinal, entregando a hóstia ao garoto com a mesma mão com que o havia molestado. Esse padre, como outros molestadores do clero em Malta, agora está proibido de rezar a missa, mas continua sendo protegido em um monastério local, a salvo de qualquer processo penal. "Perguntei ao papa por que o padre tinha abusado de mim. Ele disse que não sabia", disse outra vítima. A Igreja vem lutando contra os pedidos de indenização dessas vítimas com base em questões legais técnicas há sete anos.[30]

40. O mesmo padrão de abuso sexual contra menores foi encontrado em outros países: uma incidência comparativamente alta de crimes cometidos por padres; a determinação da Igreja em administrar as reclamações com sigilo absoluto, sem informar à polícia; um processo prevendo obstáculos às vítimas e aos reclamantes, e perdão aos padres, muitas vezes transferidos para outras paróquias onde voltavam a molestar crianças, ou apenas enviados para programas de tratamento (em geral pouco eficientes) ou castigados com penitências espirituais. O pior que pode acontecer – a mais severa punição eclesiástica – é a laicização, que é raramente imposta e, de qualquer forma, deixa o padre livre para voltar a trabalhar com crianças em escolas ou

instituições seculares. As vítimas a quem eram concedidas compensações só podiam recebê-las se assinassem acordos de sigilo para a vida toda. Esse processo vem sendo conduzido segundo as regras estabelecidas pelo Vaticano e sob a supervisão do cardeal Ratzinger como prefeito da CDF, entre 1981 e 2005, e como papa desde então.

41. Na Austrália, a Igreja já enfrentou vários escândalos resultantes de abusos sexuais muitas vezes violentos: noventa padres foram condenados, mas muitos outros foram protegidos de processos da justiça criminal pelo fato de a Igreja ter mantido as acusações em sigilo e feito acordos confidenciais. O arcebispo de Melbourne reagiu ao problema logo no início, em 1996, nomeando um "comissário independente" – um velho advogado católico – para receber as denúncias e investigá-las (mesmo não tendo poder para exigir provas), e conceder indenizações de até US$ 75 mil (mas apenas se a vítima aceitasse manter sigilo). Em 2010, a imprensa revelou que esse comissário havia concedido indenizações relativas aos abusos sexuais contra menores cometidos por trezentos padres, dos quais apenas um havia sido destituído.[31] Essa "reação de Melbourne" vem sendo fortemente criticada pela polícia por alertar seus alvos de investigação, uma vez que esse comissário acredita que os padres acusados têm o direito de saber detalhes de qualquer acusação assim que ela é feita. Sendo assim, caso os reclamantes também decidam envolver a polícia, as investigações podem ficar comprometidas. A polícia afirma que várias investigações sigilosas precisaram ser abortadas após o alvo ter sido avisado pela Igreja de que estava sob vigilância. O comissário deve avisar às vítimas sobre seu direito de buscar a polícia, mas escreveu uma carta a um garoto que havia reclamado sobre um padre ter apalpado seu pênis, dizendo que: "Sem tentar dissuadi-lo de relatar o assunto à polícia, caso assim deseje, devo dizer que a conduta por você descrita dificilmente será considerada por um tribunal como um comportamento criminoso". Um "comissário independente" como esse não pode substituir de qualquer maneira as investigações policiais e o julgamento público de acusações fidedignas.

42. As vítimas que levaram seus casos ao tribunal na Austrália tiveram dificuldades para provar que a Igreja – uma associação sem existência jurídica – pode ser responsabilizada de forma indireta pela conduta de seus padres com os quais ela não tem nenhuma relação de patrão e empregado. (Diferentemente dos Estados Unidos, onde cada diocese é uma entidade jurídica e pode ser processada como tal.) Isso fez com que os australianos voltassem sua atenção para o Vaticano, que detém o controle geral sobre a disciplina dos padres. Em um caso relatado, o Vaticano interveio a pedido de um padre filho de uma família que havia contribuído muito com a Igreja após ele ter sido suspenso por abusar de seis garotas, uma delas com menos de 16 anos. O Vaticano, por meio de sua Congregação de Padres, perdoou esse homem e fez com que ele fosse enviado para outra paróquia na qual ninguém foi avisado sobre seus crimes – e onde ele voltou a cometê-los.[32] O Vaticano também aprovou a transferência de volta para a Austrália de um padre em Boston, que havia confessado ter feito sexo com um menor de idade, mas que não pôde ser processado graças à transferência para outro país. Na cidade de Wollongong, um corajoso sacerdote, o padre Maurie Crocker, delatou alguns de seus colegas, padres muito bem relacionados, que estavam passando suas vítimas por um "círculo" de pedofilia entre eles. Crocker fez a denúncia a um jornal local após seus superiores terem se recusado a tomar qualquer atitude. No entanto, após a condenação desses padres, Crocker foi afastado, ficou deprimido e acabou cometendo suicídio.[33] Não há nenhuma prova de que qualquer sede da Igreja Católica em qualquer país tenha agido para proteger os poucos padres que denunciaram seus colegas pedófilos e, como veremos no Capítulo 3, a delação é fortemente desencorajada, sob o risco de excomunhão pelo direito canônico.

43. O Canadá também teve sua cota de escândalos recentes, embora seu primeiro caso – em 1990, quando nove padres da ordem Irmãos Cristãos foram presos após terem abusado sexualmente várias vezes de meninos em um orfanato – felizmente tenha resultado em uma investigação adequada, que fez algumas reco-

mendações muito úteis.[34] No entanto, nem todas elas foram adotadas e, em 2001, foi constatado que um colégio católico de Montreal tinha se tornado um antro de abusos sexuais, mas os casos foram abafados com o pagamento de compensações e os padres culpados nunca foram denunciados à polícia pelos oficiais católicos que sabiam da situação. Em 2003, a polícia descobriu que um bispo havia escondido as confissões manuscritas de um padre que ele havia transferido para outra paróquia, onde ninguém foi avisado sobre seu histórico; esse padre acabou sendo condenado por ter abusado de 47 meninas. O Canadá foi abalado pela revelação de casos de abusos sexuais, físicos e psicológicos em seus internatos para crianças nativas, que eram patrocinados pelo governo e geridos em grande parte pela Igreja Católica.[35] Um acordo de indenização nacional determinou que a Igreja pagasse US$ 80 milhões (o governo teria que pagar US$ 2,2 bilhões) e levou à criação da Comissão da Verdade e Reconciliação.[36] O papa expressou sua "tristeza" pelos abusos[37], embora existam reclamações de que a Igreja não estaria cooperando plenamente com a comissão.[38]

44. Uma prova interessante que veio à tona no Canadá é um documento envolvendo o núncio papal em um plano para transferir um padre pedófilo para fora da jurisdição local antes que seus crimes fossem descobertos pela polícia. O bispo de Pembroke, em Ontário, escreveu para o núncio papal sobre a transferência de um padre molestador de menores para Roma ("Eu não me recusaria a dar-lhe outra chance, já que isso o retiraria da cena canadense"). O problema era que algumas vítimas estavam começando a comentar sobre o caso, que poderia ser "extremamente embaraçoso para a Santa Sé em Pembroke, sem falar na possibilidade de acusações criminais". No entanto, havia um lado positivo, "as vítimas envolvidas são de descendência polonesa e têm muito respeito pelos padres e pela Igreja, o que fez com que elas não prestassem queixas. Caso isso tivesse acontecido em outro lugar, essas acusações com certeza já poderiam ter sido feitas há muito tempo, resultando em um grande escândalo [...] essa é uma situação que queremos evitar a todo custo". Ao

que parece, evitar até mesmo a ponto de proteger um criminoso e usar a imunidade diplomática do Vaticano para ajudá-lo a escapar da justiça. Isso foi em 1993, e os bispos e seus padres conseguiram manter as vítimas polonesas em silêncio até 2005, quando a polícia foi informada e começou uma investigação; em 2008, esse padre foi condenado por molestar treze garotos e, em 2009, finalmente foi destituído, quinze anos após o Vaticano ter recebido provas conclusivas de que ele era culpado.

45. Apesar do histórico de sucesso da Igreja em administrar os casos de seus padres pedófilos no Reino Unido, o Lorde Nolan, um ex-membro da Câmara dos Lordes, condenou a Igreja em 2001 por não reconhecer a magnitude e a alta incidência dos casos de abuso sexual de menores e por não denunciar os padres acusados, o que ele descreveu como "um desejo de proteger a Igreja e seus fiéis de escândalos e um instinto cristão de perdoar o pecador". Ele recomendou uma série de normas e padrões de "excelência", incluindo um processo para vetar novatos, o envolvimento da polícia desde o início dos casos e um "princípio de prioridade", segundo o qual os interesses da criança devem sempre vir em primeiro lugar. No entanto, um comitê de fiscalização relatou em 2007 que essas recomendações vinham sendo aplicadas de forma "bastante deficiente" e que ainda havia uma grande resistência a essas normas por parte de um "forte lobby oral" dos padres, por acreditarem que elas acabariam tirando seu "legítimo direito" de serem julgados exclusivamente sob o direito canônico. Eles não têm esse direito, é claro, uma vez que as leis canônicas protegem os molestadores de crianças de qualquer tipo de punição verdadeira (ver Capítulo 3). No entanto, sem dúvida alguma os seminários católicos – provavelmente em todos os países – incutem nos padres a ideia de que um de seus benefícios, em troca de seus votos de pobreza, castidade e obediência, é o "direito" de passarem por um processo eclesiástico secreto e favorável em vez de um julgamento público sob o direito penal nacional caso sejam acusados de um crime sexual. O comitê de fiscalização reconheceu que havia um conflito direto entre as recomendações de Nolan (apoiadas pelo grupo) e o

compromisso da Igreja com o direito canônico. Foi feita então a recomendação de que os bispos católicos deveriam pedir à Santa Sé que os dispensasse do uso do direito canônico para que as recomendações pudessem se tornar parte das leis da Igreja na Inglaterra e no País de Gales.[39] Infelizmente, essa dispensa ainda não foi concedida.

46. A aplicação incompleta das recomendações de Nolan, a influência fatal das regras do Vaticano e a insistência no sigilo resultaram em uma série de escândalos. O cardeal Murphy-O'Connor foi responsável como bispo de Brighton por transferir um padre pedófilo para um posto onde ele pôde abusar de um garoto com dificuldades de aprendizado, apesar dos avisos sobre sua propensão à reincidência.[40] Em seguida houve um acobertamento dos crimes de um ex-diretor de um importante colégio católico em Londres, o St. Benedict's, que havia abusado várias vezes de garotos de dez anos (que o chamavam de "Gay Dave"), até por fim ser processado por uma vítima em 2006. Apesar dessa dramática prova dos abusos (a Suprema Corte determinou o pagamento de uma indenização de quase US$ 69 mil), a Igreja permitiu que ele continuasse trabalhando na abadia de Ealing, perto do colégio, onde ele teve a oportunidade de abordar e molestar outro garoto. O arcebispo Murphy-O'Connor foi alertado e aprovou a transferência desse padre, e seu sucessor, Vincent Nichols, atuou como diretor do Gabinete para a Proteção de Crianças e Adultos Vulneráveis durante esse período, embora alegue não ter sido informado ou consultado sobre o caso, pois não tinha autoridade sobre ordens religiosas, como a dos beneditinos (o que abre uma grande brecha para monges, freiras e outros "religiosos" que não são padres). A proteção oferecida a esse molestador durante trinta anos (até finalmente ser preso em 2009 por crimes cometidos em 1972), apesar de sua propensão conhecida no colégio e na abadia, foi criticada pela Superintendência Independente de Escolas, que descobriu mais cinco molestadores na abadia e afirmou que as políticas da instituição "priorizavam os monges em detrimento do bem-estar das crianças".[41] O Vaticano continua insistindo no tratamento

sigiloso e relutando contra a destituição de qualquer padre, por mais cruéis que tenham sido seus crimes. Um exemplo recente é o caso de um padre condenado por atentados sexuais contra garotos vulneráveis de até 11 anos como capelão de um colégio para surdos em West Yorkshire, para onde ele havia sido transferido após ter abusado de um menino de nove anos na Ilha de Man. Quando seu bispo, seguindo as diretivas estabelecidas por Ratzinger em 2001, pediu orientação à CDF, a ordem dada foi para não destituir o criminoso.[42]

47. No entanto, devemos reconhecer que um novo órgão, a Comissão Nacional Católica de Salvaguarda, tem feito grandes esforços para combater o problema, com uma política de repassar as reclamações à polícia e a outras organizações de serviços sociais: identificando e monitorando várias centenas de padres suspeitos de pedofilia e produzindo um manual que oferece orientações atualizadas e preparadas por especialistas sobre como identificar e lidar com uma suspeita de abuso sexual de menores. Por outro lado, a comissão vem lutando para se livrar das obrigações impostas pela Santa Sé, que deve ser informada sobre todas as ações do órgão e que até o momento não descartou o uso do direito canônico, que vai contra as orientações do manual em muitos pontos. (Uma instrução um tanto problemática diz que, quando o clero ou "religiosos" discordarem do manual, "o assunto deverá ser levado ao bispo, que tratará do caso segundo o direito canônico e as políticas nacionais de salvaguarda", ignorando que essas discordâncias provavelmente só surgem porque as instruções são conflitantes.)[43] Por sorte há uma noção de que o sigilo não pode ser absoluto e de que o "princípio de prioridade" deve falar mais alto sempre que uma criança estiver em risco. A exceção, claro, acontece no âmbito das confissões, no qual o próprio manual abandona os princípios de prioridade para favorecer o sigilo pontifício. Ainda assim, o padre confessor pelo menos é instruído a deixar claro às vítimas que elas não pecaram e a incentivá-las a buscarem ajuda e a alertarem a polícia ou os órgãos de serviço social. No entanto, o segredo dos crimes de um padre que se confessa continua a salvo, mesmo

quando seu confessor acredita que ele possa voltar a cometê-los. O manual não deixa claro que nenhuma penitência pode absolver um pedófilo "arrependido", e que a Igreja não deve conceder seu perdão a menos que o padre confesse à polícia (ver, mais adiante, parágrafos 178-181). O trabalho da Comissão Nacional de Salvaguarda mostra que as autoridades britânicas estão levando suas responsabilidades a sério, mas ainda têm muito a fazer: uma reforma essencial que vai contra a muralha que é o Vaticano.

A resposta do Vaticano

48. Em maio de 2010, arcebispos da Grã-Bretanha e da Alemanha pediram perdão às suas congregações pelos "terríveis crimes e acobertamentos", e rezaram por "aqueles que foram negligentes com essas situações e contribuíram para o sofrimento dos afetados".[44] Por outro lado, o homem que negligenciou tanto essas situações foi menos crítico consigo mesmo. Quando recebeu três relatórios judiciais com provas dos disseminados casos de abuso sexual na Irlanda, o papa publicou, em 19 de março de 2010, uma "Carta para os católicos da Irlanda". O documento era notável por não admitir que o próprio Vaticano fosse culpado de alguma forma por incentivar os bispos a protegerem os molestadores de crianças – e nenhum comentário foi feito sobre a insistência da Igreja em questões como o celibato, o sigilo e o perdão para todos os pecados. A carta alegava que os abusos eram causados pelo "grande sensacionalismo da sociedade irlandesa", pela "falta de preces diárias, confissões frequentes e [...] retiros" e pela tendência moderna dos padres de "adotar formas de pensar em situações seculares sem recorrer ao evangelho".[45] Ficou clara uma forte recusa a denunciar os abusos sexuais de menores à polícia: as vítimas eram instruídas a cooperarem com seus superiores religiosos ("aqueles com autoridade") para que sua atitude fosse "realmente evangélica". A insistência do papa no uso do direito canônico implicava que a política de sigilo deveria continuar e que o direito nacional era

irrelevante. A única passagem que se referia à aplicação das leis era ambígua: "além da plena aplicação das normas do direito canônico e de debates sobre os casos de abuso sexual de menores, peço que continuem a cooperar com as autoridades civis em sua área de competência". Essa declaração é ambígua, já que a "cooperação" da Igreja sempre foi mínima nesses casos, justamente por não ser exigida pelo direito canônico, e só era possível na devida "área de competência" das autoridades civis (ou seja, da polícia) quando elas já estavam cuidando do caso – em outras palavras, ainda não havia nenhuma exigência de que os membros da Igreja tomassem a iniciativa e alertassem a polícia. Mesmo após os escândalos da Páscoa de 2010, Bento não exigiu que seus bispos denunciassem os casos de abuso sexual de menores, e seu decreto canônico com as "Novas Normas", publicado em julho de 2010, omitia deliberadamente qualquer obrigação nesse sentido, dando mais provas de que havia se tornado um "papa problemático".

49. O parágrafo mais revelador da carta papal foi destinado aos padres errantes, cujos crimes haviam trazido tanta vergonha à sua Igreja. Dada a gravidade das transgressões (muitas vezes o estupro de meninos muito jovens), seria de se esperar um rígido alerta do papa sobre o perigo que isso traria às suas almas, que crimes desse tipo não seriam perdoados e que os responsáveis provavelmente iriam para o inferno. No entanto, ao contrário, ele lhes garantiu repetidas vezes que seus pecados poderiam ser perdoados e que seria possível "extrair o bem até das mais terríveis maldades". Sua mensagem foi reconfortante, em vez de ameaçadora:

> Peço que examinem suas consciências, assumam a responsabilidade pelos pecados que cometeram e expressem humildemente seu sofrimento. O arrependimento sincero abre as portas para o perdão de Deus e para a graça da verdadeira redenção. Oferecendo preces e penitências pelas vítimas de seus erros, os senhores deverão buscar pessoalmente a reparação pelas suas ações. O sacrifício redentor de Cristo tem o poder de perdoar até o mais grave dos pecados e de extrair o bem até das mais terríveis maldades. Ao mesmo tempo, a justiça divina nos convoca a prestar contas sobre nossas ações e a não esconder nada.

Reconheçam abertamente sua culpa e se submetam às exigências da justiça, mas nunca percam a fé na misericórdia divina.[46]

50. Para os padres culpados pelo "assassinato de almas" (estudos mostram que aqueles que têm sua fé traída tendem a abandoná-la e a perder o rumo na vida), essa condenação papal poderia ser encarada como uma bênção disfarçada. Eles devem ter achado reconfortante receber tantas ofertas de perdão em troca da obediência à "justiça divina" (ou seja, ao direito canônico), que exigia apenas uma penitência (trabalhos de caridade ou fervorosas preces, por exemplo) a ser cumprida fora da cadeia, e que não necessariamente culminaria na humilhação de serem destituídos. Não há exemplo melhor da diferença entre repreensão espiritual e punição criminal do que a distinção entre o direito canônico e o direito nacional. A punição do direito criminal tem um propósito dissuasivo, para dar ênfase ao risco corrido por quem comete um crime. Essa punição também deve ter um caráter de compensação, dando à vítima uma sensação de justiça e conclusão – e é muito pouco confortante para as vítimas saberem que seus agressores continuam livres, por mais que estejam rezando por elas. A correção é um terceiro objetivo, mas que só é possível após o criminoso ter quitado suas dívidas com a sociedade: o abuso sexual de crianças em geral resulta em penas de detenção. A oferta de "justiça divina" feita por Bento aos padres pedófilos irlandeses não substitui o processo de prisão e julgamento público da justiça terrena. As "punições" do direito canônico compostas de preces e penitências não são sanções eficazes, como o próprio Bento deve saber. Ainda assim, ele não instruiu em momento algum os bispos irlandeses a alertarem a polícia quando soubessem ou suspeitassem de que crianças estavam sendo molestadas. Bento está cometendo um grave erro ao se recusar a fazer uso dos poderes inerentes ao seu cargo para mandar que seus bispos, em todos os casos e sob o risco de destituição, denunciem os molestadores de crianças à polícia.

51. Na Páscoa de 2010, esperava-se que o papa tivesse a coragem de encarar o crescente escândalo de frente. No entanto, sua coragem foi um tanto diferente. Segundo ele mesmo, foi a "coragem

de ignorar os rumores baratos da opinião pública" e se manter em silêncio – para a frustração de muitos de seus sacerdotes, diga-se de passagem. Seus defensores no Vaticano, no entanto, acabaram se pronunciando. Seu pregador particular, o padre Cantalamessa, disse a ele em público que o tratamento da mídia concedido aos líderes da Igreja era comparável à forma como Hitler tratava os judeus – uma declaração estúpida por si só e insensível aos judeus e às vítimas de abusos. Essas palavras ainda não foram retiradas. Em seguida, um bispo aposentado, Giacomo Babini, chegou às manchetes ao afirmar que era tudo culpa dos judeus (em especial, dos jornalistas judeus do *New York Times*), que eram "deicidas" (assassinos de Deus) e "inimigos naturais" dos católicos. O reitor do Colégio dos Cardeais, Angelo Sodano, elogiou o papa pessoalmente por ter enfrentado o *chiacchiericco* ("rumores baratos") e, sendo quase blasfematório, comparou seus árduos esforços aos de Cristo frente aos seus inúmeros ataques.[47] (Quando o cardeal austríaco Schönborn, um dos poucos reformistas da cúria, criticou o "imenso mal" que os comentários de Sodano teriam causado às vítimas, Bento o repreendeu publicamente.[48]) O "secretário de Estado" da Santa Sé, o cardeal Bertone, afirmou que a origem da crise estava no homossexualismo, que, segundo ele, estaria ligado à pedofilia – a incidência dos abusos sexuais, portanto, não teria nenhuma conexão com o celibato clerical.[49] Esse comentário de Bertone foi a gota d'água para o ministro do Exterior francês, que chamou a conexão de "inaceitável", e também para a Conferência dos Bispos Católicos, formada pelos 32 bispos católicos da Inglaterra, que publicou uma declaração dizendo que o abuso sexual de crianças não estava ligado ao homossexualismo, mas sim a uma "fixação scxual patológica" quc tornava os molestadores de crianças incapazes de desenvolver relações adultas maduras. O fato de um secretário de "Estado" se achar capaz de fazer declarações sobre psicologia sexual, e de maneira tão equivocada, nos leva à questão que ainda irei discutir de se a Santa Sé realmente deveria ser considerada um Estado.

52. O Vaticano se recusa a encarar os fatos, e suas tentativas de culpar a cultura gay, os jornalistas judeus, os jornalistas em geral,

o secularismo, a modernidade e (é claro) o diabo vêm envergonhando diversos líderes católicos sensatos – em especial na Grã-Bretanha e na Alemanha, onde a Igreja teve a decência de pedir desculpas abertamente em suas cerimônias de Páscoa. Desculpas relutantes e forçadas só vieram várias semanas depois que Bento disse: "agora, sob ataque do mundo todo, que está falando sobre os nossos pecados, nós vemos o quanto cumprir penitência é uma bênção e que é necessário cumprir penitência para nos prepararmos para o perdão".[50] Para o atual papa, cuja crença no pecado original significa que o "homem tem uma natureza maculada com inclinação ao mal", até as piores situações devem sempre ter um lado positivo[51]: para os sacerdotes negligentes, a boa notícia era que cumprir penitência por seus pecados resolveria tudo – o perdão estava ao seu alcance. O próprio Bento se mostrou mais preocupado com o casamento gay e o aborto, temas que ele em Portugal disse estarem "entre os desafios mais insidiosos e perigosos para a sociedade".[52] Ele pareceu ser incapaz de entender que o desafio mais perigoso para a Santa Sé está em sua prática canônica de proteger criminosos.

3. Direito canônico

"Dai, portanto, a César o que é de César, e a Deus o que é de Deus."

Mateus 22:21

53. Em 2001, o Vaticano chegou a parabenizar o bispo Pierre Pican, de Bayeux, por ter se recusado a denunciar à polícia um padre pedófilo e por tê-lo abrigado em uma paróquia mesmo após ter confessado sua culpa. "Parabenizo o senhor por não denunciar um padre à administração civil", escreveu o cardeal Castrillon Hojos, com a aprovação pessoal de João Paulo II e outros cardeais veteranos, incluindo o prefeito da CDF, o cardeal Ratzinger. Isso veio a público depois que o padre foi sentenciado a 18 anos de prisão por uma série de estupros e ataques a dez meninos, e o bispo recebeu uma suspensão de três meses por não ter denunciado os abusos, contrariando a lei francesa.[1] A carta de elogio papal foi repassada a todos os bispos, servindo como incentivo para que eles desafiassem a lei. Não existe melhor exemplo de como a Santa Sé tenta impor que seu próprio direito deve prevalecer sobre o direito penal das outras nações, ou pelo menos exige que seus partidários espirituais – nativos dessas outras nações – violem a lei de seus próprios países. Castrillon Hojos, na época o cardeal do Vaticano responsável pelo sacerdócio, foi aplaudido pela alta cúpula da Igreja, em março de 2010, por dizer em uma conferência: "Após consultar o papa [...] escrevi uma carta ao bispo, parabenizando-o por ser um pai modelo que não delata seus próprios filhos [...] o Santo Padre me autorizou a enviar esta carta a todos os bispos [...]". Esse "pai modelo" não havia recebido a admissão de culpa do padre pedófilo sob o sigilo do confessionário (uma condição que defende o segredo na lei francesa), mas sim em uma conversa particular, então ele jamais poderia reivindicar esse privilégio. A atitude do papa ao aprovar

essa carta de elogio e repassá-la a todos os outros bispos foi uma prova clara de como a Igreja insiste em administrar seus padres criminosos sem a interferência das leis locais.

54. Qualquer organização, nacional ou internacional, tem todo o direito de criar seus próprios regulamentos e processos para investigar a má conduta de seus membros ou funcionários. No entanto, quando essa "má conduta" resulta em crimes graves, a obrigação de alertar as autoridades policiais o quanto antes é imposta por leis específicas (vários países impõem deveres estatutários de denunciar abusos sexuais cometidos por médicos, professores e outros profissionais que trabalham com crianças) ou então leis gerais de "cumplicidade por negligência", exigindo que o conhecimento ou a suspeita de um crime grave seja repassado à polícia. De qualquer modo, a denúncia é um dever moral, a menos (embora isso ainda seja discutível) que a confissão de culpa tenha sido recebida em um contexto confidencial, como nas confissões entre padres e penitentes (para este argumento, ver parágrafos 179-81). Meros procedimentos disciplinares não podem suplantar ou oferecer uma alternativa aceitável para os processos normais das leis pátrias. O que parece ter acontecido na Igreja Católica ao longo do último século é que os bispos foram instruídos pelo Vaticano a encarar o direito canônico como o único código aplicável aos padres acusados de abusos sexuais de menores, e os padres foram educados em seus seminários a acreditarem que estavam sujeitos exclusivamente a essas leis caso fossem acusados de pecados sexuais contra seus paroquianos. No entanto, o direito canônico na verdade não é uma "lei" (ou seja, um código apoiado por um poder legitimador laico), mas sim apenas um processo disciplinar referente aos pecados que só são passíveis de punições espirituais – preces ou penitências, por exemplo, ou na pior das hipóteses a destituição. O direito canônico não prevê audiências públicas, testes de DNA ou qualquer mecanismo de aplicação das leis, e suas punições mais severas – a excomunhão ou o rebaixamento à condição de leigo (sem que o criminoso seja listado em nenhum registro de molestadores) – não podem ser comparadas às sentenças de pri-

são ou cumprimento de serviços comunitários oferecidas pelo direito penal. Além disso, os procedimentos para a investigação e a obtenção de provas do direito canônico são arcaicos e dependem demais da confissão de culpa. Como todo o julgamento ocorre apenas por escrito e não conta com nenhuma técnica forense ou até mesmo de reinquirição como teste da verdade, muitos padres culpados acabam escapando pelas brechas de sua rede.

55. O direito canônico só foi codificado em 1917, e depois revisado em 1983, quando a mudança mais impactante foi o fim da antiga proibição à maçonaria, provavelmente por motivos ligados ao Banco do Vaticano (parágrafo 134). O código canônico é uma mistura de leis divinas (verdades morais dogmáticas), eclesiásticas (regras internas da Igreja, como o celibato clerical, por exemplo) e civis. A constituição apostólica da Cidade do Vaticano *(Pastor Bonus)* adota o direito canônico como o único estatuto legal da cidade, mas essas também são as leis – com suas centenas de "normas" (regras) escolhidas pelos órgãos do Vaticano (dicastérios) – que unem todos os católicos. Como o principal comentário no direito canônico explica (ou não):

    o lugar da lei é na Igreja de Cristo, na qual o drama da nossa redenção é encenado; o código de leis serve para ajudar as pessoas a receberem os mistérios redentores de Deus.[2]

56. Isso é ótimo para os fiéis, que podem querer que sua Igreja atue contra casos de heresia, cisma e apostasia, e entenda como um pecado grave o questionamento à infalibilidade do papa ou a incitação pública de animosidade contra a Santa Sé.[3] Isso era o que seria de se esperar das regras de uma religião, mas o que os "mistérios redentores de Deus" têm a ver com padres que estupram crianças? Muita coisa, ao que parece, já que:

    o propósito salvífico da Igreja dá à sua ordem penal um caráter único que deve sempre ser lembrado [...] uma abordagem pastoral não punitiva pode proporcionar ao transgressor uma vida mais plena em Cristo do que punições. A vida plena em Cristo é o objetivo máximo [...].[4]

57. Isso pode até ser verdade, mas não explica por que um padre estuprador não pode ter uma vida plena em Cristo na cadeia, em vez de fora dela sob as suaves críticas de seu bispo ou o tranquilo aconselhamento do Paracleto em seu retiro no Novo México. No entanto, essa é a filosofia fundamental do Código de Direito Canônico VI: "o caráter salvífico das leis da Igreja mostra a forte ênfase do código no uso de punições apenas como um último recurso quando todos os outros métodos legais e pastorais não tenham conseguido sanar o comportamento problemático".[5] Como essas "punições" em geral se resumem a preces a mais e a pior delas é o rebaixamento à condição de leigo, o direito canônico faz com que criminosos – que seriam desmascarados, julgados em público e condenados segundo o direito secular – sejam punidos apenas com sessões de aconselhamento, advertências ou repreensões – uma humilhação particular que nunca será mencionada em público. (O Cânone 1.339 insiste que o documento comprovando a advertência ou a repreensão "deve ser mantido no arquivo secreto da cúria" para evitar qualquer divulgação – mesmo entre a própria Igreja.) Aqueles que reincidem ou não se mostram arrependidos o bastante podem receber penitências (descritas pelo Cânone 1.340 como "a realização de algum trabalho de fé, devoção ou caridade", como "preces, jejuns, atos de caridade, participação de retiros e trabalhos comunitários"). As violações da regra do celibato são passíveis "de punições gradativas por meio de suspensões e até da destituição do cargo clerical", que é o pior que pode acontecer, tanto quando um padre é pego se masturbando quanto molestando uma criança: os dois casos violam a norma que exige a "abstenção da faculdade sexual". O Cânone 1.395 pune um clérigo "que vive em concubinato", o que pode resultar em sua destituição caso ele não abandone sua companheira. O sexo com menores, no entanto, deve ser punido com o padrão mais brando de "punições justas": como seu comentário aponta sem meias palavras, "de maneira até surpreendente, o código não parece encarar esses delitos com a mesma seriedade que outras violações da continência clerical".[6]

58. Com base em que o direito canônico pode reivindicar jurisdição sobre um crime grave? O Cânone 1.311 oferece uma única explicação:

A Igreja tem o direito inato e justo de coagir os membros transgressores da fé cristã com sanções penais.

59. Isso não explica nada. Como qualquer outra organização, a Igreja pode ter o direito de disciplinar e expulsar seus membros, mas nem Deus, nem o homem jamais concederam a essa instituição o "direito inato e justo" de proteger molestadores de crianças da justiça terrena. Não existe nenhum "direito", inato ou não, que permita à Igreja criar um sistema paralelo de justiça para crimes sexuais cometidos por padres e outros "religiosos", ainda mais porque esse sistema busca impedir que os criminosos recebam o que a comunidade – e a lei – entende como justiça. Em termos políticos, isso acaba resultando em uma intervenção secreta nas leis de outros Estados amistosos – uma violação do princípio de não intervenção da Carta das Nações Unidas. Esconder um molestador de crianças e transferi-lo para outras paróquias onde ele pode reincidir não tem nenhuma ligação com o "propósito salvífico da Igreja". Exigir que um padre pedófilo reze mais "ave-marias" não vai impedi-lo de reincidir: isso pode salvar sua alma, mas não salvará suas futuras vítimas.

60. Nesses casos o direito canônico tem dois pontos muito impressionantes. O primeiro, que é repetido inúmeras vezes, é a exigência de sigilo absoluto, não para proteger a vítima, mas para evitar escândalos na comunidade ou abalos à reputação da Igreja. O Cânone 1.352(2) chega a exigir uma pena de suspensão ou expulsão "caso alguém impeça que o transgressor se defenda sem o risco de sofrer escândalos ou infâmia". O segundo fato mais chocante sobre as leis para crimes sexuais do direito canônico é que em momento algum é feita qualquer exigência de tratamento especial, aconselhamento ou apoio às vítimas traumatizadas.

61. Os procedimentos do direito canônico favorecem o acusado, sob um código penal que era usado principalmente em tribunais

matrimoniais antes daquilo que seus comentaristas chamam de "certos trágicos acontecimentos eclesiásticos" (ou seja, a revelação dos casos de abuso sexual).[7] Suas cláusulas relacionadas ao abuso de menores são breves e gerais: o clérigo que abusar de uma criança menor de 18 anos "*deverá ser punido com penas justas que podem incluir a destituição de seu cargo clerical caso a situação assim exija*".[8] Quando uma reclamação "*plausível*" é feita, o bispo fica com toda a responsabilidade para dar início a uma investigação, que em geral é conduzida por um decano ("o delegado"). O Cânone 1.717.2 exige que "*cuidados sejam tomados para que essa investigação não ponha em risco a boa reputação de ninguém*" – o que só pode ser garantido caso tudo seja feito em sigilo absoluto, sem interrogar os amigos do suspeito, seus vizinhos ou as crianças com as quais ele já tenha trabalhado. O padre tem "o direito ao silêncio" (agora abolido no Reino Unido) e não pode ser interrogado a menos que aceite por vontade própria, e nenhuma inferência adversa pode ser feita para forçá-lo a isso.

62. Ao término da investigação preliminar, o Cânone 1.341 exige que o bispo conduza um julgamento que pode resultar em uma punição "*apenas quando este entender que uma repreensão fraternal ou qualquer outro método de tutela pastoral*" não seja capaz de reparar o escândalo ou corrigir o transgressor. Isso significa que o bispo não deve exigir qualquer julgamento ou punição formal caso acredite que medidas como conversas ou advertências paternais, a condução do padre para tratamentos, a transferência para outra paróquia ou a limitação de suas atuações sejam o suficiente. Como essa postura do direito canônico contra qualquer punição formal deve ser aplicada em benefício daqueles que admitiram sua culpa ou tiveram sua participação comprovada em casos de abuso sexual de menores, isso mostra uma absurda indiferença frente à gravidade desse crime e ao perigo de reincidência. O direito canônico é tão deficiente que não tem nenhum tipo de dispositivo para compensar as vítimas.

63. Os dispositivos do direito canônico seriam risíveis caso as consequências não fossem tão sérias. Segundo os Cânones 1.395 e

1.321, ninguém pode ser punido por uma transgressão a menos que ela seja "gravemente imputável por motivos de malícia e culpabilidade". Como os pedófilos são sujeitos a impulsos e desejos de difícil controle, foi declarado à Comissão Murphy que uma prova de pedofilia poderia ser uma plena defesa contra uma acusação de abuso sexual ou de estupro de crianças. A Comissão encarou isso como uma questão muito preocupante: "essa é uma grande divergência entre as leis da Igreja e as leis do Estado. Para o direito canônico, a pedofilia parece na verdade ser vista como uma defesa contra uma acusação de abuso sexual de menores". A investigação descobriu vários casos em que a CDF interveio para proteger padres que haviam sido condenados, mas diagnosticados como pedófilos; ao seu apelo, o cardeal Ratzinger impediu que eles fossem destituídos.[9]

64. Um bispo pode impedir que padres pedófilos atuem como professores de crianças, rezem a missa, treinem coroinhas etc., mas existem inúmeros exemplos de padres que, apesar de todas essas restrições, continuaram tendo oportunidades para molestar mais crianças (ver Apêndice A). Os molestadores que não são pedófilos podem ser "laicizados": o processo é totalmente sigiloso e eles não são listados em nenhum registro de criminosos sexuais e podem reincidir assim que encontrarem trabalho em escolas estaduais ou em entidades de assistência infantil. O direito canônico não oferece nenhum tipo de sistema eficaz para investigar e punir padres molestadores.

65. Os problemas do direito canônico são ampliados por suas normas processuais, emitidas como "um segredo do Santo Ofício" em 1922 e novamente em 1962, sob o comando do cardeal Ottaviani, o prefeito da CDF antes do cardeal Ratzinger, sob o título de *Crimen Sollicitationis* (Apêndice B). Por mais absurdo que seja para qualquer tipo de "norma", a penalidade para qualquer um que divulgue sua existência é a excomunhão: o código foi escrito em latim e parece só ter sido repassado aos bispos, que então o guardaram em arquivos secretos. Muitas congregações católicas só tomaram ciência do documento em 2003, quando o código foi vazado para advogados de vítimas interessadas em

processar o Vaticano nos Estados Unidos. Como seu título sugere, essas normas estabelecem como se deve proceder nos casos de "crime inefável", ou seja, solicitações sexuais de padres aos seus penitentes no confessionário ou em circunstâncias intimamente relacionadas à comunhão. Esse crime não se referia especificamente ao abuso de crianças, mas o penúltimo parágrafo o relacionava a "qualquer ato obsceno externo, gravemente pecaminoso, perpetrado ou tentado por um clérigo de qualquer forma com uma criança pré-adolescente de qualquer sexo ou com animais irracionais".[10] Isso também se aplica ao "mais vil dos crimes", ou seja, um ato obsceno cometido por um clérigo *"em qualquer circunstância com uma pessoa de seu próprio sexo"* – uma indicação de quanto o Vaticano abomina o homossexualismo, mesmo em relações consensuais entre adultos.

66. O procedimento da *Crimen* não tem qualquer eficácia investigativa. Não há nenhuma exigência de testes de DNA, o que já se tornou rotina em investigações contemporâneas de crimes sexuais. O processo é conduzido totalmente por escrito – e não há exigência de interrogatórios de testemunhas, muito menos de reinquirição. Além disso, o processo é realizado por outros padres, e, caso o padre responsável ("o promotor de justiça") considere a denúncia infundada, o bispo deverá eliminar todos os vestígios da investigação.[11] Mesmo com provas de peso (quando existem vários denunciantes ou denúncias, ou outras formas de corroboração, por exemplo), o bispo ainda pode descartar um julgamento e decidir apenas dar ao padre uma primeira advertência oral e até mesmo uma segunda, caso ele venha a reincidir. Dependendo da gravidade do caso, essas advertências podem ser paternais (um simples conselho), graves (algo como "tome cuidado") ou gravíssimas (ou seja, "se você for pego de novo, terá que passar por um julgamento canônico").[12] De qualquer modo, essas advertências devem ser dadas sob sigilo absoluto e suas cópias devem ser guardadas em arquivos secretos da cúria, em Roma. Mais uma vez, é importante dizer que essas repreensões são vistas como punições adequadas, dentro da Igreja, para crimes que normalmente receberiam – e com toda razão – penas

de detenção sob o direito penal. Não existem procedimentos públicos, nem qualquer tipo de registro dos criminosos sexuais – apenas uma referência deixada em um arquivo secreto no Vaticano que não pode ser vista por outros bispos, caso o padre reincida, e que é totalmente inacessível às autoridades policiais locais.

67. As investigações sob a *Crimen* mal merecem esse nome: o suspeito não é vigiado e nada pode ser feito para confiscar seus bens ou roupas, ou investigar sua casa ou suas posses. Não há nenhuma exigência de uma forma absolutamente crucial de corroboração, que é um exame médico da vítima. Todas as denúncias anônimas são ignoradas (na prática policial, as denúncias anônimas são tratadas com respeito). Duas pessoas, de preferência padres, conhecidas do reclamante (em geral uma criança sem caráter formado ou qualquer reputação), e duas outras conhecidas do padre acusado (e não faltam "irmãos" e antigos amigos de seu seminário) são escolhidas para fazer um juramento, prometendo sigilo, para então darem seus testemunhos sobre o caráter e a reputação de seu amigo. Nunca é exigido que o acusado faça um juramento de dizer a verdade, e, caso aceite ser interrogado, ele não pode violar o sigilo do confessionário: "*caso o acusado, falando acaloradamente, deixe escapar algo que possa sugerir uma violação direta ou indireta do sigilo, o juiz não deverá permitir que isso seja registrado pelo notário*" – mesmo quando resultar em uma confissão de culpa (ver p. 226).[13] Todos os participantes oficiais de um tribunal canônico – o juiz, o promotor e o notário – precisam ser padres, e os procedimentos devem ser conduzidos em sigilo absoluto, sob pena de excomunhão, até mesmo para a criança vitimada, caso ela depois fale com advogados ou com a polícia (ver Apêndice B, parágrafos 11-13). As regras não dizem nada sobre o ônus das provas ou a padronização ou a admissibilidade das mesmas, a não ser que qualquer prova oriunda de algo dito no confessionário é inadmissível, fazendo com que o processo não tenha as regras mais básicas de um tribunal de verdade. Esses procedimentos são inflexíveis e burocráticos, e talvez não sejam capazes de produzir condenações a não ser

em casos muito simples, em geral quando o próprio padre confessa (no entanto, caso o padre admita sua culpa para outro em um confessionário, isso não pode ser usado no tribunal).

68. É evidente que o direito canônico não oferece nada comparável a um devido processo legal, principalmente por não oferecer um julgamento independente e imparcial. Os membros do clero são muito unidos e apoiam uns aos outros, e os padres responsáveis pela acusação e pela defesa nesses casos terão uma grande empatia com seu colega, o acusado. Como juiz, o bispo é treinado para ter uma relação de pai e filho com os padres. (A ordenação de um novo padre exige que ele jure lealdade ao bispo, que por sua vez unge as mãos do padre com óleo – simbolizando "uma união sagrada e recíproca de apoio e comprometimento".)[14] O bispo obviamente não pode julgar de forma imparcial um homem cujo bem-estar ele tem o dever sagrado de proteger – independentemente de suas preocupações com sua própria reputação e a de sua diocese. Por esses motivos, um julgamento segundo o direito canônico não tem como ser justo para a vítima, nem para o interesse público de que a justiça seja alcançada. Seu próprio caráter sigiloso impede que a justiça seja feita. Todos os casos que estabeleceram o princípio da justiça pública do direito civil e penal mostram que julgamentos públicos coíbem o perjúrio e incentivam as testemunhas a se pronunciarem. Como Jeremy Bentham explica, essa é a melhor proteção contra a improbidade, pois "coloca o juiz, enquanto trabalha, também sob julgamento".[15]

69. O fato de um bispo (o "ordinário") atuar como juiz também traz outros problemas, já que ele não tem treinamento para analisar as provas e fazer suposições, especialmente em casos de abuso sexual. Os bispos são treinados com base na encíclica *Persona Humana*, de 1975, que (a despeito do Relatório Kinsey) adota as concepções de São Paulo de que "todo ato genital deve ser realizado apenas no contexto matrimonial" e que a "masturbação é um ato intrínseca e gravemente incorreto" porque "o uso deliberado da faculdade sexual fora das relações conjugais contradiz em essência sua função". O nível de ignorância sexual entre o magisté-

rio da Igreja ficou ainda maior quando Karol Wojtyla se tornou o papa João Paulo II, em 1979. Ele ajudou a compor as encíclicas *Humanae Vitae* e *Persona Humana*, e assumiu uma postura tão rígida em relação à sexualidade que sua encíclica seguinte, *Veritatis Splendor*, de 1988, listava a contracepção junto com o genocídio e outros atos "intrinsecamente malignos". Ele proibiu qualquer debate sobre a contracepção e instruiu seus núncios a espionarem clérigos de futuro promissor e só promoverem a bispo aqueles que apoiassem sem questionar essa proibição.[16] Em muitos casos, isso levou à indicação de homens com pouca experiência, sem conhecimento sobre o comportamento sexual humano e que se mostraram absurdamente ingênuos, aceitando desculpas de padres pedófilos e acreditando que esses criminosos poderiam ser curados com rezas, penitências ou sessões de aconselhamento.

70. Para aqueles que são condenados pelo abuso de menores, as punições do direito canônico são irrisórias – "*em geral, exercícios espirituais a serem realizados por certo número de dias em alguma instituição religiosa, sendo suspensa sua permissão para celebrar a missa durante esse período*".[17] Caso receba uma acusação de recaída ou reincidência, o bispo pode colocar o padre sob "supervisão especial" – suspendendo-o de rezar a missa ou de trabalhar com crianças, por exemplo. No caso de crimes graves, como a sedução sexual no confessionário, o padre pode ser impedido de receber confissões e "*em casos mais sérios, pode até ser rebaixado à condição de leigo (laicização)*".[18] O que é descrito como "a punição extrema" só deve ser dada aos padres que tenham causado "*um sério escândalo aos fiéis [...] chegado a um grau de temeridade e má conduta que não ofereça esperanças, humanamente falando, ou quase nenhuma esperança de sua correção*".[19] Algumas decisões vazadas da CDF mostram que até molestadores em série tiveram suas condenações à laicização vetadas pelo cardeal Ratzinger porque esses padres eram velhos, ou jovens, ou doentes, ou ainda por seus crimes serem muito antigos (ver parágrafo 28).

71. Os termos da *Crimen* não substituem uma investigação policial e uma punição criminal. Eles só são adequados, quando muito,

em pequenas sociedades que precisam de normas para disciplinar seus membros e, como um último recurso, para expulsá-los dessa associação. O abuso de menores simplesmente não é visto como um crime grave e nada obriga o bispo, ou "promotor de justiça", a alertar a polícia. Um dos casos em andamento nos Estados Unidos, "O'Bryan contra Santa Sé", chega a propor que talvez a *Crimen* até incentive a não cooperação com as autoridades policiais. O Vaticano publicou uma declaração dizendo que "nada na *Crimen* poderia ser visto como um impedimento para que as autoridades policiais sejam alertadas antes do início de um processo canônico".[20] Embora a *Crimen* não proíba que isso aconteça, todo o seu conteúdo e seu efeito final desmentem o argumento do Vaticano. O próprio direito canônico impõe o sigilo desde o início do processo, e, por ser um "segredo da Santa Sé", a revelação de qualquer detalhe é punida com a excomunhão – uma pena muito mais severa, diga-se de passagem, do que a que um padre estuprador receberia segundo o direito canônico, já que ele poderia ser destituído, mas não expulso da Igreja. A *Crimen* exige "sigilo absoluto" e um "juramento de silêncio" de todas as pessoas envolvidas no processo, incluindo os reclamantes e suas testemunhas, que estão "sujeitas à pena de excomunhão automática" (ver p. 222).

72. O argumento da Santa Sé (parágrafo 223) de que a *Crimen* não impede uma denúncia à polícia antes do início de um processo canônico formal é incompatível com o parágrafo 23 dessa própria encíclica, no qual é exigido que o reclamante faça uma acusação formal sob juramento depois de assinar um termo dizendo que *"fará um juramento de sigilo, sob pena de excomunhão"* (ver Apêndice B). Portanto, a *Crimen* exige que a acusação seja feita sob sigilo: nenhuma criança ou adolescente de criação católica sob risco de excomunhão irá levar seu caso à polícia, muito menos à imprensa. A Comissão Murphy concluiu com razão que esse tipo de exigência, como parte de um processo canônico, "sem dúvida inibia a denúncia de casos de abuso sexual de menores às autoridades civis ou outros órgãos competentes".[21] O sigilo é tratado com uma preocupação quase obsessiva em todos

os parágrafos da *Crimen*, enfatizando que as comunicações "sempre deverão ser feitas *sob o sigilo do Santo Ofício*" e que a *Crimen* foi endossada pelo papa João XXIII em 16 de março de 1962, ordenando que seus termos fossem "seguidos em todos os seus detalhes". A encíclica claramente visa inibir qualquer comunicação com órgãos externos assim que a acusação for feita e apoia essa proibição com terríveis ameaças de punição espiritual – ameaças que nenhuma criança conseguiria enfrentar justamente por ter sido criada em uma família católica, onde a excomunhão traz uma humilhação insuportável e a condenação ao inferno é encarada de forma literal. O elogio enviado ao bispo Pican, com aprovação do papa João Paulo II e do cardeal Ratzinger, por ter se recusado a denunciar seu padre pedófilo à polícia, foi repassado a todos os bispos para incentivá-los a fazer o mesmo (ver parágrafo 53). Isso claramente desmente o argumento falacioso de que o Vaticano adoraria que as autoridades policiais prendessem seus padres pedófilos.

73. Ironicamente, a defesa alternativa do Vaticano no caso "O'Bryan contra Santa Sé" é que a *Crimen* era tão obscura e secreta que muitos bispos dos Estados Unidos sequer sabiam de sua existência e que suas normas em geral nem eram seguidas. As acusações de abuso de menores apenas foram julgadas pelos bispos de maneira informal, ignorando assim as exigências de sigilo (embora de fato sempre tenham prezado pela confidencialidade). Isso pode até ser verdade em relação às acusações desse caso em específico e de outros, ainda que não faça muito bem à imagem do próprio Vaticano. O direito canônico era bem claro, mas nada foi feito até 2001 para que os procedimentos – por mais ineficazes que fossem – usados para administrar casos de abuso de menores fossem repassados a todos os bispos dos Estados Unidos. A mesma ignorância foi demonstrada pelos bispos irlandeses – um deles afirmou à Comissão Murphy que só tomou conhecimento sobre a existência da *Crimen* nos anos 1990, quando um bispo da Austrália descobriu que ela ainda estava sendo usada. Murphy fez comentários ácidos sobre essa "situação incomum na qual um documento que estabelece os procedimentos para lidar

com os casos de abuso sexual de menores cometidos por clérigos existia, mas praticamente ninguém o conhecia ou o usava".[22] De qualquer forma, permitir que os bispos administrassem acusações de crimes graves de "maneira informal" – oferecendo tratamento aos padres pedófilos ou os transferindo para fora do país sem nenhuma investigação – mostra uma negligência absurda, e pela qual a CDF foi responsável durante todo o período em que foi comandada pelo cardeal Ratzinger.

74. Em 18 de maio de 2001, Ratzinger enviou a *Crimen* a todos os bispos por meio de uma carta apostólica que desta vez foi amplamente publicada (Apêndice C). A *Crimen* foi criada com a aprovação do papa e presumia-se estar em plena vigência desde 1962. Essa nova carta apostólica, a *Sacramentorum sanctitatis tutela*, definia alguns "delitos graves", que a partir de então deveriam ser julgados pelo tribunal apostólico da CDF, incluindo os "delitos contra as morais com um indivíduo com menos de 18 anos". Esse, assim como os outros crimes eclesiásticos, estava sujeito a ter seu processo barrado após dez anos, um período que nos casos de abuso sexual começava a ser contado após o menor completar 18 anos (a vítima então não poderia mais fazer qualquer reclamação depois dos 29). Não houve nenhuma outra mudança no procedimento, nem qualquer exigência ou sequer uma sugestão de que a polícia deveria ser alertada em algum momento. Mais uma vez, a carta declarava enfaticamente que os casos dessa natureza deveriam ser tratados sob "sigilo pontifício". Para os casos de solicitação, o direito canônico define o sigilo pontifício na *Instrução da Congregação do Santo Ofício*, vigente desde 1866:

> Quando esses casos forem tratados, seja pela comissão apostólica ou sob o comando adequado dos bispos, deve-se tomar todo o cuidado para que esses procedimentos, justamente por serem [assuntos] de fé, sejam realizados em sigilo absoluto, e para que depois de terem sido resolvidos ou finalizados com uma sentença sejam completamente suprimidos pelo silêncio perpétuo. Todos os ministros eclesiásticos da cúria devem jurar silêncio perpétuo, assim como todos os outros convocados para os procedimentos, incluindo os conselheiros de defesa e

até mesmo os bispos encarregados [...]. Mas aqueles responsáveis pelas denúncias devem fazer um juramento no início do processo, comprometendo-se a dizer a verdade, e depois, quando o procedimento for finalizado, jurar manter o caso em segredo, mesmo que sejam padres.[23]

75. As instruções de Ratzinger não conseguiram corrigir o equívoco fundamental cometido na *Crimen* de confundir o abuso sexual de menores com um pecado ligado ao contexto do confessionário e dos sacramentos. Esses pecados eram encarados apenas como uma má conduta eclesiástica no cumprimento do santo ofício, enquanto o abuso de menores é um crime grave para o direito penal de qualquer país. Esse tipo de crime não pode ser listado como um "delito" ao lado de comportamentos inadequados sacerdotais como "usar as hóstias consagradas para um propósito sacrílego" ou "concelebrar o sacrifício eucarístico com ministros de comunidades eclesiásticas que não tenham sucessão apostólica". Sem dúvida alguma, essas são violações terríveis contra rituais e costumes católicos, mas que não devem preocupar ninguém fora da Igreja (ou talvez até mesmo muitos dentro dela). O abuso sexual de menores, no entanto, é uma grande preocupação para toda a comunidade. E o fato de a Igreja exigir uma jurisdição exclusiva e secreta sobre os padres acusados de cometerem esse tipo de crime resulta não apenas em uma confusão de ideias, mas também na usurpação do poder que o Estado tem de punir crimes cometidos em seu território e contra suas crianças.

76. O procedimento do direito canônico continua sendo intoleravelmente lento, já que todas as alegações plausíveis devem ser repassadas à CDF, que pode exigir um julgamento em Roma ou dizer ao bispo local para realizar um julgamento canônico por conta própria. O "investigador" é algum outro padre, sem qualquer recurso ou treinamento forense. A investigação é conduzida clandestinamente, com todas as partes e testemunhas sendo forçadas a jurarem "sigilo pontifical" (p. 232). Não há qualquer exigência para que as testemunhas e as provas colhidas pelo "promotor de justiça" sejam apresentadas à polícia ou às autoridades legais. Independentemente do veredicto final,

todos os documentos devem ser enviados à CDF, em Roma, onde serão guardados em sigilo, e os bispos recebem a ordem de manter suas cópias em arquivos secretos. Esses arquivos só podem ser acessados sob medidas muito drásticas, como a polícia belga recentemente precisou fazer, obtendo um mandado de busca e apreensão em uma catedral. Caso a CDF opte por um julgamento em Roma, haverá ainda mais atrasos – e qualquer "sentença" imposta pelo bispo poderá ser revisada. As "punições" continuam sendo simbólicas e improváveis: qualquer destituição deve ser ordenada ou confirmada pelo próprio papa, mesmo quando o padre culpado pede para ser laicizado. "Nos casos em que o padre acusado admite seus crimes e não deseja mais viver uma vida de preces e penitências", a CDF apenas restringe seu ministério, permitindo assim que um molestador confesso continue dentro da Igreja.

77. Os apoiadores de Ratzinger sugeriram que sua iniciativa de 2001 mostra o quanto ele está preocupado em conter a crescente onda de casos de abusos deixando claro que a partir de então eles passariam a ser supervisionados pela CDF, em Roma, não ficando mais sob domínio dos bispos locais. É difícil encontrar fundamento para isso, já que sua instrução de enviar todos os casos para Roma "sob sigilo pontifício" significa que o bispo local não poderia usar seu próprio bom-senso e relatá-los à polícia – podendo ser excomungado caso revelasse a acusação formal e violasse o sigilo papal. Isso também atrasa qualquer ação contra o padre acusado: a CDF, depois de mais ou menos um ano, fazia uma decisão sobre o caso por conta própria ou o enviava de volta ao bispo local para recomeçar o processo. É difícil não pensar que, em 2001, o cardeal Ratzinger já sabia que o escândalo dos abusos sexuais estava prestes a abalar a Igreja e, em vez de instruir seus bispos a abandonarem o sigilo e os inúteis procedimentos da *Crimen* e alertarem a polícia para que a justiça pública fosse feita, decidiu aumentar o controle da Santa Sé sobre todas as acusações de abuso sexual. Isso apenas confirmava a pretensão que esse "Estado" tinha de reivindicar a partir de então uma jurisdição exclusiva para punir sob seu próprio

direito canônico os crimes cometidos por seus padres em outros países. A Santa Sé começou a ver sua Igreja mundial como uma nação, com seu próprio direito canônico vigente sobre todos os seus cidadãos – os padres da Igreja –, independentemente dos países onde eles se encontrassem. Em 2002, quando os abalados bispos dos Estados Unidos sugeriram a Ratzinger uma possibilidade de cooperação com as autoridades civis nos casos de abuso sexual de menores, eles foram lembrados de que "a Igreja reafirma seu direito de impor sua própria legislação sobre todos os seus membros nas dimensões eclesiásticas de delitos como o abuso sexual de menores".[24] O simples fato de que alguns dos maiores teólogos da Igreja acreditam que a masturbação ou o estupro de garotinhos tenham uma "dimensão eclesiástica" já é surpreendente o bastante. No entanto, é ainda mais chocante a ideia de que o cardeal Ratzinger parecia acreditar que o Estado do qual ele era o ministro mais poderoso tinha o direito de administrar seu próprio sistema legal secreto para julgar casos de abuso sexual em outros países, desafiando leis internacionais. E em 2002, ao insistir em proteger padres que cometeram esses crimes, ele cometeu o erro fatal de entregar a Deus o que era de César.

78. Em 2010, no quinto ano do papado de Bento e depois de muita vergonha e muitos escândalos, os procedimentos da Igreja para administrar casos de abuso sexual de menores cometidos por padres continuavam sendo inaceitáveis. O Vaticano estava determinado a manter sua jurisdição pelo direito canônico sobre esses "crimes contra a moral" – com métodos ineficazes, incompetentes e não punitivos, como sempre, e ainda sendo conduzidos em sigilo e protegendo completamente os padres acusados. A Santa Sé continua se recusando a adotar a política de "tolerância zero" em sua Igreja universal, a deixar de exigir que as vítimas façam juramentos de sigilo pontifício e a entregar às autoridades policiais provas sobre padres pedófilos que já foram julgados sob o direito canônico ou de maneira informal no passado. A única aparente concessão, feita não pelo direito canônico, nem por uma carta apostólica, mas sim divulgada por

um site de relações públicas em resposta à indignação contra o silêncio do papa no sermão de Páscoa, foi um guia não oficial para "*a compreensão dos procedimentos de base da CDF relativa às acusações de abusos sexuais*". O texto propunha que:

> As leis civis que preveem a denúncia desses crimes às autoridades responsáveis sempre devem ser seguidas.[25]

79. A aparição repentina dessa nova sugestão na internet em um guia informal descrito como "útil para leigos e não canonistas" foi divulgada à mídia em 12 de abril de 2010 como uma prova de que o papa, apesar de seu silêncio no sermão de Páscoa, finalmente havia tomado uma atitude. Essa seria uma reforma verdadeira, uma ordem para que os bispos denunciassem os padres molestadores. Mas aqueles que divulgaram essa notícia foram ludibriados: o site do Vaticano não tem autoridade papal para exercer qualquer mudança no direito canônico, e o "guia" só servia como uma explicação sobre o código canônico já existente desde 1983 e da carta escrita por Ratzinger em 2001, sendo que nenhum desses textos fazia qualquer menção à exigência de denúncia. A verdade – que esse "guia" on-line era apenas uma manobra de relações públicas – veio à tona três meses depois, quando o papa publicou as "Novas Normas" do direito canônico – *de gravioribus delictis* (Apêndice D). Esse texto também não exigia que os bispos ou qualquer outra pessoa denunciassem os casos de abuso sexual de menores às autoridades civis. Apenas na época de sua publicação, o porta-voz do Vaticano, o padre Lombardi, admitiu que uma exigência de denúncia chegou a ser discutida, mas foi rejeitada – eles deliberadamente decidiram não incluir essa nova regra no direito canônico. Portanto, o guia on-line não tinha nenhum efeito de lei, embora tivesse levado a mídia e o público a acreditarem que sim, como provavelmente era sua intenção. De qualquer forma, o texto foi redigido com muito cuidado – suas normas só deveriam ser aplicadas em lugares onde essas leis civis existem, e muitos países, especialmente na América Latina e na Ásia, não têm leis específicas estabelecendo a obrigatoriedade dessas denúncias, então a polícia não

seria alertada nesses lugares mesmo que o guia fosse seguido. Muitos países que adotam o *common law* também não contam com leis específicas exigindo esse tipo de denúncia, e os bispos podem escapar dessa recomendação alegando que, ficando em silêncio, não estariam sendo "cúmplices" ou "cúmplices por negligência". Agora, por que o Vaticano se recusa a exigir que seus bispos repassem *todas* as alegações plausíveis *imediatamente às autoridades competentes*? Porque a Santa Sé não está preparada para abrir mão do poder garantido pelo direito canônico de proteger seus padres, poder esse que seria perdido caso eles fossem julgados em um tribunal público. E em geral isso só acontece como resultado de informações que chegam à polícia de fontes externas à Igreja.

80. De qualquer forma, o "guia" on-line tem uma falha crucial. Na prática, o processo do direito canônico é tão tendencioso a favor dos padres que, em geral, aqueles que são considerados culpados na verdade admitiram seus pecados, muitas vezes em uma confissão formal. Em consequência disso, o bispo não poderia repassar essa alegação de abuso sexual à polícia caso ela tenha sido feita durante a celebração do sacramento da penitência.[26] Esse tipo de acobertamento é exigido pelo direito canônico, especificamente no Cânone 983(1):

    O sigilo sacramental é inviolável. Portanto, é absolutamente inaceitável que um confessor traia de qualquer forma o penitente, seja lá por qual motivo, seja por meio de palavras, ações ou qualquer outra maneira.

81. Então, ainda que o direito canônico fosse reformulado, como pretendia o site, os padres pedófilos poderiam continuar se confessando com a plena confiança de que a polícia jamais seria alertada sobre seus crimes. As denúncias de padres feitas à polícia por bispos sempre são tratadas no Vaticano como algo similar a uma traição entre pai e filho – "é muito difícil", disse um oficial da CDF, "para um pai trair seu filho". Portanto, enquanto o sigilo sacramental continuar inviolável, em muitos casos essas denúncias não serão feitas.

82. Em julho de 2010, o papa Bento fez um novo esforço contra a crise dos abusos sexuais com uma promulgação – *de gravioribus delictis* (Apêndice D) – que corrigia sua carta apostólica de 2001 e anulava o "guia" on-line anterior. Isso aconteceu após a renúncia de cinco bispos europeus, a perda de dezenas de milhares de fiéis enojados com a postura da Igreja, e a Suprema Corte dos Estados Unidos ter recusado o pedido do papa para revisar e anular uma decisão judicial que deixaria o Vaticano aberto para interrogatórios e para a quebra de sigilo em ações de negligência nos tribunais dos Estados Unidos. Seria o momento perfeito para anunciar o abandono do direito canônico, para investigar e punir os criminosos sexuais dentro da Igreja e para instruir seus bispos, sem meias palavras, a repassarem suas suspeitas plausíveis às autoridades civis. Seria o momento perfeito para adotar em toda a Igreja a política de "tolerância zero" dos Estados Unidos, que prevê a destituição automática de um clérigo condenado por abuso de menores. Infelizmente para a Igreja e para a sua própria reputação, o papa não fez nada disso. Pelo contrário, ele endossou o direito canônico como um código adequado para julgar padres suspeitos e chegou até a ampliar o escopo de sua jurisdição, passando a exigir que outros crimes sexuais contra as leis nacionais fossem administrados com seus procedimentos secretos e tendenciosos a favor dos padres. Esses crimes – a posse e a distribuição de imagens pornográficas de crianças e o abuso sexual de adultos mentalmente incapazes de consentimento – são violações contra o direito pátrio de quase todo país civilizado. No entanto, a partir de então, quando cometidos por um padre, esses crimes não seriam mais relatados à polícia, mas sim mantidos no submundo do direito canônico, no qual, como o Artigo 30 da *de gravioribus delictus* enfatiza, seriam julgados sob o sigilo pontifício, do qual qualquer violação (intencional ou não) receberia a mais severa punição (Apêndice D).

83. O porta-voz do Vaticano, o padre Lombardi, tentou rebater as críticas explicando que os julgamentos secretos eram necessários "para proteger a dignidade de todas as pessoas envolvidas" – e também, ao que parece, a reputação da Igreja. O direito do

público em ver a justiça sendo feita não passou pela sua cabeça. Quanto ao fato de o papa não ter incluído entre suas novas normas qualquer exigência de denúncia à polícia, ele admitiu que "a colaboração com as autoridades civis" vinha sendo discutida, "mas continuava sendo um assunto intocado". (A noção de que "colaborar" – como se isso fosse uma cooperação com o inimigo – nesses casos seja permitir que as autoridades competentes sejam alertadas e investiguem crimes sérios já mostra o temor quase paranoico do Vaticano de "sacrificar seus próprios filhos".) Lombardi também reafirmou a absurda alegação de que o direito canônico é capaz de tratar de crimes sérios: "o código penal do direito canônico é completo por si só e totalmente distinto do direito dos outros países".[27] O simples fato de esse código ser "totalmente distinto" já o desqualifica como alternativa viável para a justiça pública e implica que a Santa Sé está violando o direito internacional ao subverter o sistema de justiça de uma nação com a qual mantém relações diplomáticas.

84. Essa nova alegação de que o direito canônico é capaz de julgar padres que produzem ou distribuem pornografia infantil é tão absurda quanto a afirmação de que esse código pode julgar casos de abuso sexual contra menores. O direito canônico não garante a apreensão de computadores, nem prevê a atuação de especialistas forenses para examinar discos rígidos, equipes policiais para investigar redes de distribuição de pornografia ou médicos para examinar as vítimas. Ainda assim, o Vaticano insiste em assumir a jurisdição sobre um crime associado ao abuso de menores (existem denúncias de "redes de pornografia" entre padres pedófilos que usariam o método de mostrar imagens obscenas em computadores para abordar crianças) que, na maioria dos países, é combatido com condenações públicas, sentenças de detenção e listagem em um registro de criminosos sexuais. Sob o direito canônico, os padres molestadores continuarão ocultos e serão punidos apenas com ordens de cumprir penitência ou, no máximo, uma destituição, com o direito de voltar à sociedade sem que nada o impeça de reincidir, e sem nenhum aviso aos outros sobre isso. Já quanto ao novo crime previsto pelo direi-

to canônico de abusos contra deficientes mentais, seus termos são insatisfatórios em essência, pois protegem apenas "pessoas com o uso limitado da razão", o que não é o caso da maioria das vítimas de desordens mentais que podem ser atacadas pelos padres. Isso não engloba deficiências físicas – escolas para cegos ou surdos e hospitais para deficientes são alvos comuns de padres molestadores. No entanto, o maior problema desse novo crime previsto pelo direito canônico é que ele viola as leis pátrias de proteção de indivíduos vulneráveis, implicando também que essas acusações não serão devidamente investigadas, que não haverá o auxílio de nenhum poder de vigilância ou de equipes médicas forenses, e é bem provável que o processo se volte contra o reclamante e a favor do padre acusado. Não ocorrerá nenhum julgamento público, qualquer admissão de culpa realizada dentro de um confessionário será completamente descartada e qualquer um que tente usar esse tipo de prova será excomungado.

85. Algumas mudanças de apresentação foram feitas nessas novas normas de 2010 do direito canônico. A Igreja pelo menos reconheceu que as denúncias de abuso sexual de menores devem poder ser feitas vários anos após o ocorrido, e o prazo de prescrição foi estendido para vinte anos após o 18º aniversário da vítima – embora tivesse sido mais inteligente abolir totalmente esse limite. (Por que permitir que uma vítima faça uma denúncia aos 38, mas não aos 39?) Também foram respondidas as críticas sobre o quanto eram morosos e raros os casos de destituição, pelos quais o papa "revogava a condição clerical" de padres que haviam admitido ou não tinham contestado sua culpa. Nesses casos, o papa também pode conceder ao transgressor uma "dispensa da regra do celibato", que em geral é difícil de ser conseguida (ela só pode ser dada pelo pontífice). Assim sendo, a "agilidade" nesse processo pode ser até vantajosa para o transgressor, que fica imediatamente livre para se casar em vez de ser condenado ao inferno. Como um exemplo da postura defensiva do Vaticano, o papa criou um "delito" especial para lidar com qualquer católico que ouse "registrar, seja lá como for, ou

divulgar de maneira maliciosa em qualquer meio de comunicação o que é dito em um confessionário pelo confessor ou pelo penitente". Esse novo "crime" católico parece ser uma tentativa de impedir que a polícia ou jornalistas instalem sistemas de escuta nas vítimas – ou vítimas em potencial – e as mandem ao confessionário para conseguir provas contra padres acusados ou suspeitos de terem usado o confessionário para abordagens sexuais.

86. Em outros aspectos, no entanto, as novas normas apenas ampliam os problemas vistos nas antigas, tratando crimes como o abuso sexual de menores e o porte de pornografia infantil da mesma forma que pecados como cisma, heresia e apostasia. Segundo essas normas, os padres que abusam de crianças pequenas são igualados aos que jogam fora "hóstias consagradas", absolvem suas namoradas no confessionário ou se envolvem em liturgias proibidas. Na verdade, a promulgação das "Novas Normas" de Bento se tornou um desastre de relações públicas para a Igreja por também incluir um novo "delito mais grave", tão sério quanto o estupro de uma criança: a tentativa de ordenar uma mulher. Nesse caso, o padre e a mulher são tratados com a pior de todas as punições eclesiásticas, que é a "excomunhão plena" (seja lá o que isso significar). O absurdo dessa comparação, publicada poucos dias após a Igreja Anglicana ter decidido consagrar bispas, foi encarado como um exemplo da misoginia de Bento, ou de sua teologia machista (segundo uma declaração feita por um comitê da Igreja em 1975, a proibição de que mulheres sejam ordenadas não tem nenhuma base bíblica). A revisão do direito canônico que tornou essa violação tão grave quanto o estupro de uma criança foi um forte golpe contra aqueles defensores do atual papa que culpam João Paulo II e afirmam que Bento agora está "convertido" à necessidade de tomar alguma atitude. Em julho de 2010, as "Novas Normas" deixaram muito claro que Bento não estava disposto a deixar que a Igreja abandonasse esse código "religioso" para adotar o direito secular. O "benefício do clero" continuaria canonicamente disponível aos seus membros.

4. O Tratado de Latrão

"Não posso aceitar seu princípio de que devemos julgar o papa e o rei de forma diferente do que outros homens, com uma presunção favorável de que não podem errar. Se há alguma presunção, esta deverá ser contra aqueles que detêm o poder, e aumenta quanto maior for esse poder. A responsabilidade histórica deve compensar a falta de responsabilidade legal. O poder corrompe, e o poder absoluto corrompe absolutamente [...]. Não existe pior heresia do que supor que o cargo santifica aquele que o exerce."

Lorde Acton, 1887

87. A alegação de que o papa é um chefe de Estado, autorizado a usar o direito canônico em qualquer lugar do mundo onde houver uma igreja, levanta a questão de o Vaticano (um minúsculo enclave em Roma) ou a Santa Sé (o governo da Igreja Católica Romana), ou mesmo ambos, poderem se apresentar como um Estado soberano em um debate de direito internacional. Cada uma dessas entidades tem uma personalidade internacional, no sentido de que pode entrar em acordos, assinar tratados, realizar conferências e trocar representantes com outras entidades – sejam corporações, organizações religiosas, instituições de caridade ou Estados. No entanto, a pretensão do Vaticano de ser mais do que apenas uma "personalidade internacional" e sim um Estado pleno é controversa. Isso traz muitas vantagens, das quais duas são muito importantes: imunidade soberana para esse Estado e seu comandante em relação a qualquer ação legal, e acesso direto às Nações Unidas e suas agências, conferências e convenções para promover o que é descrito como sua "missão apostólica". No entanto, ao se valer desses privilégios, o próprio Vaticano tem ciência de que trata-se de uma peculiaridade, como chegou a declarar abertamente quando aderiu à Convenção contra a Tortura:

A Santa Sé, em nome do Estado da Cidade do Vaticano, compromete-se a aplicar a convenção conforme for compatível, na prática, com a *natureza peculiar desse Estado*.

Muito peculiar, de fato, se isso quiser dizer que a crença da Santa Sé no inferno deve por esse motivo qualificar sua renúncia à tortura. Existem várias outras peculiaridades na alegação de que o papa é um chefe de Estado.

88. A alegação de que a Santa Sé é um Estado tem pelo menos algum fundamento histórico: o papado teve um pequeno papel nas relações internacionais no começo do século IV, e posteriormente o imperador Carlos Magno criou uma base territorial para a Igreja onde hoje é a Itália central. Esses "Estados papais", com seus 12.667 quilômetros quadrados, que incluíam Roma e seu entorno, foram anexados duas vezes por Napoleão e finalmente extintos pelo exército italiano em 1870, no auge do Risorgimento, que unificou a Itália. Não há dúvidas de que a invasão e a ocupação realizadas pelas tropas italianas (após uma guarnição francesa que estava defendendo o Palácio do Vaticano ter sido retirada por Napoleão III) derrubaram a posição do papa como um chefe de Estado: Pio IX pôde ficar em seu palácio, protestando enfurecido, e a Santa Sé continuou tendo seus diplomatas (em 1914, para garantir aos católicos que Deus estava de seu lado na guerra, a Grã-Bretanha retomou as relações que haviam sido cortadas em 1559), mas nenhum deles tinha qualquer súdito ou território sobre os quais poderia afirmar ter alguma soberania. Como um livro importante aponta: "A personalidade do papa era consistente com a sua posição religiosa e nada mais".[2] Em relação a esse período de 1870 a 1929, um tribunal italiano determinou que, apesar de suas relações diplomáticas com 29 países,

    A Santa Sé não pode ser considerada um Estado independente [...] não se pode afirmar que, entre 1870 e 1929, o papa teve qualquer território próprio, por menor que fosse, sobre o qual pudesse exercer sua soberania.[3]

89. Teria então o papa conquistado sua "soberania" de repente com o Tratado de Latrão em 1929? Com esse tratado, Mussolini con-

cedeu à Cidade do Vaticano certa independência das leis italianas, transformando-a no território que hoje a Santa Sé usa para reivindicar sua condição de Estado. Posteriormente, mais países enviaram seus delegados à Cidade do Vaticano e receberam núncios papais em troca. No entanto, a Cidade do Vaticano e a Santa Sé nunca foram aceitas como membros da Liga das Nações, e suas tentativas de entrar nas Nações Unidas foram rejeitadas com certo desdém pelo secretário de Estado dos Estados Unidos, Cordell Hull, em 1944. Mesmo assim, a Cidade do Vaticano e a Santa Sé depois conseguiram o direito de assinar tratados internacionais e, em 1966, o secretário-geral da ONU, U Thant, concordou, sem consultar os membros da ONU, que a Santa Sé poderia ser aceita como um Estado "não membro" – mas ainda assim um Estado. Com base nisso, a Santa Sé continuou a ratificar diversos tratados da ONU e hoje é "reconhecida" por 178 Estados com os quais mantém relações diplomáticas (embora a maioria não tenha enviado embaixadores). No entanto, esse reconhecimento dos outros Estados, mesmo com a troca de diplomatas, não configura uma "condição de Estado" para o direito internacional, um status que é definido objetivamente pela Convenção de Montevidéu, de 1933. Nem o Vaticano, nem a Santa Sé, tampouco ambos, enquadram-se nessa definição legal – um fato ao qual só foi dada a devida atenção após o Vaticano ter influenciado com exagero diversas conferências importantes da ONU no meio dos anos 1990, usando sua "condição de Estado" para barrar iniciativas de planejamento familiar e esforços pelos direitos das mulheres.

90. O Vaticano com certeza se orgulha de sua pretensa condição de Estado, gabando-se que, como resultado disso, "a Igreja Católica é a única instituição religiosa do mundo a ter acesso a relações diplomáticas e a interagir com o direito internacional". A condição de Estado faz com que a comunidade internacional reconheça o papado como "um poder moral *sui generis*, uma autoridade moral soberana e independente [...] o papa, com seu ministério pastoral, que envolve os povos da Terra e seus governantes, pode inspirar líderes políticos, orientar diversas

iniciativas sociais e também contestar sistemas ou ideias que agridam a dignidade do ser humano, ameaçando assim a paz mundial".[4] O papa João Paulo II chegou a se jactar de que "a Santa Sé está envolvida com a comunidade das nações para ser a voz que a consciência humana espera".[5] Mas essa voz julga o homossexualismo como algo "perverso", as uniões civis entre pessoas do mesmo sexo como "perversas e insidiosas" e o aborto em qualquer circunstância (mesmo em casos de estupro cometidos por um pai ou um padre, ou para salvar a vida da mãe) como um pecado mortal que nunca deve nem sequer ser cogitado pelas mulheres, que também serão condenadas ao inferno caso usem qualquer método de controle de natalidade que não seja a abstinência. Essa voz também descreve como "perversa" qualquer pessoa que faça experiências ligadas à fertilização *in vitro* de qualquer tipo e para qualquer fim entre seres humanos. Ela é que exige o fim do uso e da distribuição de preservativos que salvam vidas em países devastados pela AIDS/HIV. Essa voz condena todos os que se divorciam ou se casam sem a intenção de ter filhos, fazem sexo apenas por prazer (mesmo casados), consomem pornografia, doam esperma para programas de inseminação artificial, passam por exames pré-natais, usam ou oferecem barriga de aluguel ou cogitam a eutanásia para doentes terminais. Essa é uma voz que vem sendo erguida com maior força e insistência por Joseph Ratzinger, também conhecido como Bento XVI – e é uma voz que muitas consciências humanas ocidentais na verdade vêm esperando conseguir *superar*, mesmo ainda sendo entoada em coro por diversos Estados muçulmanos com leis que tratam as mulheres como seres inferiores e condenam os homossexuais à cadeia.

91. Meu objetivo não é contestar esses aspectos dos dogmas católicos, mas apenas mostrar o quanto eles são controversos e politicamente significantes – o Vaticano ameaça excomungar políticos católicos que apoiem políticas governamentais a favor do aborto ou do controle de natalidade. Em 2002, o cardeal Ratzinger publicou uma "Nota Doutrinal" dizendo que os políticos católicos tinham uma "obrigação clara e séria" de combater

qualquer lei que pudesse tolerar o aborto ou os estudos com embriões ou fertilização *in vitro*. Segundo ele, apoiar essas políticas seria "impensável para um católico"[6], e esses políticos estariam correndo o risco de serem excomungados ou proibidos de assistirem à missa se votassem a favor dessas leis (ver parágrafo 150). Em 2003, Ratzinger também usou o mesmo tipo de chantagem espiritual para lembrar os políticos católicos de sua solene obrigação de se oporem às uniões civis entre homossexuais por "irem contra a lei natural da moral", "não terem uma origem de complementação genuína sexual e afetiva" e porque todos os atos de homossexualismo "são uma grave depravação".[7] A Santa Sé emprega seus esforços diplomáticos – poderosos e eficientes desde que sejam exercidos por um Estado – para promover esses pontos de vista fundamentalistas.

92. O Vaticano vem defendendo sua condição de Estado de várias maneiras ao longo dos anos. Sua última explicação à ONU, em maio de 2010, baseia-se no direito canônico para definir a Santa Sé como "o governo da Igreja universal". Essa afirmação é presunçosa – a religião Católica Romana é grande, mas não "universal", e a Santa Sé não deveria ser diferente do governo de qualquer outra Igreja. No entanto, o Vaticano alega ser diferente *sim*, por ser o governo de um Estado soberano:

> A Santa Sé exerce sua soberania sobre o território do Estado da Cidade do Vaticano (ECV), criado em 1929 para garantir independência e soberania absolutas e evidentes à Santa Sé para que esta possa alcançar sua missão moral no mundo todo, incluindo todas as ações ligadas às relações internacionais. (cf. Tratado de Latrão, preâmbulo e artigos 2º e 3º).[8]

93. Como a Santa Sé reivindica sua condição de Estado com base no Tratado de Latrão, de 1929, é necessário examinar esse documento em seu contexto histórico. Para Mussolini, é provável que o acordo não tivesse o propósito alegado pela Igreja (ou seja, viabilizar sua "missão moral no mundo todo") e fosse apenas uma tentativa de angariar maior apoio eleitoral aos fascistas, oferecendo à Igreja território, dinheiro e privilégios na Itália e em mais nenhum outro lugar. Os diplomatas do Vaticano pla-

nejavam incluir alguns termos que pudessem lhes garantir um tratamento especial em relação às outras religiões sob o direito internacional, mas esse tratado não era internacional. Nenhum outro Estado a não ser a Itália assinou esse documento, que na verdade nem era um tratado, mas sim um mero acordo entre o governo italiano e a Igreja. Isso não significa que Estados não possam ser criados a partir de ações unilaterais de outros Estados – muitos países foram "criados" por poderes coloniais que abriram mão de territórios geopolíticos distintos, concedendo independência soberana a um determinado povo ou grupo étnico. No entanto, nenhum deles surgiu com a concessão da propriedade de um palácio e de seus jardins.

94. É importante entender a verdade sobre o Tratado de Latrão, por mais que o Vaticano e seus diplomatas tentem evitá-la. Os fatos são claros o bastante para serem encontrados em livros didáticos.[9] Durante o reinado de Pio IX (de 1846 a 1878), a Igreja Católica assumiu uma postura claramente contrária ao avanço da democracia liberal na Europa; seu intolerante e intolerável documento *Syllabus Errorum*, de 1864, condenava a liberdade de expressão e de consciência e exigia que a religião católica fosse estabelecida como a única oficial de todos os países. Esse chamado à tirania foi seguido pelo Primeiro Concílio do Vaticano (1869-70), que proclamou a infalibilidade do papa. Muitos líderes católicos, como o cardeal Newman, foram contra essa declaração, e o historiador católico Lorde Acton escreveu uma famosa carta a Gladstone, lamentando que essa "conspiração organizada" poderia criar "um poder com potencial para ser o maior inimigo da liberdade e da ciência no mundo todo".[10] (Outra declaração sua ainda mais famosa atacando os crimes papais foi a de que "o poder corrompe, e o poder absoluto corrompe absolutamente".)

95. Pio IX estava mais preocupado em barrar a liberdade em sua própria terra natal: ele se firmou como o principal obstáculo para a unificação da Itália, opondo-se fortemente aos grandes esforços de Garibaldi e Cavour, e Mazzini e Verdi. Ainda assim, após o exército italiano ter ocupado os Estados papais em Roma,

em 1870, os novos líderes do país se dispuseram a buscar uma reconciliação em vez de apenas extirpar o papa. Eles criaram a *Lei de Garantias*, deixando que a Igreja ficasse com seus palácios, usasse livremente suas agências de correios e telégrafos e tivesse seus próprios representantes diplomáticos. No entanto, Pio IX não se contentou com nada disso e continuou firme, insistindo que aquele pedaço de terra era seu e que havia sido dado a ele por Cristo. Ele exigiu sua soberania de volta e ordenou que seu batalhão de italianos – um exército de bispos, padres, freiras e oficiais que administravam escolas, faculdades e hospitais católicos do país – não aceitasse a legitimidade do novo Estado democrático. Os católicos italianos receberam uma ordem do papa para não votarem nem se posicionarem nas eleições nacionais, e foi apenas durante a Primeira Guerra Mundial que o Vaticano mudou de estratégia e decidiu apoiar o partido popular, que era a favor da Igreja e contra o sufrágio feminino. Após a guerra, a Igreja começou a temer que esse partido católico não tivesse determinação o bastante para proteger seus interesses contra o avanço dos comunistas italianos: o país precisava de uma resposta muito mais firme. O bispo de Milão assumiu a liderança em um esforço para abordar e defender Mussolini, que teria "uma compreensão adequada do que é necessário para o país", e permitiu que as bandeiras do partido fascista fossem hasteadas em sua catedral.[11] O bispo de Milão conseguiu se tornar o papa Pio XI a tempo de aconselhar o rei a nomear Mussolini como seu primeiro-ministro (o *Duce* depois retribuiu o favor evitando que o Banco do Vaticano fosse à falência). O apoio do papa se tornou crucial em 1925, durante a crise pelo envolvimento de Mussolini no assassinato de Matteotti, um corajoso parlamentar que vinha ameaçando expor a corrupção do partido fascista. Nessa época, Mussolini recompensou o papa aumentando o pagamento estatal dos padres e exigindo que crucifixos fossem instalados em todos os tribunais e escolas.

96. Mas isso não era tudo: Mussolini (um ateu confesso) precisava da Igreja para apoiar seu futuro como ditador de um Estado monopartidário e para que seus crimes fossem esquecidos, enquanto o papa, por sua vez, aprovava o antissocialismo do

movimento fascista e aplaudia sua postura conservadora em relação ao papel da mulher e ao incentivo à procriação. (O papa apoiava especialmente a "batalha pelos bebês", encampada por Mussolini, que seguia sua encíclica *Sobre o casamento casto*, declarando que o único propósito do sexo no matrimônio era a reprodução e que todos os métodos contraceptivos eram "uma violação das leis de Deus e da natureza".) No entanto, a Igreja tinha receio de que os fascistas tentassem assumir o controle de suas escolas e de suas iniciativas sociais de "ação católica" que doutrinavam seus jovens fiéis. Portanto, para garantir que ambas as partes alcançassem seus objetivos e evitar um cabo de guerra pelas almas dos jovens italianos, Pio XI e Mussolini deram início a negociações secretas em 1926, que três anos depois culminaram no Tratado de Latrão. O acordo não parecia ter como seu principal objetivo viabilizar a missão moral da Igreja no mundo todo: Mussolini precisava do papa para garantir a hegemonia eleitoral do fascismo na Itália, e o papa estava mais do que disposto a apoiá-lo para manter a juventude católica italiana sob o domínio da Igreja.

97. O Tratado de Latrão e uma concordata foram revelados em uma grandiosa cerimônia em Roma, no dia 11 de fevereiro de 1929. O jornal do Vaticano anunciou que "a Itália foi devolvida a Deus, e Deus foi devolvido à Itália". Nas eleições realizadas dois meses depois, Mussolini foi elogiado publicamente pelo papa como "um homem enviado por Deus", e os padres incentivaram seus paroquianos a votarem nele. Como resultado, Mussolini foi eleito com 98,33% dos votos.[12]

98. Segundo os termos do Tratado de Latrão, a Itália cederia ao papa o Palácio do Vaticano e seus jardins – 43,7 hectares (0,44 quilômetro quadrado), além de uma compensação financeira pela perda dos Estados papais em 1870. Ao mesmo tempo, uma concordata "estabeleceu" o catolicismo como sendo a religião oficial da Itália, tornando o ensino católico obrigatório nas escolas estaduais, dispensando os padres do serviço militar, aplicando as leis da Igreja aos casamentos civis e garantindo proteção aos grupos sociais e de jovens da Igreja (desde que as

"ações católicas" continuassem sem interferir na política). Isso resultou em um acordo benéfico para as duas partes, mas que se resumia unicamente à Itália. Tudo foi feito para que o Vaticano "independente" apoiasse o Estado fascista, o que de fato aconteceu – apesar de um breve desentendimento em 1931 sobre o controle das "ações católicas" da Igreja e, tempos depois, de uma preocupação, não muito grande, com as leis antissemitas de 1938. Mussolini não estava preocupado com a "missão moral" da Igreja no mundo e planejava guerras que iam contra sua suposta "missão de paz": ainda assim, o papa e seus bispos abençoaram sem remorso as tropas de Mussolini em 1935 antes de elas embarcarem em uma campanha violenta e racista para conquistar a Abissínia, e as legiões que depois foram enviadas para fortalecer o exército de Franco na guerra civil espanhola. Suas armas foram abastecidas em grande parte por uma fábrica de munições comprada pelo papa por intermédio do Banco do Vaticano.[13]

99. O Tratado de Latrão não serve como uma base plausível ou confiável para que a Santa Sé possa reivindicar sua condição de Estado. A concessão dos seus 43,7 hectares de terra – a área de um campo de golfe grande – não foi feita por um tratado internacional, mas sim por meio de uma declaração unilateral de um Estado soberano, em um acordo com uma entidade independente que não representava nenhuma população local e não era regida pelo direito internacional, mas sim pelo direito italiano, cujo primeiro artigo definia o catolicismo romano como a única religião oficial de seu Estado. A Convenção de Viena define um "tratado" como sendo "um acordo internacional entre Estados realizado por escrito e regido pelo direito internacional".[14] Se a Santa Sé não era um Estado em 1929 (e claramente não era), o "Tratado" de Latrão na verdade não é um tratado, mas sim uma mera "concordata" – um documento ratificando um acordo entre um Estado e uma entidade independente. (Começando com Hitler em 1933, a Santa Sé depois assinou diversas outras concordatas similares, que, como acordos entre um Estado e a Igreja, não têm nenhuma validade para o direito internacional.

O presidente Chávez está ameaçando romper a concordata da Venezuela com o Vaticano, e muitos alemães acham que a Igreja já não deveria mais contar com sua isenção de impostos e seus outros privilégios concedidos por sua concordata com os nazistas.) Para ampliar a confusão, o "Tratado" de Latrão chegou a ser feito junto com uma concordata, garantindo à Igreja italiana ainda mais privilégios. Assim sendo, o que foi feito em 1929 na verdade foram duas concordatas, que juntas resultaram em um acordo interno italiano entre um governo e uma Igreja. Essa claramente não foi uma situação na qual um país cedeu parte de seu território a um povo que estava precisando ou exigindo independência: não havia nenhum "vaticanense" querendo se libertar da Itália.

100. Ainda assim, é isso o que a Santa Sé usa para defender sua soberania e sua condição de Estado: a explicação que deu à ONU em maio de 2010 cita o preâmbulo e os artigos $2^{\underline{o}}$ e $3^{\underline{o}}$ do Tratado de Latrão. O parágrafo inicial do preâmbulo confirma que esse acordo foi feito para resolver a "Questão Romana" de forma conveniente para o governo de Mussolini (representado na assinatura do acordo pelo rei Vitor Emanuel) e para a Igreja Católica:

> Visto que a Santa Sé e a Itália reconhecem a conveniência de eliminar todos os motivos de diferença existentes entre as duas para chegar a um acordo definitivo sobre suas relações recíprocas, de acordo com a justiça e a dignidade das duas Altas Partes, e assegurando à Santa Sé de maneira estável uma situação de fato e de direito que garanta sua independência absoluta para cumprir sua nobre missão no mundo, a Santa Sé entende como irrevogavelmente resolvida a Questão Romana suscitada em 1870 com a cessão de Roma ao Reino da Itália e à dinastia de Savoia.

Em retrospecto, pensar que a Itália de Mussolini era um país de "justiça e dignidade" é risível, mas foi esse o pretexto usado pela Santa Sé para aceitar a "cessão" de Roma à mesma Itália à qual essa cidade já vinha pertencendo durante os últimos 59 anos.

101. Mais adiante, no preâmbulo, é afirmado que:

para garantir a independência evidente e absoluta à Santa Sé, e assegurar sua soberania incontestável em questões internacionais, tornou-se necessário criar a Cidade do Vaticano sob condições especiais, reconhecendo que a Santa Sé tem total direito à propriedade, exclusivo e absoluto domínio e jurisdição soberana sobre essa cidade.

102. Esses foram os termos redigidos pelos diplomatas italianos de ambas as partes após três anos de negociações secretas. O documento afirma de forma incontestável e injustificável que a cessão dos 43,7 hectares de terra onde ficam o Palácio do Vaticano e seus jardins ao corpo governante da Igreja Católica garante à Santa Sé a soberania de um Estado sob o direito internacional. Os advogados do Vaticano sabiam bem que a definição de Estado para o direito internacional exigia um território, e que a Santa Sé (na verdade, o papa e a cúria) não tinha nenhuma terra desde 1870. Eles queriam passar ao mundo (por isso a ênfase na independência "evidente") a ideia de que a cessão de um território ao governo da Igreja poderia transformar a Santa Sé em um Estado para o direito internacional. Isso não era necessariamente válido, como a Convenção de Montevidéu logo deixaria claro. O motivo pelo qual eles insistiram na inclusão desses termos foi para que a religião católica romana pudesse exigir tratamento preferencial em relação a todas as outras religiões sob o direito internacional – e, para os padrões dos direitos humanos internacionais de hoje, esse é um objetivo ilegítimo (parágrafo 109).

103. O Vaticano também se apoia nos artigos 2º e 3º desse "tratado". O terceiro artigo apenas aceita a "jurisdição soberana" da Santa Sé sobre o Vaticano – um mero reconhecimento da Itália de que a cúpula da Igreja, formada pelo papa e pela cúria, governa o Vaticano (ainda que, na prática, a maior parte das funções do governo, como segurança e policiamento, fique por conta da Itália, enquanto as questões locais – eletricidade, água, esgoto etc. – são administradas por Roma). De acordo com o segundo artigo, a Itália – e nenhum outro Estado – reconhece *"a soberania da Santa Sé no âmbito internacional como um atributo inerente à sua natureza em conformidade com suas tradições e com as exigências de sua missão no mundo"*. Mas a soberania de

um Estado não pode ser "um atributo inerente à natureza" de qualquer organização religiosa, independente de seu tamanho ou caráter internacional. A "natureza" da Santa Sé é definida pelo papa e pela cúria: os líderes e organizadores de uma importante religião com padres que guiam seus fiéis em preparação para a vida eterna. Esse grupo não pode reivindicar, como se fosse uma característica intrínseca, o tipo de soberania exercida por um Estado-nação, mas apenas uma "soberania" no sentido metafísico de um poder espiritual sobre seus fiéis em diversos países. No entanto, essa "soberania" não pode ser reconhecida pelo direito internacional.

104. Quanto à questão das "tradições", a Igreja Católica teve Estados papais até 1870, com territórios, súditos e um pontífice ditador que exercia certa influência internacional, mas isso é um fato histórico – não uma tradição (e, como afirma o professor Garry Wills, "o papa é uma aberração da história – mais especificamente da história medieval"[15]). De fato, seria muito útil e interessante para "as exigências de sua missão no mundo" que o Vaticano fosse um Estado. Qualquer organização ou pessoa que acredite ter a missão de mudar o mundo diria que ser um Estado estaria "em conformidade com as exigências" dessa empreitada, facilitando, por exemplo, o acesso à ONU, e fazendo com que outros Estados recebam e ouçam seus diplomatas. No entanto, isso não é um motivo – muito menos um fundamento legal – para que uma entidade seja ou se torne um Estado sob o direito internacional. Todas as religiões e organizações de direitos humanos, assim como muitas instituições de caridade e corporações e até o músico Bob Geldof, acreditam ter uma missão no mundo, sempre com exigências que incluem um reconhecimento especial pela comunidade internacional. No entanto, apenas a Igreja Católica Romana teve acesso a isso, e com base no Tratado de Latrão – tudo graças aos esforços de Mussolini.

105. O Tratado de Latrão tem um artigo raramente mencionado pelo Vaticano. Trata-se do Artigo 24:

Dada a sua soberania também na esfera internacional, a Santa Sé declara sua intenção e seu comprometimento de não interferir em disputas laicas entre Estados e em congressos internacionais realizados a esse respeito, a menos que as partes envolvidas tenham feito um apelo consensual por uma missão de paz; aceitando ao mesmo tempo o seu direito de exercer seu poder moral e espiritual.

Em decorrência dessa declaração, a Cidade do Vaticano sempre e em qualquer circunstância será considerada um território neutro e inviolável.

106. Com esse artigo, a Itália concede à Cidade do Vaticano a inviolabilidade de território em troca de sua isenção em qualquer "disputa laica". Na época, um importante advogado internacional afirmou que "esse era um artigo de renúncia, e nada parecia estar mais distante dos desejos do supremo pontífice do que exercer um poder territorial, conforme entendido pelas práticas das nações".[16] No entanto, a condição de Estado exige o uso de um poder territorial sobre os cidadãos desse Estado, e não apenas um "poder espiritual e moral" característico das religiões. O papa chegou a dizer na época que teria sido ele, e não Mussolini, quem insistiu em confinar a Cidade do Vaticano em menos de meio quilômetro quadrado contendo apenas um palácio e seus jardins: "Não tenho nenhum desejo de ter súditos".[17] No entanto, todo país deve ter súditos ou cidadãos para ser considerado um "Estado" perante o direito internacional.

107. A renúncia do papa ao exercício de qualquer influência em questões laicas se aplica aos seus sucessores, embora isso venha sendo ignorado pelos últimos papas. Eles não se abstiveram de "interferir em disputas laicas entre Estados e em congressos internacionais realizados a esse respeito". Eles sempre condenaram guerras – por mais justos que fossem seus motivos (como a primeira Guerra do Golfo, para expulsar Saddam do Kuwait, país que ele havia invadido ilegitimamente). As críticas do papa à invasão do Iraque em 2003, ainda que bem-aceitas por muitos, foram ainda assim uma violação do Artigo 24, tal como suas críticas à Grã-Bretanha pela Guerra das Malvinas, ignorando a agressão ilegal argentina que foi seu estopim. A intervenção pú-

blica em defesa do general Pinochet quando o Reino Unido o prendeu e o processou por crimes de tortura foi feita pelo papa e pelo cardeal Ratzinger em 1999, também violando a promessa de não "interferir em disputas laicas". Existem vários outros exemplos de como a "condição de Estado" subiu à cabeça da Santa Sé – ou à cabeça do seu chefe de Estado, que até agora já violou o Artigo 24 tentando garantir status internacional a Jerusalém e reconhecer Taiwan como parte da China.[18] Em conferências da ONU, a Santa Sé costuma intervir com frequência em disputas entre Estados, especialmente entre Estados da Europa e do Oriente Médio, alinhando-se ao segundo grupo em relação a assuntos como controle de natalidade, planejamento familiar e direitos das mulheres e de minorias (ver parágrafos 147-155).

108. A Santa Sé muitas vezes usa seu "poder moral e espiritual" em questões laicas contra os direitos humanos – um exemplo recente foi o ataque de Bento à Lei de Igualdade discutida pelo parlamento do Reino Unido em 2010 por "limitar injustamente a liberdade das comunidades religiosas para agir de acordo com suas crenças" e ser um projeto que deveria ser combatido pelos seus bispos com "zelo missionário".[19] Havia uma cláusula nessa lei exigindo que as igrejas – como todos os outros empregadores – evitassem a discriminação ao preencherem seus cargos não religiosos, e o receio do papa era que isso forçasse a Igreja a contratar, por exemplo, um jardineiro homossexual para podar as cercas-vivas do cemitério, ou a aceitar casais homossexuais como pais adotivos. "Isso na verdade viola a lei da natureza na qual se baseia o conceito de igualdade de todos os seres humanos", declarou o papa – recorrendo (como costuma fazer quando ataca "supostos direitos arbitrários e não essenciais por essência") a uma indefinível "lei da natureza", uma doutrina criada por escolásticos medievais 750 anos antes da decodificação da natureza com a descoberta do DNA e do genoma humano, e que por acaso coincide exatamente com as doutrinas da Igreja Católica. O Artigo 24 do Tratado de Latrão foi esquecido há muito tempo pelo Vaticano, que hoje ameaça excomungar políticos que não cumprem as ordens do papa (ver parágrafo 15).

Todas essas violações do Artigo 24 implicam que o Vaticano não deveria mais ser considerado – pela Itália, nem por qualquer outro Estado – como um "território inviolável".

109. Por mais que os diplomatas se incomodem quando são lembrados do caráter fascista do Tratado de Latrão, as indignas origens da soberania da Santa Sé são relevantes para que possamos discutir se o Vaticano é ou não um Estado em termos legais. Essas origens nos levam a perguntar se a Cidade do Vaticano não foi criada com um objetivo ilegítimo. Os bantustões na África do Sul não foram reconhecidos porque haviam sido criados com apoio do apartheid, e até hoje o Chipre do Norte ainda não foi reconhecido porque foi "liberado" pela Turquia com o uso de força ilegal. A objeção legal à criação da Cidade do Vaticano como um Estado é que o Tratado de Latrão garantiu essa condição à Igreja para que ela pudesse promover "sua missão no mundo todo", discriminando assim todas as outras religiões. O mundo reconheceria Meca como um Estado se a Arábia Saudita fizesse um tratado similar ao de Latrão com seu líder religioso para disseminar as visões radicais do wahabismo em uma "missão no mundo"? Será que nós aceitaríamos a Cidade Santa de Qom nos conselhos das Nações Unidas se o presidente Ahmadinejad fizesse um tratado nos mesmos moldes com seu principal aiatolá? Isso garantiria a ele imunidade soberana para incitar o assassinato de alguém na Grã-Bretanha a quem ele direcionasse uma *fatwa*? É incrível o quanto os diplomatas veneram o Tratado de Latrão: muitos até sugerem de maneira bastante incisiva que os partidos democráticos italianos teriam feito o mesmo acordo com o papa. No entanto, o grande líder liberal Giolitti não o suportava e nunca aceitaria ceder à Igreja Católica, uma inimiga da democracia, o poder concedido por Mussolini, barrando certamente sua desprezível missão antidemocrática pelo mundo.

110. O Tratado de Latrão parece enfeitiçar completamente diplomatas que desconhecem seu verdadeiro passado, ou até mesmo, no caso do Ministério dos Negócios Estrangeiros e Cooperação (MNEC) do Reino Unido, de seu próprio conteúdo. Em res-

posta a um pedido de "liberdade de informação" feito em meu nome ao MNEC, requisitando documentos ligados à decisão de criar embaixadas do Reino Unido diferentes para o Vaticano e para a Itália, foi enviada uma impressionante declaração de uma funcionária descrita como uma "oficial de gabinete assistente/equipe para a visita papal". Ela afirmou que "os Pactos de Latrão garantem total independência soberana à Cidade do Vaticano perante o direito internacional" e que "de acordo com esse tratado, os embaixadores da Itália não poderiam atuar ao mesmo tempo como representantes da Santa Sé – sendo assim necessária a separação das embaixadas em Roma".[20] Isso é uma besteira: o Tratado de Latrão não diz nada sobre isso e, ainda que o fizesse, o Reino Unido não teria nenhuma obrigação de segui-lo por não fazer parte desse acordo. Na verdade, outros países (como a Austrália até há pouco tempo) combinavam o posto de embaixador para a Irlanda e para o Vaticano. Mas a carta ia ainda mais longe: "segundo os Pactos de Latrão, nenhum Estado pode unir as embaixadas da Itália e da Santa Sé [...] elas devem contar com prédios distintos [...] de acordo com os Pactos de Latrão, as duas embaixadas ficam em partes distintas de Roma".

111. Não há absolutamente nada no Tratado de Latrão que exija essa separação. No entanto, quando isso foi explicado ao MNEC, a resposta obtida foi que "o Artigo 12 do Tratado de Latrão cobre assuntos ligados às relações diplomáticas da Santa Sé. É costume da Santa Sé não permitir a nomeação conjunta de embaixadores para a Santa Sé e para a Itália. Caso haja mais alguma dúvida sobre essa questão, ela deverá ser enviada à Santa Sé".[21] Isso deixa claro, primeiro, o quanto esse órgão ignora os termos do tratado e, segundo, sua submissão ao embuste do Vaticano. Com o Artigo 12, a Itália se compromete a garantir imunidade aos diplomatas nomeados pelo Vaticano e permite que suas sedes sejam criadas em território italiano, mas isso não significa que as embaixadas não possam ser conjuntas. No entanto, em 2004, quando a Grã-Bretanha finalmente abriu mão da luxuosa casa de campo na Via Ápia que abrigava sua embaixada na

Santa Sé, tentando economizar dinheiro com aluguel, seguranças, jardineiros e diversos outros funcionários, realocando-a para o monstro de concreto onde fica a embaixada do Reino Unido na Itália, o cardeal Sodano protestou com veemência, alegando que isso seria uma violação do Tratado de Latrão[22], e que o Reino Unido teria capitulado ao transferir sua sede para um prédio ao lado. Os contribuintes britânicos vêm pagando milhões de euros ao longo dos anos para manter essa farsa de duas embaixadas distintas e separadas em Roma: uma para a Itália e outra para a Santa Sé, sendo que essa última não realiza nenhum serviço importante para os cidadãos do Reino Unido. Há pouco tempo, quando fui à embaixada na Santa Sé durante o horário comercial, fui informado secamente de que as visitas só eram permitidas com hora marcada, e, quando aleguei ter perdido meu passaporte na Capela Sistina, fui direcionado à embaixada do Reino Unido na Itália, que administra todos os problemas que cidadãos comuns podem ter no vilarejo do Vaticano. É incrível o quanto o MNEC vem sendo tão submisso, aceitando a alegação dos diplomatas do Vaticano de que unir as embaixadas é contra a lei, e com base em um tratado para o qual a Grã-Bretanha sequer foi convidada. Falando em convidados, a embaixada do Reino Unido no Vaticano deu 52 festas em 2008 para 1.338 convidados, e 44 em 2009 para outros 1.206, em sua maioria "oficiais veteranos do Vaticano e outros nomes ligados à diplomacia da Santa Sé". É bem pouco provável que as conversas dessas pessoas, regadas a champanhe e canapés, tenham versado sobre a responsabilidade do Vaticano pelos abusos sexuais de menores.

112. A verdadeira função dos cinco funcionários da embaixada do Reino Unido na Santa Sé é um mistério para os cidadãos britânicos. Em seu site oficial, o órgão afirma que realiza "diálogos" sobre assuntos ligados aos direitos humanos. No entanto, um pedido pela liberdade de informação, requisitando qualquer memorando, correspondência ou outro documento relacionado a algum "diálogo" sobre direitos humanos, foi simplesmente recusado pelo MNEC, alegando que a divulgação de qualquer

informação "poderia prejudicar as relações entre o Reino Unido e a Santa Sé".[23] Em outras palavras, isso significa que a divulgação dessas informações causaria vergonha ao governo do Reino Unido, porque é claro que o Vaticano já deveria estar ciente sobre o conteúdo de qualquer correspondência ou outro "diálogo" enviado a ele pelo embaixador do Reino Unido. A afirmação feita pelo MNEC de que essas informações são "confidenciais" é absurda. O povo britânico certamente adoraria ficar sabendo, por exemplo, que seus diplomatas pressionaram o Vaticano contra a interdição do papa ao fornecimento de preservativos a países devastados pela AIDS/HIV, que já custou milhares de vidas que poderiam ter sido salvas. No entanto, o povo britânico nunca fica sabendo sobre quais questões de direitos humanos – se é que isso de fato acontece – seu embaixador católico na Santa Sé está discutindo com seus colegas católicos, seja em coquetéis ou em qualquer outro lugar.

5. O CRITÉRIO PARA A CONDIÇÃO DE ESTADO

"O papa?! Quantos batalhões ele tem?"
> *Joseph Stálin*, descartando uma sugestão feita pela França de que o Vaticano deveria ser convidado para as conferências pós-guerra.

113. Apenas quatro anos após a assinatura do Tratado de Latrão, foi feito um acordo definindo o conceito de Estado perante o direito internacional. O Artigo 1º da Convenção de Montevidéu sobre os Direitos e Deveres dos Estados definiu que:

    O Estado como pessoa de Direito Internacional deve reunir os seguintes requisitos:
    (a) população permanente;
    (b) território determinado;
    (c) governo; e
    (d) capacidade de estabelecer relações com os demais Estados.

114. Essas quatro exigências são essenciais, mas não as únicas – questões sobre a capacidade e a independência do país também são relevantes. A importância dessa convenção é que ela oferece um critério objetivo que pode ser aplicado por um tribunal, com base em fatos concretos, em vez de decisões políticas enviesadas (muitas vezes oportunistas) feitas por governos para iniciar ou encerrar relações diplomáticas. O argumento de que, "por ter relações diplomáticas com 170 Estados, a Santa Sé tem de ser um Estado" reflete a obsoleta "teoria constitutiva" desenvolvida para negar a vantagem da condição de Estado a países com um governo não reconhecido pela maioria dos outros, muitas vezes por motivos políticos – como a pressão ainda imposta pela China contra o reconhecimento da óbvia independência de Taiwan, ou como quando a ampla maioria dos países se recusou (em um equivocado apoio à Indonésia) a reconhecer a República Demo-

crática do Timor Leste. A "teoria declaratória" seria um padrão melhor para definir esse conceito, por afirmar que a diplomacia e as políticas pragmáticas não deveriam interferir em uma questão de direito internacional que pode ser resolvida de maneira objetiva com a aplicação do critério de Montevidéu em relação aos fatos deste caso em particular.[1]

115. Não é preciso ser advogado para aplicar o critério da Convenção de Montevidéu à Cidade do Vaticano. Até o mais simplório turista na Praça de São Pedro seria capaz de entender que não está em um Estado, mas sim em frente a um palácio com uma basílica, cercado de museus e jardins. Suas muralhas podem ser contornadas em meros cinquenta minutos a pé, e a entrada no lugar não exige nenhum comprovante de identidade, apenas uma breve revista e, no caso dos museus, o pagamento de 25 euros por um ingresso – não um visto. Suas salas públicas são em maior parte usadas para exibir obras de arte e artefatos religiosos (com a banheira de Nero dando um toque secular), e as atrações favoritas do público, a Capela Sistina e a Pietà, são de autoria do gênio Michelangelo, cujo gosto por membros, nádegas e torsos masculinos é encarado por muitos como fruto de uma disposição que o cardeal Ratzinger denunciaria como "moralmente perversa". Fora isso, o que se vê é a opulência de uma Igreja muito rica que nos convida a contemplar sua promessa de vida eterna: os confessionários oferecem absolvição em várias línguas (menos em latim, que é o idioma oficial da Santa Sé), ao lado dos restos mumificados de vários papas mortos. Há lojas de presentes espalhadas por toda parte, com artigos papais – em geral, lembranças de João Paulo II (Bento XVI, o "pastor alemão", não faz tanto sucesso) –, e os correios oferecem "edições especiais" de selos com temas religiosos. Um pedido pela localização de várias embaixadas estrangeiras feito à central de informações foi recebido com total perplexidade, mas por fim, após uma longa explicação, alguns endereços foram trazidos, todos na Itália. Os gabinetes no Vaticano lidam com questões da Igreja: a cúria e seus oficiais também ficam na Itália, perto da Basílica de São João de Latrão, onde os cardeais se reúnem

e conversam em italiano, a não ser quando estão elegendo um novo papa, uma ocasião na qual todos votam na Capela Sistina e anunciam o resultado em latim. O papa Bento também frequenta a Itália, visitando seu palácio de verão, Castel Gandolfo, com sua inviolabilidade garantida pelo Tratado de Latrão, mas fora da soberania territorial do Vaticano. Suas aparições ao meio-dia nos domingos para a oração conhecida como *angelus* são ao mesmo tempo uma atração turística e uma celebração religiosa, mas não um evento político: ele aparece em uma janela alta para ser aplaudido, o que volta a acontecer em diferentes pontos da multidão conforme ele profere algumas frases nos idiomas dos presentes, tudo enquanto bandeiras de diversos países tremulam com as insígnias de várias ordens católicas. Crianças pequenas são erguidas e se esticam em sua direção, levantando os braços, enquanto o papa controla o público com seus dedos trêmulos como um ator veterano, pedindo silêncio e distribuindo bênçãos. No entanto, não há dúvidas de que todos os presentes – sempre com câmeras nas mãos – são turistas que vieram até Roma, e não à Santa Sé, para serem abençoados pelo papa como o líder da Igreja, e não um chefe de Estado.

a) Uma população permanente

116. Por definição, a Santa Sé não tem nenhuma população e o Vaticano não tem "população permanente" em qualquer sentido significativo, pois é uma cidade sem nativos ou até mesmo moradores. Tempos atrás, chegou-se a afirmar que a Cidade do Vaticano tinha 416 "cidadãos", incluindo 46 cardeais da cúria, 89 guardas suíços, 201 portadores de passaportes diplomáticos e o próprio papa.[2] Além disso, o Vaticano tem funcionários italianos – jardineiros, atendentes de museus e faxineiros que moram na Itália e vão a pé ao trabalho – e milhares de funcionários da cúria trabalhando em gabinetes em Roma (ou seja, na Itália) que são em grande parte italianos e estão sujeitos às leis da Itália. Existem algumas centenas de pessoas que realmente moram na Cidade do Vaticano e podem receber "cidadania" do papa perante suas leis "graças aos seus postos de serviço ou contração",

mas são apenas dignitários itinerantes, oficiais e funcionários da Igreja ou diplomatas. Para eles, a "cidadania" é uma mera autorização temporária para permanecer na cidade até o fim de suas funções, o que não implica residência permanente.[3] Há uma cláusula especial para diplomatas que estende a cidadania às suas "esposas [suposição machista de que os diplomatas sempre serão homens], filhos, pais, irmãos e irmãs", mas seus filhos devem deixar o Vaticano assim que completarem 25 anos e suas filhas quando se casarem (outra prova de machismo). Como o principal livro de um diplomata do Vaticano concluiu, "sua população é muito diferente da de outros Estados" pela ausência de qualquer forma de comunidade nacional – a cidadania é "relativa apenas a uma função específica totalmente voltada aos interesses espirituais da Igreja Católica".[4] Além dos diplomatas, os habitantes são oficiais católicos – cardeais e bispos, padres e freiras, todos celibatários e, portanto, incapazes de gerar novos cidadãos. Nenhum "cidadão" nasceu no Vaticano, a não ser por acidente – a "cidadania" da Santa Sé não pode ser adquirida por direito de nascimento. Sua população não pode ser considerada "permanente" porque não pode se reproduzir, nem ser mantida por novas gerações. Não existe um conceito de nacionalidade, já que não se trata de um Estado-nação – ou qualquer outro tipo de Estado.

117. O Vaticano, por si só ou sendo usado apenas para sustentar a reivindicação da condição de Estado à Santa Sé, não atende à exigência de uma "população permanente", o que demandaria, no mínimo, a existência de uma comunidade estável e reconhecível. O povo do Vaticano não é um "povo" em qualquer sentido, mas sim apenas um corpo burocrático temporário da Igreja, com dignitários, diplomatas e funcionários visitantes, em um palácio do qual esses "cidadãos" podem ser expulsos a qualquer momento pelo papa.[5] Em resumo, a Santa Sé não tem uma sociedade humana estável – o único membro "permanente" do vilarejo do Vaticano é o próprio pontífice – e uma série de televisão recente mostra que ele muitas vezes vai com seu helicóptero até sua residência na Itália, Castel Gandolfo (a

cinquenta quilômetros de Roma), para jantar, aproveitando-se dos produtos da fazenda orgânica papal, com tudo preparado pelo seu chef italiano, que se gaba do sabor de seus "cordeiros de Deus".[6] O papa não tem um "povo" para disputar a Olimpíada ou jogar na Copa do Mundo, nem para se alistar em missões internacionais de paz (até a guarda papal é suíça). O hino nacional da Cidade do Vaticano, de maneira muito apropriada, chama-se "O bispo de Roma" – que é a capital da Itália.

b) Um território definido

118. A "Cidade do Vaticano" não pode ser devidamente entendida como um "território". Na verdade, trata-se apenas de um enorme palácio construído em uma porção de terra que antes era ocupada por um circo particular de Calígula, onde os cristãos eram jogados aos leões. Existem alguns prédios anexos, mas os jardins ocupam dois terços de seus 43,7 hectares. O palácio – a basílica fica em frente à Praça de São Pedro – tem prédios ao seu lado que abrigam uma estação de rádio, um banco, a redação do jornal local (*L'Osservatore Romano*) e vários museus, enquanto seus arquivos secretos (que podem conter arquivos da CDF ligados a casos de abuso sexual de menores) ficam junto à Capela Sistina. Esse território é "definido" apenas por um mapa incluído no Tratado de Latrão, o que está em conformidade com a realidade do acordo que visava ceder essas terras, embora também tivesse o objetivo de garantir "soberania" sobre um "território". Em outras palavras, o Vaticano não é sequer uma cidade, muito menos uma cidade-Estado, e sim um palácio localizado totalmente dentro de uma cidade italiana (Roma), que por sua vez se encontra em um Estado, a Itália. A interpretação alternativa – de que se trata de um Estado dentro de uma cidade – é deveras bizarra.

119. O Vaticano não tem nenhum aspecto "territorial": o palácio e a terra onde ele se encontra têm um único proprietário, o papa atual, e é expressamente proibido que terceiros tenham imóveis ou alojamentos na cidade sem permissão papal. Existem alguns

"microestados" no mundo que de fato têm soberania internacional – Nauru, com uma população de 12 mil pessoas em uma área de 26 quilômetros quadrados coberta de fezes de pássaros, e a ilha de Tuvalu, que está sendo engolida pelo mar, cujos 11 mil habitantes logo terão que ser evacuados para a Nova Zelândia (dentro do programa "Adeus, Tuvalu"). Mas esses são territórios com habitantes nativos que compartilham de uma nacionalidade e para quem esses Estados oferecem serviços públicos. O Palácio do Vaticano não tem habitantes nativos, e seus serviços básicos, como o fornecimento de eletricidade, gás, água e esgoto, são garantidos pela Itália e por italianos.

120. Crucialmente, qualquer Estado deve ser capaz de policiar seu "território", mas qualquer manifestante violento, assaltante ou assassino em potencial na Praça de São Pedro seria preso pelos *carabinieri* (a polícia italiana), levado a um presídio italiano e julgado por um tribunal italiano. Não faz sentido pensar em um Estado que tenha "soberania" sobre seu território mas que não pode – ou que deixa de – exercer sua jurisdição sobre os crimes nele cometidos. Até microestados como Mônaco e Liechtenstein têm forças policiais para prender criminosos (menos sonegadores de impostos). O papa de fato controla a entrada em seu palácio, mas não em seu território, que não tem alfândega, nem barreiras contra imigrantes. Em geral, a exigência de um "território definido" é entendida como a necessidade de que haja uma "comunidade política razoavelmente estável no controle da área em questão"[7] – o que excluiria atóis, lagos, rochas, geleiras, navios de guerra, vulcões, alojamentos olímpicos, arranha-céus e palácios cercados por jardins. A Cidade do Vaticano foi declarada como Patrimônio Histórico da Humanidade e tem uma clara importância cultural e histórica, mas esses fatores não atendem à segunda exigência para a condição de Estado.

c) Governo

121. Se é que faz sentido pensar que um palácio pode ser "governado", então o Vaticano tem um governo: um proprietário (o

pontífice) e um conselho governante (a cúria). O grupo formado por esses personagens é chamado de Santa Sé, o que suscita uma confusão que deve ser esclarecida: qual dessas entidades é o Estado? Não pode ser a Santa Sé, porque ela não tem "território", mas também não pode ser a Cidade do Vaticano, um palácio sem população permanente, sem diplomatas e que tem como governo o mesmo corpo que administra a Igreja Católica no mundo todo. A Cidade do Vaticano existe não para apoiar e proteger seus cidadãos, mas sim para oferecer uma sede comercial para a administração da Igreja Católica Romana – uma Igreja que não é por sua vez um Estado. A afirmação feita pelo papa de que a Santa Sé se tornou um Estado mais uma vez em 1929 ao adquirir a Cidade do Vaticano como seu "território" é uma grande besteira, porque a Santa Sé não "governa" um palácio (que é praticamente autoadministrado como um centro de turistas, com ajuda das autoridades municipais de Roma), e sim a Igreja Católica no mundo todo. O papa não é o prefeito da Cidade do Vaticano, e sim o líder da Igreja e, como tal, tem "poder absoluto e pleno de jurisdição [...] sobre questões de fé e da moral [nas quais ele é infalível] e sobre todos os assuntos pertinentes à administração e à disciplina da Igreja".[8] O Vaticano na verdade é um apêndice da Igreja – é sua sede internacional, administrada por uma comissão pontifícia que organiza a contratação de seus funcionários, cuida da manutenção de seus museus e administra as questões de recursos humanos e o observatório do Vaticano. A receita do Vaticano vem do turismo – não há imposto de renda ou sobre a propriedade (já que não existem imóveis privados na cidade), mas as bênçãos papais são cobradas (saindo por 96 euros, com generosos descontos para freiras). Sua tesouraria é a da Igreja, que é alimentada pelos dízimos de seus fiéis no mundo todo e em maior parte pelo sistema de arrecadação anual conhecido como Óbolo de São Pedro. No entanto, todas as funções governamentais que não estão ligadas a questões administrativas são delegadas à cúria, que as administra como o governo da Igreja, sendo sediada em Roma, fora da Cidade do Vaticano, e não como o governo do Palácio do Vaticano. Como um estudioso aponta:

Além de ser encarregado de administrar uma religião, e não uma nação, esse governo (ou seja, a Santa Sé) não tem nenhum "povo" na Cidade do Vaticano sobre o qual ele pode exercer qualquer jurisdição governamental [...] A Santa Sé, que na verdade é apenas o corpo administrativo da Igreja Católica Romana, não constitui um "governo" no sentido tradicional da palavra.[9]

122. Nem em nenhum outro sentido contemplado pela Convenção de Montevidéu, na qual é exigido que um Estado tenha pelo menos algum grau de independência para se envolver em questões internacionais. O verdadeiro governo da Cidade do Vaticano, a comissão pontifícia, não se envolve em nenhuma questão internacional: isso é feito em Roma, pela cúria, como o corpo governante da Igreja Católica. Outras funções-chave do governo – como defesa e policiamento, por exemplo, sem falar nos hospitais e no transporte público em Roma – são administradas pela Itália, ainda que as únicas leis vigentes na área sejam as do direito canônico – embora isso não afete questões de comércio, ilícitos civis, contratos e crimes, que são julgadas pelos tribunais italianos. A Rádio Vaticano, por exemplo, transmite para o mundo todo, mas não a partir do Vaticano: seu transmissor fica na Itália e, segundo estudos recentes, emite potentes raios eletromagnéticos que poluem a atmosfera, causando câncer e leucemia em crianças nas redondezas. Seu diretor, o cardeal Tucci, foi a princípio considerado inimputável, mas essa decisão foi sabiamente revogada graças a uma apelação, e ele foi sentenciado por um tribunal italiano a cumprir uma pena de suspensão na cadeia. A Santa Sé não pode punir nem sequer crimes cometidos contra seu próprio líder, como o mundo todo viu em 1981, quando o papa João Paulo II foi atacado a tiros por Mehmet Agca na Praça de São Pedro. O agressor foi preso pela polícia italiana, ficou detido em um presídio italiano e foi julgado em um tribunal italiano, onde sua apelação por ter sido extraditado ilegalmente de um Estado estrangeiro foi rejeitada.[10]

d) Capacidade de estabelecer relações com outros Estados

123. A Santa Sé e o Vaticano são capazes de fazer acordos com outros Estados e o fazem com frequência por meio de concordatas ou

aderindo a acordos considerados relevantes ou necessários para as suas operações (a Cidade do Vaticano aderiu imediatamente à União Postal Universal e à União Internacional das Telecomunicações). No entanto, isso não é o suficiente para atender à quarta exigência para a condição de Estado: várias outras entidades, incluindo indivíduos muito ricos, podem negociar com Estados por meio dos seus governos. O foco desse critério deve ser no *tipo* das relações mantidas pelos Estados: seriam elas cerimoniais ou ligadas à religião católica, ou na verdade algo mais parecido com as relações diplomáticas comuns?

124. A formação de relações diplomáticas entre Estados necessariamente implica a criação de relações consulares, que são desnecessárias para o Vaticano. Para a Convenção de Viena sobre relações consulares, de 1963[11], as funções consulares incluem a expedição de vistos, por exemplo, mas nenhum visto é exigido para se entrar no território do Vaticano. (O que mais se aproxima disso no site do Vaticano é a possibilidade de agendar uma visita guiada ou comprar ingressos para os museus com antecedência: "divirta-se sem enfrentar fila – e descubra os segredos do Vaticano".) A principal função dos cônsules de um Estado é proteger os interesses de seus cidadãos quando enfrentam problemas em outros países, ou visitá-los quando estão presos fora do país, mas o Vaticano não tem nenhum cidadão, o que torna desnecessárias essas funções consulares. E qualquer pessoa de outro país que sofra algum acidente no museu do Vaticano ou que tenha sua carteira roubada na Praça de São Pedro não será socorrida pela embaixada de seu país no Vaticano – esses diplomatas não prestam serviços consulares, nem qualquer outro tipo de serviço normalmente oferecido por embaixadas. Por outro lado, os diplomatas do Vaticano afirmam que, graças à Convenção de Viena de 1961, gozam de imunidades, incluindo a inviolabilidade pessoal, assim como a de sua embaixada e de sua bagagem diplomática. Isso os dispensa das leis nacionais e impede que a polícia entre nas nunciaturas em busca de provas do acolhimento ou do tráfego de padres pedófilos.

125. No entanto, mais importante do que isso, o Artigo 41(1) da Convenção de Viena afirma que:

> (1) Sem prejuízo de seus privilégios e imunidades, todas as pessoas que gozem desses privilégios e imunidades deverão respeitar as leis e os regulamentos do Estado acreditado. Têm também o dever de não se imiscuir nos assuntos internos do referido Estado.

126. Ao realizar processos secretos sob o direito canônico para julgar padres molestadores de crianças, a Santa Sé fez exatamente isso – interferiu no direito penal nacional ao não denunciar à polícia aqueles que ela sabia serem culpados, insistindo em retirar seus funcionários culpados da jurisdição do direito pátrio e interferindo no sistema de justiça local, usando como alternativa o código canônico. Isso configura uma clara violação do Artigo 41, e que continua acontecendo na maioria dos países. Outra violação pode ser encontrada na "chantagem espiritual" do Vaticano, que ameaça excomungar políticos católicos ou negar-lhes acesso às igrejas ou à comunhão caso votem a favor da descriminalização do aborto ou de leis impedindo a discriminação contra homossexuais (ver parágrafo 150). O trabalho de seus núncios inclui reunir informações sobre esses políticos e repassá-las a Roma para que o Vaticano possa decidir se deverá ameaçá-los com a excomunhão ou impedi-los de assistir à missa. A verdade é que, ao usar seu direito canônico para julgar crimes e fazer ameaças espirituais contra políticos eleitos de forma democrática, a Santa Sé está ignorando as obrigações de um Estado descritas pelo Artigo 41 da Convenção de Viena, e por isso mesmo não deveria mais ser tratada como tal.

127. Embora diplomatas sejam formalmente acreditados à Santa Sé, nenhum deles atua da mesma forma que em qualquer outra embaixada ou alta comissão. Os serviços consulares prestados aos turistas são oferecidos pelos embaixadores na Itália, que têm suas casas e embaixadas em Roma, e a maioria dos países que mantém "relações diplomáticas" com a Santa Sé na verdade tem suas sedes *fora* do Vaticano (ou seja, na Itália).[12] Instalar as embaixadas do Vaticano e da Itália em um mesmo prédio

economizaria muito dinheiro, mas essa é uma ideia que revolta o cardeal Sodano, que só aceitou abrir uma exceção no caso de Israel, por motivos de segurança (ver parágrafos 111-12). Muitos governos costumam premiar seus aliados católicos ou se livrar de seus inimigos católicos enviando políticos, em vez de diplomatas de carreira, à Santa Sé como embaixadores – uma sinecura de acordo com sua fé. Foi por isso que, em 2010, o governo do Reino Unido ofereceu o posto à ex-ministra católica Ann Widdecombe, enquanto o governo australiano, não pela primeira vez, usou o cargo para convencer um líder católico inimigo a deixar a oposição.[13]

128. Um exemplo de como o Vaticano vem conseguindo inserir seus diplomatas nos mais altos níveis da ordem legal internacional graças ao desconhecimento ou à inércia mental de outros Estados pode ser encontrado na difundida prática de dar ao "plenipotenciário" (ou seja, o núncio local) uma posição de sênior na ordem de precedência na comunidade diplomática nas capitais dos países, um privilégio que, pela lógica, deveria ser dado ao embaixador há mais tempo em serviço. Essa prática ganhou força em países obcecados pelo catolicismo como uma marca de seu respeito religioso e, graças à insistência dessas nações, a Convenção de Viena de 1961 determinou que suas normas para as relações diplomáticas não deveriam afetar "*a prática que exista ou venha a existir no Estado acreditado com respeito à precedência do representante da Santa Sé*" (ver Artigo 16(3)). O que surgiu como uma mera cláusula de salvaguarda vem sendo deturpado com astúcia como se fosse um endosso universal dessa prática completamente desmerecida. Muitos países não católicos, como a Alemanha e a Suíça, além de outros na Europa central, acabaram aderindo a ela, concedendo aos seus núncios o cargo de decano do corpo diplomático (que, na Nova Zelândia, por exemplo, tem precedência em ocasiões formais sobre o chefe de justiça e o vice-primeiro-ministro). O homem do Vaticano nesses países acaba representando todo o corpo diplomático, obtendo assim acesso aos níveis mais altos do governo – um golpe diplomático que vem sendo em grande parte ignorado.

129. As discussões diplomáticas entre os representantes de Estado e a Santa Sé em geral são secretas, mas as poucas que vieram a público mostram que a Santa Sé não é tratada como um Estado normal, mas sim como uma sede italiana da religião católica: ou seja, o que ela de fato é. Pio XI falou com eloquência de sua "própria terra natal, o país onde a mão de Deus, que guia o caminho da história, colocou a cadeira de seu vigário na Terra, nesta cidade de Roma, a capital do maravilhoso império romano, e tornada por Ele a capital de todo o mundo [...] as garantias à liberdade do pontífice romano [são] um inestimável benefício para a Itália" – o que é bem verdade, já que garantem lucros com turismo e apoio diplomático. No entanto, as políticas do Vaticano continuam sendo feitas no contexto italiano, os italianos ocupam uma porção significativa dos postos da cúria e uma análise recente dos cem núncios papais mostrou que 51 deles eram italianos.[14]

130. Grande parte do tráfego "diplomático" se concentra no planejamento de visitas papais e audiências com o papa, que são muito cobiçadas por líderes políticos e suas famílias, sejam eles católicos (mesmo os convertidos, como no caso de Tony Blair, que já teve quatro dessas "audiências") ou não (como Vladimir Putin, por exemplo, que também já teve quatro audiências com o papa, e George W. Bush, que o visitou duas vezes durante seu primeiro ano de mandato). Os "temas" discutidos em geral dizem respeito à religião católica. Por exemplo, o embaixador da Austrália disse em 2010 que grande parte do seu tempo estava sendo ocupado pelos preparativos para a canonização do primeiro santo de seu país: outras funções diplomáticas não exigem a fé em milagres. No entanto, ele não mencionou se estava tomando qualquer medida a respeito da praga dos padres pedófilos (a Austrália é o país mais afetado de todos até o momento) ou contra a aversão do papa ao planejamento familiar e ao uso de preservativos. Esses assuntos não parecem pautar as incrivelmente tranquilas discussões entre os diplomatas. Não há nenhum sinal de protesto por parte de qualquer país contra o ato de condenação feito pelo papa ao classificar seus cidadãos

homossexuais como "perversos" e "problemáticos". É emblemático o fato de que o Departamento de Estado dos Estados Unidos, que publica um relatório anual sobre os direitos humanos de cada Estado, nunca tenha feito qualquer menção à Santa Sé. O Ministério das Relações Exteriores do Reino Unido, em seu relatório anual sobre os direitos humanos no mundo todo, também parece ignorar o Vaticano – não por estar acima de qualquer reprovação, mas por ser reconhecido como um "Estado Papai Noel" (ver parágrafo 12). A União Europeia não mostrou nenhum interesse em ter a Santa Sé como um Estado europeu, e Jacques Delors, em nome da Comissão Europeia, afirmou ao parlamento europeu que é muito pouco provável que o Vaticano algum dia seja aceito como um de seus membros.[15] Se a Santa Sé não é um Estado para a Europa, onde fica situada, por que deveria ser considerada como tal em qualquer outro lugar?

131. A maioria dos juristas entende que o critério (d) – a capacidade de manter relações com outros Estados – exige uma condição de independência, que seria evidenciada, por exemplo, pela existência de um direito nacional próprio e pela liberdade de controle externo. Esse critério pode suscitar algumas distinções complicadas: durante a Guerra Fria, a maioria dos Estados-fantoche do leste europeu foi reconhecida por ter nacionalidades e fronteiras historicamente distintas, ainda que a política estrangeira desses países estivesse sob controle da União Soviética pelo Pacto de Varsóvia. No entanto, os pseudoestados africanos conhecidos como bantustões não foram reconhecidos durante o apartheid, a despeito de suas diferenças tribais, por serem fruto dessa política discriminatória e por seus governos serem fortemente controlados pela África do Sul (suas capitais tinham uma "avenida das embaixadas", mas apenas com a embaixada sul-africana). Nesse sentido, é absurdo pensar na Cidade do Vaticano como sendo independente: ela não tem cidadãos e todos os serviços essenciais para a sua sobrevivência – desde policiamento e energia até o abastecimento de alimentos e todas as outras commodities – dependem por completo da Itália. Na

verdade, trata-se apenas de um palácio, que fica dentro da Itália e depende totalmente deste país para existir. Como governo de uma Igreja, a Santa Sé é livre para decidir suas posturas teológicas e morais, mas seus 800 milhões de membros não podem ser considerados independentes porque já estão submetidos às suas próprias nações de origem. Ninguém pode reivindicar dupla cidadania de um Estado e de uma religião e, embora o Vaticano emita "passaportes diplomáticos" para seus representantes, esses documentos não deveriam valer mais do que os passaportes de Botsuana ou até mesmo da Disneylândia (que é maior do que o Vaticano, além de ter uma população maior e de roupas muito mais coloridas).

132. Seria de se esperar que uma questão de tão óbvia importância legal quanto classificar ou não a Santa Sé (e/ou a Cidade do Vaticano) como um Estado pudesse ser resolvida hoje com uma simples pesquisa em livros de direito internacional. Mas isso não acontece. O ponto de partida – o livro *The Creation of States in International Law* [A criação dos Estados no direito internacional] – foi dado em 1976, com a tese de doutorado de James Crawford: sua segunda edição afirma (com sutileza) que "a condição legal da Cidade do Vaticano e da Santa Sé vem atraindo vários estudos e muita controvérsia". Ele continua sustentando a postura original de que a Cidade do Vaticano é um Estado, mas admite que alguns especialistas não concordam e que "a posição da Cidade do Vaticano é peculiar, e o critério para a condição de Estado nesse caso é apenas em parte (quando muito) atendido".[16] A professora Gillian Triggs concluiu, mais corretamente em minha opinião, que "a Cidade do Vaticano não atende aos critérios para a condição de Estado", pois não tem diplomatas acreditados, primeiramente, e serve como um apoio territorial para a Santa Sé, que ratifica a maioria dos tratados. Crawford afirma que a relação entre a Cidade do Vaticano e a Santa Sé é "uma questão complexa" e cita "o melhor estudo moderno" sobre o assunto, cuja conclusão (correta em minha opinião) aponta que "a Santa Sé não é um Estado para o direito internacional, mas tem uma personalidade legal in-

ternacional própria que a permite realizar ações internacionais como participar de tratados e manter relações diplomáticas".[18] Outro livro importante, *International Law*, lista os motivos para se questionar "a validade da condição de Estado do Vaticano"[19], enquanto o falecido professor Ian Brownlie comenta em seu livro que essa reivindicação da Cidade do Vaticano é duvidosa e que a personalidade da Santa Sé, como um híbrido político-religioso, é "ainda mais complexa" e só pode ser caracterizada por sua relação com cada Estado individualmente.[20] Muitos autores comparam a Santa Sé com outra entidade católica superestimada, a "Ordem Soberana e Militar Hospitalária de São João de Jerusalém, de Rodes e de Malta", que vem mantendo relações interestaduais desde o início das cruzadas. Essa ordem também emite passaportes diplomáticos e selos postais, mantém relações diplomáticas com mais de cem países e tem prédios em Roma quase do mesmo tamanho que os do Vaticano, mas ninguém a classifica como um Estado, e nesse ponto (a não ser pelo Tratado de Latrão), ela não se diferencia em nada da Santa Sé. Para a ONU, ela tem uma simples condição de "observador", assim como várias outras ONGs. Existem artigos publicados em periódicos legais escritos por estudiosos respeitados que relacionam esse caso à suposta condição de Estado do Vaticano, e a maioria das visões mais recentes vem se mostrando contrária a essa reivindicação.[21]

133. A confusão criada quanto à condição de Estado da Santa Sé e da Cidade do Vaticano é agravada ainda mais pelo Banco do Vaticano, que tem o nome à la Monty Python de "Instituto para Trabalhos Religiosos". Sob o comando do incompetente e talvez até corrupto arcebispo Marcinkus (cujo lema era "Uma igreja não vive de ave-marias"), o banco se envolveu profundamente com a máfia (Michelle Sidona) e com banqueiros desonestos (Roberto Calvi e Licio Gelli) e seus braços-direitos maçons, que agiam de forma criminosa por meio da loja maçônica P2, de Gelli. Quando o Banco Ambrosiano quebrou, em 1982, os promotores públicos de Milão acusaram Marcinkus de "apoiar Calvi sistematicamente em várias de suas operações ilícitas" e

tentaram prendê-lo, mas o arcebispo deixou às pressas seu luxuoso apartamento em Roma e fugiu para o Vaticano, onde reivindicou imunidade perante o Tratado de Latrão. A disputa que se seguiu pela jurisdição do caso foi resolvida por canais políticos: os promotores perderam o interesse por Marcinkus após o Vaticano pagar US$ 250 milhões aos credores locais e o papa declarar 1983 como um "Ano Santo" para ajudar a economia italiana, atraindo um vasto número de peregrinos com muito dinheiro estrangeiro para gastar no país.[22]

134. A condição de Estado do Vaticano é parcialmente culpada pelo sinistro poder atribuído à cidade pelo livro *O código Da Vinci*. Um best-seller anterior (e mais realista), *Em nome de Deus*, escrito pelo experiente jornalista David Yallop, explorou a misteriosa morte do papa João Paulo I, em 1978, que foi encontrado morto em sua cama com o rosto tomado por uma expressão de angústia após apenas 33 dias atuando como o vigário de Cristo.[23] Naquela época, ele havia decidido entregar Marcinkus à justiça e cortar qualquer laço do Banco do Vaticano com Gelli, Calvi e suas lojas maçônicas protofascistas da P2 que (apesar do banimento contra os maçons no direito canônico) haviam conseguido atrair alguns membros veteranos da cúria. João Paulo I era jovem, pelo menos para um papa, tinha apenas 65 anos e uma saúde vigorosa: boatos começaram a surgir entre estudiosos do caso sobre a possibilidade de suicídio e até de morte por envenenamento. Esses rumores poderiam ter sido descartados caso ele tivesse morrido na Itália, onde a lei exige uma autópsia imediata. No entanto, o direito canônico não prevê nenhuma autópsia ou investigação quando alguém morre de maneira repentina ou suspeita (o que não é nenhuma surpresa, por ser tão obsoleto). Assim sendo, o cardeal Villot (supostamente um membro da P2) se livrou de todos os documentos e frascos de remédios que encontrou ao lado do leito de morte do papa e chamou um médico do Vaticano para fazer uma rápida análise no corpo e diagnosticar um ataque cardíaco. Em seguida, embalsamadores (que supostamente já teriam sido chamados antes mesmo de o corpo ser encontrado) vieram e transformaram

a expressão de angústia do Santo Pai em um sorriso beatífico para o seu velório na Basílica de São Pedro, fora da jurisdição dos tribunais italianos. Segundo Yallop, ele provavelmente foi envenenado pelos membros da loja maçônica P2 para que fosse impedido de entregar Marcinkus à justiça e expulsar os maçons corruptos do Banco do Vaticano. A cumplicidade do banco com os crimes financeiros de Gelli e Sidona só veio a público depois da quebra do Banco Ambrosiano e da possível execução de Calvi (ele foi encontrado pendurado de ponta-cabeça sob a Ponte de Blackfriars). Membros do alto escalão da Igreja Católica hoje admitem que a morte de João Paulo I foi "misteriosa" e que "existem muitos rumores sobre as circunstâncias em torno de sua morte precoce", mas "nada plausível jamais foi provado".[24] No entanto, eles não explicam que isso só acontece porque o corpo de João Paulo I está até hoje na Santa Sé, fora da jurisdição das leis italianas, e nunca pôde ser examinado em busca de traços do veneno (da planta *Digitalis*) que Yallop sugere ter sido usado para matá-lo. Em 1983, cinco anos após sua morte, o direito canônico foi atualizado pelo imprimátur de João Paulo II, mas continuou não prevendo qualquer exigência de autópsias ou investigações em casos desse tipo: a mudança mais significativa foi o fim da antiga proibição de que os católicos se tornassem maçons.

135. Há ainda outras questões sobre a imunidade do Banco do Vaticano: suas operações e finanças são mantidas em sigilo absoluto, e os investigadores do Departamento de Justiça dos Estados Unidos ficaram de mãos atadas, impotentes perante um "Estado estrangeiro" e sem poder usar seus acordos de extradição com a Itália. O banco alegou imunidade estatal nos Estados Unidos em ações legais muito antigas sobre suas reservas de ouro dos nazistas e sobre seu envolvimento nas fraudes multimilionárias de Martin Frankel contra seguradoras. No primeiro caso, na ação movida por vítimas do holocausto em Ustasha, na Croácia, a Santa Sé enviou um protesto formal ao governo dos Estados Unidos, exigindo sua intervenção contra o desrespeito à soberania da Santa Sé por aceitar uma ação acusando o

Banco do Vaticano de ter roubado as posses de 700 mil vítimas do fascismo. Nessa ocasião, a Casa Branca se recusou a aceitar o protesto, e o tribunal descreveu as operações do banco como "suspeitas" e "nebulosas".[25] Como a Santa Sé não é reconhecida como um Estado europeu, o Banco do Vaticano não está sujeito às regras e aos mecanismos de controle europeus contra a lavagem de dinheiro. Ele também não está sujeito à supervisão e às investigações do Fundo Monetário Internacional (motivo pelo qual, sem dúvida, a Santa Sé, sempre tão ansiosa em aderir à maioria das organizações internacionais, recusou-se a entrar para o FMI). Ao contrário de um Estado real, a Santa Sé não tem controles de fronteira ou de câmbio, nem postos alfandegários – o que torna seu banco muito útil para crimes financeiros e sonegação de impostos.[26]

136. No entanto, apesar de todas as objeções legais, lógicas e morais, o fato é que o Vaticano continua sendo reconhecido pela maioria dos países como um Estado soberano, e que na prática, por mais politicamente problemático que isso seja, serve como uma poderosa influência formativa no direito internacional. Ainda assim, esse ramo do direito funciona com base em princípios, e é totalmente possível que um tribunal de princípios – como o Tribunal Internacional de Justiça, o Tribunal de Direitos Humanos ou algum outro em um país onde o governo ainda não interveio com um certificado de imunidade – considere a reivindicação do Vaticano insustentável. Isso significaria que a Santa Sé e a Cidade do Vaticano poderiam ter uma personalidade legal internacional, assinar tratados e interagir com outros governos, como já fizeram no passado, mas sem direito aos imensos privilégios diplomáticos trazidos pela condição de Estado, especialmente a imunidade para as ações papais que podem prejudicar alguém ou que são de legalidade duvidosa. Há uma forte pressão moral para transformar o direito internacional, que hoje é um conjunto de regras para os privilégios diplomáticos, em um sistema global de justiça baseado em normas que sejam não apenas definidas de maneira objetiva, mas também determinadas da mesma forma, sem qualquer

pressão política. Essa transformação vem sendo vista de forma mais clara na justiça criminal internacional, que agora processa chefes de Estado, e em muitos casos (como no do ex-presidente da Libéria, Charles Taylor), rejeita a imunidade por soberania. No entanto, esse processo exige julgamentos objetivos sobre a condição de Estado, e esse é o desafio para os advogados de direito internacional no caso do papa.

137. No entanto, essa discussão é desnecessária, já que nem a Cidade do Vaticano nem a Santa Sé atendem ao critério objetivo de Montevidéu para a condição de Estado, seja quando consideradas em separado ou em conjunto. Até mesmo o próprio diretor da divisão permanente da Santa Sé na ONU admitiu que:

> A Santa Sé vem lutando para ser considerada como um Estado "real". Desde 1870 ela não teve praticamente nenhum território concreto para defender. Ela não tem interesses econômicos, nem industriais no sentido comum da palavra, e quase não tem população [...] ela é protegida pela guarda suíça, mas não conta com nenhum tipo de estratégia de defesa [...].[27]

Independentemente do ponto de vista, o que existe na Cidade do Vaticano é uma Igreja – a Igreja Católica Romana – com um palácio e um líder supremo, que ergue suas mãos para dar bênçãos, não saudações militares. Com seus 800 milhões de membros, a Igreja Católica Romana é a maior ONG do mundo. O fato de a Igreja ter conseguido manter sua camuflagem de Estado por tanto tempo na arena global e alcançado uma influência nos assuntos mundiais que é negada a todas as outras Igrejas e ONGs é um claro marco da proeza dos diplomatas do Vaticano (e da ânsia que os governantes políticos têm de serem abençoados pelo líder espiritual de tantos de seus governados). Essa influência vem da posição privilegiada do Vaticano nas Nações Unidas, como único "Estado não membro", com todos os privilégios de um membro, a não ser pelo direito a voto na Assembleia Geral e a ser eleito para o Conselho de Segurança.

O critério para a condição de Estado / 117

6. A Santa Sé e as Nações Unidas

"Jesus disse, 'Meu reino não é deste mundo; se meu reino fosse deste mundo, meus servos lutariam para que eu não fosse entregue aos judeus. No entanto, meu reino não é daqui'."

João 18:36

138. A história de como uma religião conseguiu se infiltrar nas Nações Unidas, a ponto de seus tentáculos diplomáticos poderem se estender e afetar as pautas das mais importantes conferências internacionais, ainda tem seus mistérios. Quando os diplomatas do Vaticano propuseram pela primeira vez sua entrada na ONU, em 1944, o secretário de Estado dos Estados Unidos, Cordell Hull, respondeu que "um Estado tão pequeno quanto o Vaticano não seria capaz de cumprir todas as responsabilidades como membro de uma organização cujo principal propósito é a manutenção da paz e da segurança". Ele também afirmou que, de qualquer forma, isso iria contra o Artigo 24 do Tratado de Latrão, que previa sua neutralidade pela renúncia papal de seus poderes laicos (ver parágrafos 105-8), caso fosse necessário contribuir com forças armadas para uma operação da ONU. O Vaticano ainda seria bem-vindo para participar como um não membro, como outras organizações, religiões ou ONGs, nas atividades sociais e humanitárias da ONU. No entanto, após a guerra, a Santa Sé e a Cidade do Vaticano, alternadamente, assinaram vários tratados internacionais: nos anos 1950, por exemplo, a Cidade do Vaticano assinou o Acordo Internacional do Trigo (mesmo sem cultivá-lo), mas depois foi a Santa Sé quem passou a deixar seu brasão em várias convenções – acordos contra testes nucleares, minas terrestres e armas químicas –, e, por mais que a probabilidade de que a Santa Sé algum dia viesse a usar esse tipo de armamento fosse nula, ninguém pareceu se

importar. Seja por uma inércia burocrática ou pelo desejo de conseguir mais uma assinatura para uma convenção, nenhum oficial nunca contestou o direito da Igreja de assinar qualquer acordo – seja como Cidade do Vaticano ou como Santa Sé.

139. A Igreja se infiltrou pouco a pouco no sistema da ONU, sem nunca ter esclarecido sua condição enquanto Estado. Após ter sido recusada em 1944, a Igreja conseguiu participar de uma conferência da Organização das Nações Unidas para Agricultura e Alimentação (FAO) em 1948, na qual recebeu o status de observador por sua "natureza religiosa especial" (seja lá o que a FAO quisesse dizer com isso), por ter sua sede em Roma e ser vulnerável à influência do papa. A partir de 1951, um diplomata do Vaticano começou a participar das reuniões da Assembleia Geral da ONU e da Organização Mundial de Saúde como um observador e em caráter *ad hoc*, e a UNESCO o aceitou como um "observador permanente". Em 1956, a Santa Sé participou de uma conferência na Comissão Internacional de Energia Atômica e acabou sendo aceita como um membro pleno – uma decisão tomada por um oficial pouco conhecido e que não passou por nenhuma votação. No entanto, graças a essa série de credenciais, a Santa Sé conseguiu ser aceita sem qualquer tipo de debate no Conselho Econômico e Social da ONU (ECOSOC) em 1956, tendo usado esse fato como um trampolim em outubro de 1957 para levar a questão ao secretário-geral, que ficou intrigado, sem saber se estava falando com a Cidade do Vaticano ou com a Santa Sé. Em resposta a isso, foi decidido que a ONU deveria manter relações (de natureza não especificada) com a Santa Sé, e não com a Cidade do Vaticano, porque isso poderia "desgastar os aspectos laicos da soberania do papa" – e talvez atrair atenção para o fato de que a Cidade do Vaticano não atendia às qualificações da Convenção de Montevidéu para a condição de Estado.[1] Esse acordo não significava que a ONU reconhecia a Santa Sé como um Estado, mas sim como uma entidade com a qual deveria manter futuras relações.

140. Em 1964, a Santa Sé conquistou ainda mais poder, simplesmente informando de maneira unilateral ao secretário-geral, U Thant,

que estava enviando uma equipe de observadores permanentes à sede da ONU, em Nova York. U Thant pareceu ter aceitado isso como algo já resolvido, sem levar o assunto à Assembleia Geral ou ao Conselho de Segurança para ser aprovado. (O Vaticano hoje afirma que foi "convidado" pela ONU para se tornar um membro em 1964, quando na verdade a iniciativa partiu da Santa Sé.) Em 1967, o Vaticano deu continuidade à estratégia, enviando outro "observador permanente" sem objeções aos escritórios da ONU em Genebra. Em seguida, o Vaticano foi aceito como um membro permanente pela Organização Mundial de Saúde e por outras agências da ONU, e começou a participar de suas conferências, exercendo direitos plenos de voz e voto. Em pouco tempo, o Vaticano foi elevado ao posto de "Estado observador permanente não membro", um status compartilhado na época com alguns outros países reais, como a Suíça, a Coreia do Norte e a do Sul.

141. Embora o secretário-geral possa ser criticado hoje por ter permitido a entrada da Santa Sé na ONU pela porta dos fundos, é importante lembrar que as políticas do Vaticano não eram particularmente controversas na época. Em 1964, a grande maioria dos países ainda criminalizava o aborto e o homossexualismo, e a fertilização *in vitro* e os testes com embriões ainda não eram alvo de qualquer patrulha moral. Quanto à contracepção, um avanço dramático já havia sido feito quando Pio XII aprovou o "método da tabelinha" entre pessoas casadas, e uma Comissão para o Controle de Natalidade foi criada para aconselhar o papa sobre a possível permissão de métodos contraceptivos artificiais e comportamentais. Foi só em 1968 que a encíclica *Humanae Vitae* passou a rejeitar os conselhos da comissão (que era fortemente a favor desses métodos) e baniu o uso de contraceptivos em qualquer circunstância, causando divergências entre a Santa Sé e alguns programas da ONU e tornando sua conexão especial com a ONU potencialmente problemática. (Como um distinto médico membro da comissão pontifícia comentou: "Não consigo acreditar que a salvação possa estar ligada à contracepção pelo método do controle de temperatura e a condenação esteja ligada a um preservativo".[2])

142. Outro fator subsequente à entrada do Vaticano na ONU foi a aceitação por parte dos Estados Unidos e de seus aliados da eleição de um papa profundamente anticomunista, em 1978. Assim que João Paulo II demonstrou suas posições pró-ocidentais, o governo Reagan reconheceu a Santa Sé (1984), e outros países ocidentais seguiram seu exemplo. Em 1978, a Santa Sé tinha laços diplomáticos com apenas 85 países, muitos dos quais tinham grande população católica, mas, ao final do papado de João Paulo, esse número já havia subido para 174[3]; até a União Soviética, sob o comando de Gorbachev, enviou um diplomata à Santa Sé. A Santa Sé poderia não ser um Estado, mas passou a se relacionar com outros Estados e se recusou a descer ao nível das ONGs, ou a receber comunicados de entidades não estatais, por mais importantes que fossem (como comissões judiciais sobre o abuso de menores), e insistiu em só receber comunicações formais em sua língua oficial – latim.

143. Até a conferência da ONU no Cairo, em 1995, a imensa força política e lobista concedida à Igreja Católica em comparação às outras religiões e ONGs graças à sua condição de Estado não membro mal havia sido percebida. No entanto, em decorrência disso, essa entidade religiosa agora estava sendo tratada como um membro participante, e não mais apenas consultivo – uma distinção fundamental explicada em uma resolução do Conselho Econômico e Social da ONU em 1968:

> Uma clara distinção é descrita na Carta das Nações Unidas sobre a participação sem o direito a voto nas deliberações do conselho e nos preparativos para deliberação. Conforme previsto nos artigos 69 e 70, a participação é concedida apenas no caso de Estados não membros do conselho e de agências especializadas. O Artigo 71, referente às organizações não governamentais, prevê os preparativos necessários para deliberação. Essa distinção, feita deliberadamente na Carta, é fundamental, e os preparativos para deliberação não devem garantir às organizações não governamentais os mesmos direitos de participação concedidos aos Estados não membros do conselho e às agências especializadas que mantêm relações com as Nações Unidas.[4]

144. A mensagem era clara – Estados não membros poderiam ser parceiros e participantes na ONU como observadores, enquanto ONGs e organizações religiosas deveriam ser apenas "consultores". A distinção ficou ainda mais evidente em 1990, quando a Cruz Vermelha recebeu o status "especial" de observador para participar nas iniciativas da ONU relevantes ao seu papel perante a Convenção de Genebra. Até então, a Cruz Vermelha tinha apenas um "status consultivo", de acordo com o Artigo 71 da Carta, não tendo assim direito a voz ou nem mesmo a participar regularmente das conferências da ONU. A organização vinha reclamando amargamente por ter que gastar uma grande parte de seu orçamento com lobbies para convencer os países (inclusive Estados não membros) a discutirem suas questões e por ter grande dificuldade em todos os níveis para pôr seus assuntos em pauta na ONU.[5] Os Estados não membros com equipes permanentes não tinham esse tipo de problema, pois tinham o direito de participar como membros em todas as reuniões da ONU, apenas não tendo direito a voto nas plenárias da Assembleia Geral. Como um livro de direito internacional explica, "no caso do Vaticano, a aceitação de seu status de Estado concede a uma comunidade religiosa específica um acesso privilegiado ao foro internacional".[6]

145. Em 2002, após a Suíça – até então o único outro "Estado observador permanente não membro" – ter sido aceita democraticamente como o 193º membro da ONU, a Santa Sé tornou público seu interesse em também se tornar um membro pleno. O núncio da ONU, o arcebispo Miglione, recebeu a delicada missão (como um membro de sua equipe disse com certo recato) "de explorar com as delegações dos países e outros especialistas os prós e os contras de aceitar a Santa Sé como um membro em alternativa à publicação de um esclarecimento oficial sobre o nosso status de observador". Em palavras mais claras, o Vaticano fez um lobby agressivo durante 18 meses para coroar a reivindicação de seu status de Estado como um membro pleno na ONU. Essa tentativa foi um fracasso – e as dúvidas sobre seu status legal devem ter desempenhado certo papel nesse fracasso,

apesar de seu poder sobre os países católicos. (O gabinete presidencial da Assembleia Geral da ONU comentou apenas que o Vaticano não havia sido aceito como membro porque "nem todos os países reconheciam a Santa Sé como um Estado".) Para evitar embaraços e a possibilidade de ter sua "condição de Estado" questionada, o Vaticano recorreu ao seu alter ego (o embaixador da Itália na ONU), que negociou um acordo com o presidente da Assembleia Geral para publicar uma resolução que serviria para "esclarecer" a posição da Santa Sé e concederia direitos similares aos que haviam sido dados à Palestina em 1998 (na verdade, a Santa Sé recebeu ainda mais). E então, com um acordo com o presidente – de um gabinete rotativo que por acaso estava sob o comando do devoto jogador de críquete católico Julian Hunte, da pequenina ilha turística de Santa Lúcia –, a Resolução 58/314 sobre a *Participação da Santa Sé nos trabalhos das Nações Unidas* foi posta em pauta e aprovada sem qualquer votação ou discussão.

146. Essa resolução afirmava equivocadamente que a Santa Sé havia se tornado um "Estado observador permanente" em 1964 (na verdade, era um "Estado observador permanente não membro") e confirmava seus direitos de participar dos debates da Assembleia Geral (chegando a ocupar até seis cadeiras no auditório), fazer intervenções, questões de ordem e respostas, repassar oficialmente seus documentos, coproduzir resoluções e contar com precedência em relação à Palestina e a qualquer outro observador acreditado, embora não pudesse votar ou indicar candidatos. No entanto, a resolução não foi debatida e, segundo a See Change (uma coalizão de 700 ONGs, muitas delas católicas, oposta às políticas da Santa Sé), algumas equipes da ONU nem foram informadas de sua existência. Essa foi uma oportunidade perdida para se definir o verdadeiro status do Vaticano, ainda que na verdade confirmasse os privilégios que já vinham sendo explorados pela Igreja há alguns anos. O Vaticano "divulgou" essa resolução de consolação como um grande sucesso e a vem usando como uma confirmação de sua condição de Estado (ainda que o documento não alegasse nada quanto a isso). Al-

gumas semanas depois, o cardeal Sodano concedeu ao sr. Hunte a maior honraria papal para um leigo, tornando-o um Cavaleiro da Guarda do Santo Sepulcro. Ironicamente, essa láurea violou uma norma do Vaticano que proibia a concessão de honrarias papais a políticos pró-aborto (como logo foi explicitado pelos católicos da Santa Lúcia, Hunte havia dado o voto decisivo para a descriminalização do aborto na ilha, declarando que "era um homem pró-escolha"). Sodano fez vista grossa: claramente, os serviços prestados por Hunte à diplomacia católica eram mais importantes do que qualquer desserviço à religião católica.[7]

147. A condição de "Estado observador permanente" da Santa Sé foi usada pela primeira vez para atrapalhar uma importante conferência da ONU sobre população e desenvolvimento, no Cairo, em 1995.[8] Mesmo antes da conferência preparatória para definir a pauta, o Vaticano começou uma campanha de propaganda contra o planejamento familiar e as propostas de contracepção, alegando que as políticas de "saúde reprodutiva" eram a favor do aborto (uma "perversidade abominável") e toleravam o homossexualismo (outra "perversidade abominável"). O Vaticano forjou então uma aliança com países como a Líbia e o Irã para se opor ao projeto de "direito à saúde sexual". Nas importantíssimas conferências preparatórias (que definem a pauta final), a Santa Sé usou e abusou de seus direitos enquanto "Estado". Agora como um membro pleno, ela fez objeções a mais de cem parágrafos do esboço inicial da pauta referentes a qualquer forma de planejamento familiar, e então pediu debates especiais sobre essas questões na conferência. A Santa Sé enviou então uma de suas maiores delegações (17 diplomatas), que impediu consensos e convocou aliados de países católicos da América Latina e da África para barrar qualquer proposta a favor do aborto ou da contracepção em qualquer circunstância, ou de ajuda a vítimas de abortos mal realizados ou clandestinos. Como resultado, uma conferência que deveria ter discutido políticas populacionais e ajuda humanitária foi dominada por uma Igreja mascarada de Estado, impedindo o consenso em qualquer proposta que pudesse ir contra a ideia de que o único contato

genital aceitável entre os seres humanos era entre marido e mulher e apenas para a procriação.

148. O comportamento pró-ativo do Vaticano no Cairo fez alguns políticos perceberem que aceitar a Santa Sé como um Estado havia sido um erro. A Comunidade Europeia afirmou que o Vaticano havia desviado a conferência do Cairo para o "beco sem saída do aborto", evitando assim um debate sobre a superpopulação e o desenvolvimento.[9] No entanto, no próximo grande evento da ONU, a conferência de 1995, em Pequim, sobre as mulheres, o Vaticano voltou a usar seus velhos truques, desta vez com mais sutileza, mas ainda assim sem pudor, valendo-se de sua poderosa posição como um suposto Estado soberano. O Vaticano impediu o consenso sobre o esboço de um texto votando contra (ou ameaçando votar contra) qualquer formulação nas conferências preliminares e na conferência final da qual discordasse. Mais uma vez o Vaticano manobrou seus aliados – os países católicos da América Latina e alguns países muçulmanos – para votar contra a inclusão de qualquer termo que abalasse seus pudores espirituais: "gênero" e "igualdade entre gêneros", "orientação sexual", "gravidez indesejada", "aborto inseguro", "educação sexual", "saúde reprodutiva", "contracepção", "direitos reprodutivos", "saúde sexual", "casais e indivíduos" e até mesmo "estilo de vida". Qualquer fraseologia que pudesse ter alguma ligação com o aborto (mesmo após incesto ou estupro) ou com o homossexualismo era uma anátema para sua delegação, que se opôs à disponibilização de preservativos para controlar a epidemia na época ainda iminente de AIDS no terceiro mundo.[10] O Vaticano logo passou a demonstrar uma arrogância associada a seu status de grande influência – tentando inclusive proibir a participação na conferência de uma ONG, a Católicas pelo Direito de Decidir, que se opunha às posições da Igreja contra o aborto.

149. Muitos padres e freiras de organizações humanitárias católicas em áreas desfavorecidas ou remotas da África e da América Latina ignoram as ordens do Vaticano e distribuem preservativos, DIUs, e oferecem conselhos sobre planejamento familiar. No

entanto, a pressão diplomática do Vaticano vem causando sérios impactos sobre o financiamento e a coordenação de programas da ONU, como o Fundo de População das Nações Unidas, que sofreu com enormes cortes de orçamento (a não ser nas campanhas de "abstinência") quando os católicos e evangélicos dos Estados Unidos adotaram essa causa em comum durante o governo de George W. Bush. Em cidades do terceiro mundo, os bispos insistem que as organizações de caridade católicas sigam as diretrizes do Vaticano; até na cosmopolita Sydney um importante programa criado por freiras que oferecia agulhas e seringas descartáveis foi cortado por uma intervenção do próprio Bento XVI.[11] Os políticos católicos que são ameaçados de excomunhão em geral aderem às decisões da Igreja – em El Salvador até foi aprovada uma lei desonesta exigindo que as embalagens de todos os preservativos tivessem o "aviso" de que não ofereciam qualquer proteção contra a AIDS.[12] Há anos o programa UNAIDS vem alertando que a demonização do uso de preservativos promovida pela Igreja contribui para a disseminação da AIDS, em especial na América Latina, onde quase dois milhões de pessoas já foram vitimadas por uma epidemia que poderia ser controlada caso o uso de preservativos fosse incentivado. No Brasil as leis não apenas criminalizam o aborto, como também exigem que os médicos alertem a polícia quando mulheres chegam ao hospital com hemorragias resultantes de abortos caseiros. Até o momento, mais de cem mulheres estão aguardando julgamento. É curioso que o cristianismo exija que mulheres em sofrimento sejam denunciadas à polícia, mas padres pedófilos não.[13]

150. A Santa Sé vem explorando sua condição de Estado na ONU para excluir seus críticos religiosos e disseminar sua moralidade fundamentalista – de que todos os atos sexuais são perversos a não ser com o objetivo da procriação – nos programas sociais e de saúde da ONU. A Igreja lidera um grupo de países católicos, ou seja, países nos quais a maioria da população (e dos políticos, por consequência) é católica. Uma grande fonte de influência nas conferências da ONU é a ameaça velada de exco-

mungar líderes políticos caso seus governos apoiem uma posição política ou moral com a qual o papa discorde fortemente. Essa "chantagem espiritual", criada pelo cardeal Ratzinger em seus tempos na CDF, foi descrita em sua nota doutrinal sobre *A participação dos católicos na vida pública*, impondo uma "clara e importante obrigação" (ou seja, imposta sob a pena de possível excomunhão) a todos os políticos católicos de votarem segundo as diretrizes morais da Igreja. Seu novo "capataz", o arcebispo Burke, indicado por Ratzinger para dirigir o órgão mais importante da Igreja, proibiu em 2009 que seus bispos oferecessem comunhão a certos políticos católicos, como John Kerry, Joseph Biden e Nancy Pelosi, que haviam cometido o "grave pecado" de votar contra as posições da Igreja (ver parágrafo 91).[14] Os delegados da Santa Sé nunca mostraram qualquer interesse em discutir o abuso sexual de menores: suas preocupações referentes às crianças sempre se resumiram a evitar que elas fossem abortadas durante a gestação, molestadas por homossexuais ou que nascessem por meio de uma fertilização *in vitro* ou de uma relação sexual realizada por puro prazer.

151. Em 1996, a Santa Sé lançou uma campanha contra a UNICEF, incentivando os países a cortarem suas contribuições porque o órgão havia distribuído um manual para mulheres em campos de refugiados que fornecia informações sobre como ter acesso a serviços de maternidade e planejamento familiar.[15] Em todas as suas declarações na ONU sobre a "igualdade de gêneros", o Vaticano usa uma frase pronta, afirmando que "reconhece a diferença e a complementaridade entre homens e mulheres" (o que denota que eles não são iguais – as mulheres devem dar à luz os filhos dos homens). Em 2000, o cardeal Ratzinger lançou um violento ataque contra a "Nova Ordem Mundial" da ONU por ter como um de seus objetivos a redução da população global. "A base dessa nova ordem mundial", escreveu ele, em tom ameaçador e misógino, "é a ideologia de dar poder às mulheres, que entende equivocadamente a família e o matrimônio como os principais obstáculos para a realização de uma mulher [...] os cristãos têm a obrigação de protestar contra isso".[16] Frases como

essas do cardeal Ratzinger são muito usadas por feministas para atacar o Vaticano por tratar as mulheres como um mero sistema de apoio à vida com seus úteros.

152. Em 1998, os delegados da Santa Sé foram a uma conferência em Roma convocada para criar o Tribunal Penal Internacional (TPI). Eles já haviam confrontado a OTAN por apoiar agências que ofereciam "pílulas do dia seguinte" para mulheres estupradas por grupos de soldados, e revisaram o projeto do TPI em busca de qualquer termo que pudesse usar a classificação desse tipo de estupro como um "crime contra a humanidade" para justificar a interrupção de uma gravidez indesejada pela vítima e decorrente desse ato. A Santa Sé não conseguiu impedir a classificação do estupro como um crime contra a humanidade, pelo menos quando cometido de maneira ampla e sistemática, ou nos casos de "gravidez forçada", ou seja, para afetar a composição étnica de uma população (como os soldados sérvios que estupraram mulheres muçulmanas para gerar filhos do movimento Chetnik). Ainda assim, a Igreja insistiu – impedindo o consenso sobre a definição dos crimes contra a humanidade – para que a criminalização dessas atrocidades fosse feita com a ressalva de que "essa definição não deveria de maneira alguma ser usada para afetar as leis pátrias referentes à gestação". Em outras palavras, nos países onde a Igreja havia conseguido criminalizar o aborto, as mulheres estupradas na guerra seriam forçadas a ter filhos dos soldados inimigos pelos quais haviam sido engravidadas – muitas vezes depois de serem obrigadas a vê-los matando seus maridos e filhos.[17]

153. A Santa Sé também foi em grande parte responsável por incluir a cláusula mais ridícula já criada no tratado da TPI. Nele foi definida "perseguição", no Artigo 7º(1)(h), incluindo casos de perseguição "por gênero". O simples uso da palavra "gênero" disparou alarmes na Santa Sé, fazendo com que outros países homofóbicos católicos e islâmicos insistissem na inclusão do Artigo 7º(3):

Para efeitos do presente Estatuto, entende-se que o termo "gênero" abrange os sexos masculino e feminino, dentro do contexto da sociedade, não lhe devendo ser atribuído qualquer outro significado.

154. Presumivelmente, isso significa que os governos podem fazer o que bem quiserem com transexuais. A perseguição ("privação grave e intencional de direitos humanos") é um crime quando cometido contra homens por serem homens, ou mulheres por serem mulheres, mas os homossexuais ainda não têm a quem recorrer quando isso acontecer "dentro do contexto da sociedade", ou seja, quando aprovado por um governo, cultura ou religião homofóbicos. A inclusão do Artigo 7º(3) graças à insistência da Santa Sé é um lembrete vergonhoso, mas realista, de que muitos países em 1998 ainda eram favoráveis à recusa dos direitos humanos a homossexuais, e que essa campanha política era liderada por uma das maiores religiões do mundo.

155. O Vaticano tentou transformar o tráfico de drogas em um crime internacional, mas não se pronunciou quanto ao tráfego de pedófilos (pelo qual poderia ser responsabilizado, por ter transferido padres molestadores entre países). Grandes esforços foram feitos para incluir uma cláusula especial eximindo seus padres e seus penitentes de qualquer obrigação que os fizessem revelar os segredos do confessionário, por mais que o penitente confessasse um genocídio ou alguma outra atrocidade. Essa bizarra proposta foi descartada com toda sensatez, e a Santa Sé então foi petulante e se recusou a assinar o tratado do TPI – uma posição que é mantida até hoje, apesar do seu pretenso apoio aos direitos humanos. Nesse sentido, o cardeal Ratzinger mostrou sua verdadeira postura em 1999, quando protestou fervorosamente contra a prisão do torturador Pinochet no Reino Unido. A princípio, ele usou seus eminentes canais diplomáticos garantidos à Santa Sé graças à sua suposta condição de Estado. No entanto, ao perceber que havia fracassado, Ratzinger veio a público, afirmando enfurecido que "era importante repetir ao mundo que em nenhuma circunstância a soberania de qualquer Estado, seja ele grande ou pequeno, pode ser violada, privando seu governo local do poder para julgar um compatriota".[18] Essa era uma declaração irônica, já que a insistência da Igreja pela aplicação do direito canônico para os seus padres estava fazendo exatamente isso – privando governos locais do poder para jul-

gar compatriotas de uma vocação específica. Foi também uma postura falsa, uma vez que o Chile (como Ratzinger bem sabia) não tinha nenhum poder na época para julgar Pinochet, a quem havia concedido anistia. Ratzinger estava afirmando que nenhum líder político ou chefe de Estado poderia ser responsabilizado em foro internacional, por mais grave que fosse seu crime: eles deveriam ser julgados em seus próprios países, ou nem isso. (Isso seria ótimo para qualquer papa, por implicar que ele só poderia ser julgado pelo direito canônico, que concede a ele imunidade total, e na Cidade do Vaticano, onde ele de qualquer forma é o juiz supremo.) Em outros pontos, o Vaticano vem sendo hostil à aplicação das leis de direitos humanos, acolhendo em paróquias na Itália padres e freiras acusados de incendiar e demolir igrejas em Ruanda (com tútsis dentro), e obstruindo a atuação da promotora pública Carla del Ponte quando esta pediu que um padre se entregasse. O sacerdote em questão era o padre Seromba, que estava escondido há vários anos na Itália com um nome falso, e depois foi condenado por genocídio. Carla del Ponte relata que o "secretário de Estado" do Vaticano chegou até a negar que o Vaticano era um Estado para evitar seu pedido por ajuda para localizar criminosos croatas de guerra que poderiam estar escondidos em monastérios franciscanos.[19] Recentemente, o Vaticano foi acusado de ter permitido que um arcebispo local e uma organização humanitária católica auxiliassem Joseph Kony, comandante do Exército da Resistência do Senhor em Uganda, após este ter sido denunciado pelo TPI por crimes internacionais – em especial o uso de menores como escravos sexuais.[20]

156. Ironicamente, o Vaticano já assinou tratados que questionam seu próprio comportamento. Por exemplo, a Convenção contra a Tortura e Outros Tratamentos Cruéis, Desumanos ou Degradantes (1984) foi apoiada pela Santa Sé no dia 25 de junho de 2002. Esse tratado exigia que o Vaticano enviasse um relatório sobre o tema até 26 de julho de 2003, mas isso não aconteceu: o prazo do segundo relatório (26 de julho de 2007) também foi perdido, e nenhum relatório posterior chegou a ser entregue – talvez porque os tribunais internacionais agora entendessem

que casos de estupro e abuso de menores poderiam ser classificados como tortura quando cometidos para "intimidar, degradar, humilhar [...] e controlar ou destruir um indivíduo".[21] A Corte Interamericana de Direitos Humanos classificou o estupro como uma "tortura psicológica"[22], uma postura seguida pela Corte Europeia de Direitos Humanos, uma corte da qual a Santa Sé, apesar de sempre buscar qualquer oportunidade para disseminar sua imagem de Estado, preferiu não se tornar um membro.[23] Tanto essa corte quanto o supremo tribunal do Reino Unido já afirmaram que a vulnerabilidade característica das crianças é um fator importante a ser considerado para concluir se os maus-tratos passaram do limite máximo para serem classificados como tortura, ou pelo menos do limite mínimo para serem qualificados como "desumanos e degradantes".[24] Não há dúvida de que esses tribunais classificariam o abuso sexual de menores cometidos por padres nessa última categoria e, em muitas situações, no crime mais sério de tortura, devido ao significativo número de casos nos quais as vítimas tinham menos de 12 anos e foram estupradas ou forçadas a ter relações sexuais.

157. Como um "Estado membro" da Convenção contra a Tortura, o Vaticano é obrigado a buscar prevenir atos de tortura e "garantir que essas violações sejam punidas com sentenças adequadas, levando em conta a gravidade de sua natureza" – uma obrigação que não é atendida pelas inadequadas penalidades do direito canônico, que preveem penitência ou laicização. Alguns afirmam que a definição de "tortura" da convenção é mais limitada do que a aplicada pelas cortes penais internacionais para julgar crimes de guerra e crimes contra a humanidade, e o abuso de crianças por padres para realizar seus desejos não se encaixa nessa definição mais restrita, que se refere aos atos cometidos por oficiais públicos ou pessoas agindo em função oficial. Segundo a convenção, a tortura inclui a imposição de grave sofrimento mental, mas exige a existência de um objetivo específico, e os exemplos citados no texto ("para esses objetivos") não incluem a satisfação sexual, embora seja possível alegar que essa lista não seja completa o bastante. No entanto, outra dificuldade é a exi-

gência de que o ato seja cometido por ou com o consentimento de uma "pessoa agindo em função oficial": um padre pedófilo está "agindo em função oficial" quando abusa de uma criança?

Ironicamente, esse argumento teria ainda mais força caso a Santa Sé fosse *mesmo* um Estado e o padre pudesse ser caracterizado como um de seus oficiais se estivesse usando sua batina (um uniforme) ao cometer o abuso enquanto recebe uma confissão, atua na sacristia ou trabalha com um grupo de jovens.

158. De qualquer forma, a incapacidade de atender às obrigações previstas pela Convenção contra a Tortura mostra que o Vaticano não leva seus deveres enquanto "Estado não membro" da ONU a sério, por mais que aproveite todas as oportunidades para usar seus privilégios como tal para fazer com que seus próprios dogmas teológicos definam o tipo de ajuda oferecida pela ONU às vítimas de pobreza, doenças ou perseguições do terceiro mundo. Um claro sinal da hipocrisia promovida pelo Vaticano no foro internacional é o fato de na verdade não apoiar em nada os direitos humanos. Isso pode ser visto em sua recusa a assinar todos os tratados de direitos humanos, com a exceção da Convenção contra a Tortura (com reservas) e da Convenção sobre os Direitos da Criança, que vem sendo claramente violada. A lista de convenções rejeitadas pelo Vaticano é surpreendente: incluindo convenções cruciais de direitos humanos – como o Pacto Internacional de Direitos Civis e Políticos – com seu Protocolo Opcional que sugere um julgamento das práticas do Estado; o Pacto Internacional sobre Direitos Econômicos, Sociais e Culturais (sem ratificar essa convenção, o Vaticano nunca deveria ter sido aceito como membro do Conselho Social e Econômico da ONU, no qual vem erguendo sua voz com tanta força); a Convenção dos Trabalhadores Migrantes (ironicamente, dado seu tráfego de padres migrantes); a Convenção sobre os Direitos das Pessoas com Deficiência (por todos os seus protestos pelo bem-estar dos deficientes); a Convenção Internacional para a Proteção de todas as Pessoas contra o Desaparecimento Forçado (criada para combater esquadrões da morte administrados por líderes militares de direita que nunca haviam sido ameaçados

de excomunhão pela Igreja); a Convenção sobre a Não Aplicabilidade de Limitações Estatutárias para Crimes de Guerra e Crimes contra a Humanidade (duplamente irônica, dada a sua insistência em impor limites de tempo para as acusações contra padres pedófilos); e, talvez inevitavelmente, a Convenção sobre a Eliminação de todas as Formas de Discriminação contra a Mulher – uma recusa que reflete um longo histórico de ensinamentos da Igreja Católica, que, segundo Cherie Booth, "baseia-se na noção de inferioridade das mulheres. As mulheres ainda não são devidamente respeitadas na Igreja".[25] O papa Bento XVI já teve mais de cinco anos para refletir sobre a ratificação dessas convenções.

159. Alguns comentadores – em especial o jornalista católico John L. Allen Jr. – alegam que é melhor para o bem-estar público que o papa se mantenha acima de todas as leis humanas como líder de um Estado reconhecido pela ONU para poder agir como um mediador de disputas entre países católicos. No entanto, um papa pode fazer isso como um líder religioso, sem precisar usar a máscara de um Estado. Além disso, o melhor exemplo de intervenção papal ocorreu na disputa entre o Chile e a Argentina sobre as ilhas do Canal de Beagle, e isso foi há mais de 35 anos. Na época, líderes militares de países católicos na América Latina estavam tentando exterminar militantes de esquerda (muitos deles eram católicos atraídos pelas ideias da "teologia da libertação") com o uso de esquadrões da morte e os sanguinários planos da Operação Condor; no Chile a tortura não era nenhum segredo, e na Argentina militantes de esquerda presas foram mortas depois de darem à luz, e seus filhos foram adotados por famílias do exército. O Vaticano interveio em raras ocasiões e na verdade forjou laços amigáveis com os líderes militares responsáveis por essas atrocidades, muitas vezes até os honrando com reuniões com o papa durante suas visitas a Roma. Em 1984, o próprio cardeal Ratzinger, como comandante da CDF, condenou a teologia da libertação e expulsou seus seguidores.[26]

160. A diplomacia internacional do papa vem dependendo mais de seu carisma do que de sua condição de Estado, já que seu impacto vem sendo brusco e inconsistente. Muitos dos que admiram a postura de João Paulo II contra a repressão comunista em sua terra natal, a Polônia, ficaram chocados com sua falta de apoio aos corajosos católicos da América Latina, como o arcebispo Romero, cujo último apelo ao brutal exército salvadorenho – "eu suplico, imploro e ordeno em nome de Deus: parem com a repressão" – causou seu assassinato no dia seguinte. O ataque do papa ao governo sandinista e aos padres que o apoiavam serviu para santificar a política do governo Reagan, que apoiou a guerra dos "Contras" na Nicarágua e não mostrou qualquer preocupação com o sofrimento das pessoas.[27] João Paulo II fez poucos comentários sobre o apartheid, outra questão importante da época, e, com a ajuda do cardeal Ratzinger, puxou o tapete de vários católicos corajosos que tentaram se levantar contra Hastings Banda, no Malavi, e contra Lee Kuan Yew, em Singapura. O papa não conseguiu desenvolver uma doutrina coerente de "guerra justa", em especial durante o conflito das Malvinas, no qual ele disse aos católicos britânicos que a guerra era uma forma "totalmente inaceitável de se resolver as diferenças entre nações", e então foi para a Argentina, onde se recusou a ameaçar seus líderes militares católicos com a excomunhão (ou qualquer outra punição), caso não se retirassem das ilhas que haviam invadido de forma ilegal.[28] Em 1991, João Paulo II se opôs à Guerra do Golfo, mesmo tendo essa iniciativa o total apoio da ONU e sendo a única alternativa prática para libertar o Kuwait após a invasão de Saddam, e também foi contra quando a ONU apoiou o ataque ao Afeganistão, em 2001, ainda que esta fosse a única forma para se tentar derrubar Bin Laden e sua al-Qaeda.[29] Em relação à invasão do Iraque, em 2003, Bento chegou a questionar de maneira um tanto enigmática se "ainda é lícito cogitar a existência de uma guerra justa". No entanto, um Estado que se gaba por ter uma "missão moral" não é de grande serventia para um mundo onde ataques brutais aos direitos humanos às vezes precisam ser respondidos com força – raríssimas vezes (como no caso de Kosovo) sem o apoio da ONU.

161. Allen argumenta ainda que a imunidade papal e a condição de Estado perante a ONU são necessárias para que o pontífice possa atuar como uma "voz neutra da consciência na arena global". No entanto, o problema é que a voz de Bento não é neutra em relação às questões de consciência: o próprio Allen já expôs a amnésia de Joseph Ratzinger sobre questões como sua participação na juventude hitlerista; suas tentativas de camuflar a colaboração da Igreja Católica com os nazistas; sua aliança com militares e forças políticas de direita para atacar a teologia da libertação e o Conselho Mundial de Igrejas; sua hostilidade às mulheres da Igreja; o caráter simplista de suas críticas à fertilização *in vitro* (porque o esperma é obtido por meio da masturbação); sua insistência em impedir o uso de preservativos até por pessoas casadas, "mesmo que um dos parceiros seja HIV positivo e o objetivo seja prevenir a disseminação da doença". Além disso, os decretos "infalíveis" de Bento sobre a fé e a moralidade incentivam a homofobia – ele classifica o homossexualismo como uma "perversidade moral intrínseca" e promove a discriminação contra homossexuais em "programas de adoção, e também para cargos de professores, treinadores e no serviço militar", usando o tipo de discurso de ódio que pode ter motivado – como Allen sugere – os espancamentos coletivos de homossexuais e prostitutas na América Latina.[30] A articulação de ideias desse tipo não pode ser vista como uma "voz neutra da consciência" capaz de justificar uma reivindicação moral exclusiva à condição de Estado não membro da ONU para assim cumprir sua suposta missão com maior impacto na arena internacional.

7. A Convenção sobre os Direitos da Criança

"É necessária uma legislação para proteger as crianças de todas as formas de exploração e abusos, como nos casos de incesto e pedofilia [...] esses flagelos são uma afronta e um escândalo para a humanidade. Essas várias formas de violência não podem ficar impunes."

Santa Sé, em declaração à conferência especial da ONU
sobre crianças, 2002, parágrafo 23(a).

162. A convenção mais importante já ratificada pela Santa Sé foi a Convenção sobre os Direitos da Criança (1989). Sua assinatura foi acompanhada por uma solene declaração de que "ao aderir à convenção [...] a Santa Sé buscou mostrar ainda mais sua constante preocupação com o bem-estar das crianças e de suas famílias". No entanto, essa pompa foi minada por várias "ressalvas" (ou seja, alegações de que iria interpretar ou aplicar certas partes do tratado de alguma forma que pudesse invalidar ou alterar seus efeitos legais).[1] A Santa Sé reinterpretou, por exemplo, o termo "educação sobre planejamento familiar" como "métodos moralmente aceitáveis para a Igreja de planejamento familiar, que se resumem aos métodos naturais", embora a educação sobre o método da "tabelinha" não permita nenhum tipo eficaz de "planejamento". Outra atitude ainda mais importante, mas tão obscura a ponto de nenhum outro país ter percebido seu feito, foi uma ressalva incluída afirmando que *"a aplicação da convenção deverá ser compatível na prática com a natureza particular do Estado da Cidade do Vaticano e com os recursos de suas leis objetivas"*. O principal código legal do Vaticano é o direito canônico, que prevê um processo secreto, ineficaz e não punitivo para julgar abusos sexuais de menores cometidos por padres – um tipo de processo que, como veremos, não pode ser conciliado com algumas das principais cláusulas da convenção e que deveria ser abolido caso o papa levasse a sério suas obrigações.

163. Ao aderir a essa convenção, em 1990, a Santa Sé assumiu a responsabilidade de enviar um relatório sobre seu desempenho, o que cumpriu uma única vez (em março de 1994). Nesse documento, a Santa Sé afirmou ter "profundo apreço pela dignidade particular das crianças [...] desde o momento de sua concepção" e exigiu que outros países oferecessem "proteção especial" aos órfãos. O texto criticava a contracepção e a educação sexual por serem causas da promiscuidade entre adolescentes, e apoiava a amamentação por ser benéfica aos bebês e também "uma forma de espaçamento entre os partos", mas não dizia nada sobre os casos de abusos sexuais cometidos por padres. O Comitê de Especialistas da Convenção fez uma breve recomendação para que as instituições e organizações da Igreja Católica buscassem garantir que "os melhores interesses das crianças e o respeito à posição da criança fossem sempre totalmente levados em consideração".[2] Essa recomendação foi sem dúvida ignorada nos orfanatos da Irlanda e nas escolas para surdos dos Estados Unidos, onde o abuso sexual de menores nesse período foi "endêmico". A Santa Sé deveria ter enviado um novo relatório no dia 1º de setembro de 1997 e depois outro em 1º de setembro de 2002: isso não aconteceu em nenhuma das duas ocasiões e, na verdade, nenhum outro relatório chegou a ser enviado[3], mostrando um total descaso com as obrigações previstas pela convenção. O próprio Comitê de Especialistas deveria ter iniciado uma investigação sobre o assunto. Nesse caso, seus membros teriam encontrado amplas violações dessas obrigações de acordo com os seguintes artigos:

(a) Dar prioridade aos interesses das crianças
Artigo 3º(1): **Todas as ações relativas às crianças**, *levadas a efeito por autoridades administrativas ou órgãos legislativos,* **devem considerar, primordialmente, o interesse maior da criança.**

Os fatos mostram que a prioridade ao se tratar as alegações de crianças vem sendo a boa reputação da Igreja Católica e a proteção de seus padres contra qualquer escândalo. Uma preocupação com os interesses da criança exigiria que a Igreja agisse imediatamente para cessar o abuso e proteger outras crianças, evitando qualquer possibilidade de reincidência. Isso implicaria alertar a polícia e os órgãos de bem-estar social, e oferecer tratamento psicológico à criança e à família – medidas que o Vaticano se negou claramente a adotar quando publicou suas novas normas do direito canônico em julho de 2010.

(b) Dever de investigar e julgar os casos de abuso sexual de menores
Artigo 19(1): *Os Estados Partes adotarão* **todas as medidas legislativas, administrativas,** *sociais e educacionais apropriadas para proteger a criança contra todas as formas de violência física ou mental,* **abuso ou tratamento negligente,** *maus-tratos ou exploração,* **inclusive abuso sexual** *[...]*
(2) Essas **medidas de proteção deveriam incluir, conforme apropriado, procedimentos eficazes** *para a elaboração de programas sociais capazes de proporcionar uma assistência adequada à criança e às pessoas encarregadas de seu cuidado, bem como outras formas de prevenção, para a identificação, notificação, transferência a uma instituição, investigação, tratamento e acompanhamento posterior dos casos acima mencionados de maus-tratos à criança e,* **conforme o caso, para a intervenção judiciária.**

Isso impôs à Santa Sé uma obrigação sob o direito internacional de denunciar às autoridades policiais os casos de abuso sexual de menores – uma obrigação que é ignorada desde o princípio pela Santa Sé ao sujeitar todas as acusações aos procedimentos sob "sigilo pontifício" da *Crimen*, da carta apostólica de 2001 e do decreto mais recente de julho de 2010, que insiste na jurisdição do direito canônico sobre os padres molestadores.

(c) Dever de investigar e julgar os casos de abuso sexual de menores
Artigo 34: *Os Estados Partes* **se comprometem a proteger a criança contra todas as formas de exploração e abuso sexual.** *Nesse sentido, os Estados Partes tomarão, em especial, todas as medidas de caráter nacional, bilateral e multilateral que sejam necessárias para impedir:*
(i) o incentivo ou a coação para que uma criança se dedique a qualquer atividade sexual ilegal.

A Santa Sé, por meio de sua agência responsável, a CDF, não tomou nenhuma "medida nacional, bilateral ou multinacional" a não ser a carta de Ratzinger, em 2001, que serviu apenas para retardar as investigações de padres acusados, e não exigiu qualquer denúncia às autoridades policiais. A Santa Sé ignorou escandalosamente as obrigações previstas pelo Artigo 34, e continua incorrendo nesse erro com sua insistência, vista em 2010, em continuar recorrendo aos processos e ao "sigilo pontifício" do direito canônico.

164. Também é relevante ressaltar a relutância da Santa Sé em tomar "medidas para promover a recuperação física e psicológica e a reintegração social" das vítimas, como é exigido pelo Artigo 39, embora isso em geral seja oferecido aos padres molestadores. O Artigo 39 também exige que os Estados participantes tomem medidas para promover "a saúde, o respeito próprio e a dignidade da criança" após o abuso. A Santa Sé continua ignorando essa obrigação a não ser nos casos em que foi forçada por ordens judiciais ou por acordos a pagar uma indenização.

165. Sérias dúvidas são levantadas sobre a competência e a determinação dos "dezoito especialistas de alto padrão moral" eleitos para o Comitê dos Direitos da Criança por não terem feito nada durante os treze anos em que o Vaticano não entregou seu relatório, em um período no qual o disseminado abuso de crianças por padres vinha sendo amplamente divulgado. As graves e extensas violações da Convenção sobre os Direitos da Criança pela Santa Sé e seu descaso com a obrigação de preparar seus relatórios pelos últimos treze anos deveriam – caso os outros membros se importassem – justificar sua expulsão. Os outros membros, e a própria ONU, deveriam se importar muito, já que essa é a única convenção de direitos humanos com apoio praticamente universal, tendo sido ratificada por 193 Estados, com exceção apenas da Somália, sendo que até os Estados Unidos, que se recusam a ratificar muitos tratados de direito internacional, a assinaram. Trata-se de uma convenção "modelo" da ONU, e a quase unanimidade quanto às suas cláusulas mostra sua força no direito consuetudinário internacional. O desrespeito da Santa Sé comprova sua inadequação para atuar como um membro, e sua declaração de que tem uma "constante preo-

cupação com o bem-estar das crianças" é um notório exemplo de sua hipocrisia diplomática.

166. Os diplomatas do Vaticano podem ter preparado uma defesa evasiva para a Santa Sé ao incluírem a ressalva de que "a convenção apenas será aplicada" quando compatível com o direito canônico. As seções da convenção relacionadas ao abuso sexual de crianças são completamente incompatíveis com o direito canônico, que favorece o padre à custa dos interesses da criança (uma violação do Artigo 3º(1)), não oferece procedimentos eficazes para a investigação, denúncia, orientação ou para o envolvimento judicial (uma violação do Artigo 19(2)), e prevê o sigilo pontifício, que anula medidas nacionais, bilaterais e multinacionais (uma violação do Artigo 34). Se o verdadeiro propósito dessa ressalva se resume a manter a jurisdição da Igreja sobre seus padres molestadores sob seu próprio sistema disciplinar interno e a descartar qualquer cooperação com as autoridades policiais, ela é na verdade uma "manobra" que repudia cláusulas-chave desse tratado para a proteção das crianças. Os outros Estados membros deveriam tê-la denunciado como tal e poderiam ter forçado a Santa Sé a retirar sua ressalva ou rejeitar a convenção.[4] No entanto, nada foi dito: por ingenuidade ou excesso de confiança, os conselheiros legais dos ministérios do Exterior de todos os governos do mundo acabaram caindo no truque do Vaticano. Apenas em maio de 2010 a Santa Sé "confessou" que sua ressalva de 1990 visando garantir o uso das leis do Estado da Cidade do Vaticano na verdade se referia ao direito canônico ("O direito canônico é o principal código legal do Estado da Cidade do Vaticano"). Confrontada com o argumento de que o dircito canônico vinha protegendo padres pedófilos e permitindo sua reincidência, a Santa Sé protestou, alegando que "o fato de certos atos também serem vistos como uma transgressão religiosa sob o direito canônico penal não descarta um julgamento de acordo com o direito penal e com os procedimentos de qualquer Estado".[5] Essa afirmação, feita em seu relatório sobre o Protocolo Opcional (ver a seguir) é falsa e maliciosa. O direito

canônico – assim como a *Crimen*, a carta apostólica escrita por Ratzinger em 2001 e as "Novas Normas" de julho de 2010 – na verdade descarta sim um julgamento laico ao exigir que todas as partes envolvidas no processo jurem completo sigilo assim que uma reclamação é feita.

167. O outro tratado relevante que exige obrigações da Santa Sé como um suposto Estado é o Protocolo Facultativo à Convenção sobre os Direitos da Criança (2000), ratificado em 2001. Entre outras coisas, o acordo versa sobre a prostituição infantil, definida como "o uso de uma criança em atividades sexuais em troca de remuneração ou qualquer outra compensação" (essas outras formas incluiriam consolo espiritual, absolvição, votos de silêncio e outros tipos de "compensação" que os padres podem oferecer às suas vítimas), e exige que medidas legais sejam tomadas contra cafetões, agenciadores e outros indivíduos com poder de persuasão, o que incluiria padres e oficiais da Igreja acusados de incentivar ou organizar atividades de pedofilia. O Artigo 6º do protocolo obriga os Estados participantes a cooperarem entre si, oferecendo todas as provas que tiverem à sua disposição – uma obrigação que o Vaticano continua a ignorar. Em 2008, o Vaticano se recusou até a responder as cartas da Comissão Murphy, na Irlanda, ocasião na qual seu núncio insultou a comissão e se recusou a se apresentar perante seus membros. O Protocolo Facultativo exigia a publicação de um relatório em janeiro de 2004 (época na qual o escândalo de Boston havia chegado às manchetes), mas o Vaticano adiou sua responsabilidade até maio de 2010, quando mostrou uma postura quase desafiadoramente defensiva:

> Obviamente, as crianças devem ser protegidas em casos nos quais um abuso comprovado de seus direitos (ou seja, negligência, abusos sexuais ou físicos, ou violência) tenha sido cometido em sua família. Fora desses casos, no entanto, as autoridades civis não devem interferir na família e nos deveres e direitos dos pais, que presumivelmente agem visando o bem-estar de seus filhos, em especial em questões ligadas a cuidados médicos, religião, educação, associação com outros indivíduos e privacidade.[6]

168. Nas entrelinhas dessas palavras maliciosas, o Vaticano está dizendo que apenas os casos de pedofilia cometidos em família (ou seja, de incesto) exigem investigação policial, mas que a polícia não deve intervir em qualquer outro caso. Sem a intervenção externa, os pais católicos acabarão decidindo fazer suas reclamações sobre o tratamento dado aos seus filhos em segredo na igreja, onde poderão ser convencidos como bons cristãos a perdoar o padre, ou de que o bem-estar da criança será mais bem-atendido deixando o caso longe da polícia e dos tribunais de justiça. Pais e filhos serão forçados a jurar sigilo sob os processos canônicos, e a polícia e as instituições de bem-estar não poderão interferir na família para investigar. O apelo do Vaticano pelos "direitos dos pais" muitas vezes é só uma desculpa para dar à Igreja a oportunidade de pressionar as vítimas e suas famílias a perdoarem o padre e se esquecerem de tudo. (O Relatório Cumberlege afirmou que todos estavam cientes da "pressão que às vezes é imposta sobre aqueles que sofreram abusos no sentido de perdoarem seus agressores".[7])

169. Essa importante primeira declaração feita pela Santa Sé sobre o escândalo dos abusos sexuais de menores – seu único relatório oficial entregue à ONU até hoje – mostrava uma postura desafiadora. O escândalo foi abordado em uma seção intitulada "O pontífice romano", que, como o texto afirmava com orgulho, já havia "reconhecido abertamente em diversas ocasiões os crimes cometidos por alguns dos próprios membros da Igreja contra os direitos da criança". No entanto, o documento insistia que a Igreja era "regida por um sistema legal autônomo" e gozava de um "direito inerente adquirido em sua fundação por Jesus Cristo e independente de qualquer autoridade civil" para disciplinar seus padres molestadores apenas pedindo a eles para "levarem vidas católicas autênticas". O texto reivindicava o "direito inerente" garantido supostamente por Jesus Cristo de disciplinar os estupradores de crianças pela *via pastoral* (exortação, pregação, correção), *sacramental* (confissão), *disciplinar* (restringindo, por exemplo, os direitos de oferecer comunhão ou vetar candidatos ao sacerdócio) e *canônica penal*, que é dissi-

muladamente descrita como "sanções e corretivos penais e penitências". No entanto, como foi visto no Capítulo 4, o direito canônico não prevê nenhuma verdadeira sanção "penal" de reclusão, nem mesmo o pagamento de fiança ou o cumprimento de serviços comunitários.

170. Essa passagem – o parágrafo 26 do relatório da Santa Sé – revela a essência do caso contra Bento XVI, que deve tê-la aprovado. O texto afirma de maneira desafiadora que a Igreja tem o "direito inerente" de julgar seus padres molestadores sem se ater ao direito penal, por meio de um procedimento disciplinar arcaico, permitindo que os culpados não sejam punidos por seus graves crimes contra crianças. Esses padres serão perdoados por seus crimes de estupro e atentado sexual caso apenas façam algumas preces ou aceitem restrições aos seus ministérios, ou pareçam ser corrigíveis perante exortação – tudo em sigilo, e sendo decidido por seus colegas padres ou por seu bispo. Esse "direito inerente", descrito pelos diplomatas do Vaticano, é atribuído a Jesus Cristo – uma afirmação que muitos cristãos podem achar até perturbadora: não há registros de que Jesus tenha incentivado seus discípulos a protegerem molestadores de crianças. Pelo contrário, eles merecem ser afogados nas profundezas do mar, e não escondidos nas profundezas da Santa Sé. Fica claro nesse parágrafo, e nas novas normas do direito canônico de julho de 2010 (Apêndice D), que o Vaticano não irá, sob o comando deste papa, ceder quanto à sua alegação de que a Igreja tem o direito de abrigar suspeitos de crimes para protegê-los de investigações policiais, julgamentos públicos e qualquer punição merecida.

171. O resto da seção sobre abusos sexuais cometidos por padres cita discursos dos papas João Paulo II e Bento XVI, nos quais eles tentam eximir a Igreja e culpar a "sociedade como um todo. Estamos vivendo uma profunda crise da moralidade sexual e até das relações humanas [...] a Igreja ajudará a sociedade a entender e a lidar com essa crise". E, pelo visto, isso será feito "apresentando com clareza [...] os ensinamentos morais da Igreja" e promovendo "a cura e a reconciliação". Além de prepotente,

isso é uma besteira: não há nenhuma crise na sociedade como um todo, que condena universalmente o estupro de crianças e exige uma punição dissuasória aos culpados. O que existe é uma crise em uma Igreja que exige de modo nada realista o celibato e a castidade de seus sacerdotes, e em seguida os concede poder espiritual e oportunidades práticas para extravasar seus desejos sexuais com crianças assustadas e aflitas, mas submissas. Esses sacerdotes não têm seu comportamento monitorado e, quando são pegos, tudo é feito para escondê-los da justiça pública e tratá-los como pecadores arrependidos, que então recebem segundas e terceiras chances em novas paróquias ou em outros países.

172. É irônico relembrar as palavras da Santa Sé na sessão especial da ONU na conferência sobre as crianças, em 2002, pouco antes de o escândalo vir à tona, pedindo ao mundo para proteger as crianças do "flagelo" do abuso sexual punindo seus molestadores[8] (ver a citação no início do capítulo). Está muito claro que a Igreja, por meio de suas próprias palavras, condenou a si mesma, assim como seu líder e suas leis pela sua falta de atitude durante os oito anos seguintes. O que enfurece aqueles que zelam pelo bem da Igreja e de suas missões humanitárias é que o papa e seus cardeais vêm insistindo em resistir a uma reforma. A importante encíclica escrita por Bento, *Caritas in Veritatae*, publicada em junho de 2009, era cheia de divagações gerais sobre a triste condição do mundo secular ainda em conflito com o pecado original, mas não fez nem uma única menção aos casos de abusos sexuais de menores cometidos por padres.

173. Essas preocupações são válidas, mas o flagelo do abuso sexual de menores na própria Igreja vem passando impune há muitos anos, graças às deficiências processuais do direito canônico, à insistência egoísta em proteger a Igreja de escândalos acolhendo e movendo padres pedófilos e à supervisão negligente dos bispos pela Santa Sé por meio da CDF, comandada durante as duas últimas décadas pelo cardeal Ratzinger. A postura da Santa Sé revela a necessidade de leis em todos os países exigindo o alerta obrigatório à polícia das denúncias de abuso de menores,

a extinção dos prazos de prescrição para acusação e a concessão de poderes às autoridades civis para investigar organizações que controlam a educação das crianças. No caso da Igreja Católica Romana, isso significa permitir que as autoridades civis tenham acesso às instituições que detêm controle privado sobre os molestadores de crianças e às próprias crianças abusadas. Para isso, é preciso que essas instituições e seus líderes executivos não sejam imunes contra investigações policiais, processos criminais ou ações civis por supervisão negligente. Em resumo, isso significa que o papa, a Santa Sé e os arquivos secretos da CDF devem estar sujeitos às leis nacionais e à lei das nações, e que sua pretensa condição de Estado e soberania, que até então vem lhes garantindo imunidade a essas leis, não pode mais ser sustentada.

8. Uma acusação a ser respondida?

> "Não há como negar o fato de que o esquema global de acobertamento dos crimes sexuais cometidos por clérigos foi orquestrado pela CDF sob o comando do cardeal Ratzinger."
>
> *Padre Hans Kung*, em carta aberta aos bispos católicos no quinto aniversário da eleição de Bento como papa.

174. Essa séria acusação feita pelo eminente teólogo e ex-amigo de Bento tem fundamentos? De qualquer forma, sob o comando direto do cardeal Ratzinger, determinada política foi exercida entre 1981 e 2005, segundo a qual as reclamações contra molestadores deveriam ser silenciadas por meio de juramentos de sigilo e acordos de confidencialidade: os padres considerados culpados eram transferidos para outras paróquias ou outros países, apesar de sua propensão à reincidência. Os padres molestadores em geral eram perdoados após cumprirem penitências, fazendo preces ou tendo sua atuação restringida – em raríssimas ocasiões eles eram destituídos e não há registros de nenhum caso no qual o Vaticano pediu ao seu bispo para repassar um suspeito às autoridades competentes para ser devidamente investigado e processado. A política da CDF era de *nunca* obrigar e nem mesmo pedir aos seus bispos para repassarem esses casos às autoridades competentes, e poucos deles faziam isso de forma voluntária: os processos instaurados em geral resultam de ações independentes da polícia após uma vítima ou algum outro informante ter feito uma reclamação direta. Pelo direito canônico, o papa é o superior imediato e o comandante absoluto dos bispos e padres católicos: o Cânone 331 lhe concede "poder supremo, pleno, imediato e universal sobre a Igreja". Os bispos são obrigados a seguirem as diretivas da Santa Sé, como a *Crimen*, a carta apostólica de Ratzinger de 2001 e as "Novas Normas" de 2010, que

sempre exigiam o sigilo absoluto. Ciente de tudo, a CDF sempre aprovou ofertas de compensações em dinheiro para silenciar as vítimas e o método de forçar as vítimas a assinarem acordos de confidencialidade sob ameaça de excomunhão. Essa política, segundo a Comissão Murphy, visava "evitar escândalos, proteger a reputação da Igreja e proteger e preservar seus recursos", deixando em segundo plano "o bem-estar das crianças e a justiça às vítimas". A continuidade dessa estratégia foi garantida pela carta de Ratzinger em 2001 e pelas "Novas Normas" de 2010, nas quais a Santa Sé endossava o "sigilo pontifício" e exigia que *todos* os casos de abuso sexual de menores fossem relatados à CDF, que então julgaria o padre em sigilo ou aconselharia o bispo sobre como lidar com o caso. A recente revelação de que João Paulo II repassou para todos os bispos seu elogio feito ao bispo francês que se recusou a alertar as autoridades sobre um padre pedófilo é uma evidência contundente da política da Santa Sé de esconder os crimes clericais das autoridades competentes (ver parágrafo 153).

175. Essa política, mantida por mais de um quarto de século durante o qual Joseph Ratzinger foi comandante da CDF e cumpriu os primeiros cinco anos de seu papado, de fato suscita questões muito sérias, não apenas sobre a negligência do comando de uma religião mundial, mas também sobre a possibilidade de responsabilizar civil ou até criminalmente os indivíduos que deveriam ter previsto ou poderiam ter evitado as consequências de uma negligência tão grosseira. Muitos bispos certamente teriam que responder a essa acusação, mas o cardeal Ratzinger também: sua carta de 2001 exigia que todas as alegações de abuso sexual fossem repassadas à CDF, para julgar os casos ou orientar os bispos para tanto, tudo sob "sigilo pontifício", o que acabava evitando que as autoridades policiais fossem alertadas. Como prefeito da CDF, Ratzinger tinha "responsabilidade de comando" pelo comportamento dos bispos e padres, e deveria estar ciente, com base nas informações que chegavam à CDF nos anos 1980 e certamente nos anos 1990, de que abusos estavam ocorrendo de forma ampla e sistemática na Igreja. No entanto,

ele nunca se deu ao trabalho de exigir uma investigação adequada, atualizar os antiquados procedimentos da *Crimen* ou fazer qualquer coisa para garantir que os padres molestadores fossem realmente punidos e impedidos de reincidir. Em todos os seus prolixos livros, textos e sermões durante esse período, ele parece nunca ter mencionado os casos de abuso sexual clerical, uma bomba-relógio da qual ele, dentre todos os pesos-pesados do Vaticano, deveria estar ciente e a qual tinha toda a obrigação, como comandante da CDF, de desarmar.

176. Na verdade, ele tomou uma atitude em 2001, mas sua carta apostólica apenas reforçava o sistema, em vez de alterá-lo, e mostrou que ele tinha plena ciência dos milhares de casos de abuso sexual de menores. Ainda assim, ele não fez nada, e, embora seus apoiadores hoje culpem João Paulo II por ter impedido qualquer reforma, a falta de atitude por parte de Ratzinger (o que poderia ter afetado suas chances como possível sucessor de João Paulo II) foi um fracasso moral que permitiu a continuidade dos abusos. Após a eleição como papa, Ratzinger tratou de alguns casos notórios (como o do padre mexicano Maciel), mas apenas "convidando" os padres em questão a se aposentarem ou cumprirem penitência, sem *nunca* destituí-los ou oferecer provas de seus crimes às autoridades civis. Alguns anos depois, em resposta à indignação pública, ele se reuniu com algumas seletas vítimas de abuso nos Estados Unidos, na Austrália e em Malta, e começou a se pronunciar contra esses casos. No entanto, foi só no meio de abril de 2010 (após as primeiras sugestões de que ele poderia ser responsabilizado legalmente) que um texto foi colocado no site do Vaticano, parecendo admitir que os bispos deveriam relatar os casos de pedofilia às autoridades civis (mas apenas em países nos quais existissem leis exigindo essas denúncias). Em julho do mesmo ano ele promulgou as "Novas Normas", que, para a surpresa de muitos, anulava a "orientação" do site ao não mencionar qualquer exigência de que os bispos denunciassem à polícia padres molestadores confessos ou seriamente suspeitos e até ampliava a lista de crimes clericais que a Igreja poderia julgar por conta própria. Poderia Ratzinger ser responsabilizado por falhas de comando

ao longo de trinta anos, durante os quais dezenas de milhares de crianças foram abusadas?

177. Ratzinger encontrou um ferrenho defensor em Alan Dershowitz, que acredita que suas respostas morosas podem ser atribuídas à tradição da Igreja de agir lentamente, assim como ao seu importante compromisso com o sigilo e com o direito canônico, além do respeito ao valor essencial do perdão e de sua crença de que "questões relativas aos fiéis devem em geral ser administradas pela própria Igreja sem recorrer às autoridades seculares".[2] Mas essas são meras desculpas – que mitigam as circunstâncias, talvez, mas não justificam o acobertamento de crimes graves. A ideia de que crimes cometidos por membros do clero deveriam ser julgados com sigilo e brandura pela própria Igreja agora pode ser encarada como um esforço para proteger a reputação da Igreja em detrimento das vítimas e da justiça. Quanto à tradição de agir lentamente e em um ritmo deliberado, vale lembrar que o Vaticano foi avisado sobre essa "bomba-relógio" pelo Paracleto já nos anos 1950 (ver parágrafo 17). Até para uma instituição tão antiga e venerada quanto a Igreja Católica Romana, meio século é tempo mais do que o suficiente para tomar alguma atitude. Eles deveriam ter começado pelos seminários, enfatizando aos seus aspirantes que o direito canônico seria o sistema pelo qual eles seriam julgados pelos seus desvios, mas não pelos seus pecados da carne que pudessem ser qualificados como crimes graves. Gary Wills, o eminente historiador católico, acusa Bento não apenas por sua lentidão, mas também por retroceder:

> O papa Bento quer voltar aos tempos das missas rezadas em latim, com os padres de costas para os fiéis. Ele vem cortando iniciativas ecumênicas, negando mais uma vez a validade das ordens anglicanas, proibindo a celebração da missa com protestantes e declarando (na encíclica *Dominus Iesus*) que todas as outras Igrejas são "gravemente deficientes". Ele quer pôr as freiras de volta em seus antigos lugares e também está trabalhando para canonizar os papas antissemitas Pio XI e Pio XII. Esses sinais revelam as estruturas de uma farsa – do autoengano como o primeiro passo para se desafiar a "sabedoria mundana".[3]

178. A chance de redenção é um ponto-chave para nossa humanidade, e eu também aprecio a crença no perdão da Igreja Católica Romana, que se firmou como uma corajosa oponente à pena de morte, apoiando sentenças mais piedosas. Não estou sugerindo que os padres molestadores deveriam receber longas penas de reclusão ou nem mesmo ser presos – a postura da sociedade em relação aos pedófilos, incitada pela mídia sensacionalista, pode ser brutal e ignorante com pessoas que de fato são capazes de regeneração e dedicaram suas vidas a fazer o bem. (Sei disso porque já defendi algumas delas.) Mas o perdão não pode ser prerrogativa de um bispo. Essa é uma questão que deve ser ponderada por um juiz, levando em conta as famílias das vítimas, o bom caráter e os bons antecedentes do acusado, assim como a autenticidade de seu arrependimento e suas perspectivas de reincidência. A Igreja deveria ser lembrada de que alguns crimes são hediondos demais para serem perdoados – e é por isso que o direito internacional não permite prazos de prescrição para a investigação de crimes contra a humanidade, como genocídio, assassinatos em massa, tortura sistemática e o estupro disseminado de crianças.[4] A Igreja tem o direito de oferecer perdão aos criminosos para a vida eterna, mas não pode conceder nenhum perdão aos seus próprios membros visando apenas seus interesses.

179. Em relação ao sigilo, essa regra não pode afetar confissões informais feitas a colegas, diáconos ou bispos por padres que queiram aliviar seus sentimentos secretos de culpa, mas sem enfrentar as devidas consequências. Isso transformaria esses outros membros da Igreja em cúmplices silenciosos. O bispo Pican foi corretamente sentenciado por ter ficado em silêncio enquanto sabia que novos abusos contra crianças estavam sendo cometidos por seu padre. Quanto à inviolabilidade do confessionário – muitas vezes respeitada pelas leis que exigem as denúncias –, faz-se necessária uma análise mais ampla. A Igreja atribui a origem dessa inviolabilidade ao caso do maligno rei Venceslaus IV, que em 1393 exigiu por ciúme ouvir os segredos confessados por sua mulher e torturou seu confessor para tentar obtê-los, até por fim afogá-lo em um rio quando ele se recusou a falar.

Essa sinistra história não diz muito sobre a mulher, que poderia ter salvado seu padre abrindo mão do sigilo, mas mostra que os penitentes podem se confessar sem medo, sabendo que seu confessor levará seus segredos pecaminosos para o túmulo. Não só adúlteros, mas ladrões de banco e assassinos de aluguel também podem abrir seus corações e receber conselhos e censuras paternais no confessionário, do mesmo jeito que poderiam ter desabafado como clientes para advogados, ou como fontes para jornalistas. Mas há uma diferença crucial – na verdade, diversas diferenças cruciais – quando um padre, um servo da Igreja, confessa a um colega, outro servo da mesma Igreja, que usou seu cargo clerical para estuprar crianças que foram colocadas sob sua supervisão pelos seus próprios paroquianos. Que direito esse confessor tem de tomar a decisão de absolver esse homem? Obviamente, ele entrará em conflito, não só porque o confidente é seu irmão de fé, mas porque ambos fazem parte da mesma Igreja, que terá sua reputação prejudicada caso o segredo seja revelado. Além disso, o pecado criminoso foi cometido com a proteção da Igreja, usando seu poder e seu mistério para atrair ou subjugar a vítima. Por princípio, a Igreja não deveria oferecer confissão ou absolvição aos seus próprios padres nessas circunstâncias, porque estaria se tornando um cúmplice indireto do crime de seu empregado. Isso não explica o que deve ser dito a um padre culpado, mas penitente, que supostamente será absolvido após prometer cumprir penitência e fazer suas orações. Como qualquer "absolvição" nessas circunstâncias pode ser vista como um uso adequado da prerrogativa de misericórdia concedida ao confessor pela virtude do sacrifício de Cristo na cruz?

180. Assim sendo, como devemos entender esse "perdão" concedido pela Igreja aos seus próprios membros, sem prestar contas às vítimas ou à sociedade? Suponhamos que um padre admita no confessionário ter estuprado um garotinho de nove anos na sacristia, alegando estar realmente arrependido, e então recite o Ato de Contrição com toda sinceridade. Qual penitência deveria ser imposta nesse caso?

Hoje em dia, uma penitência pode ser realizar um gesto de bondade a um inimigo todos os dias durante uma semana ou um mês. Pode ser trabalhar em um asilo ou em um hospital por um dia por semana durante um mês. Pode ser contribuir com seu tempo para uma cozinha comunitária [...]. Muitas vezes, a penitência é composta de preces, como rezar o pai-nosso ou a ave-maria cinco ou dez vezes. Seja qual for a penitência, trata-se apenas de um gesto simbólico.[5]

E com certeza é, como uma compensação por molestar crianças. Em seguida, o confessor apenas entoa as palavras da absolvição: "que Deus lhe dê perdão e paz, e eu o absolvo de todos os seus pecados, em nome do pai, do filho e do espírito santo, amém". Mesmo que o padre se regenere, suas vítimas ainda terão que conviver com seus próprios traumas psicológicos. Caso ele não se regenere, o confessor será responsabilizado por seus futuros crimes pela lei, e possivelmente por sua consciência. O direito canônico defende o sigilo total para esse tipo de iniquidade, mas o direito civil adota a máxima legal de que "não há sigilo para iniquidades". É por isso que os psiquiatras do Reino Unido são isentos de suas obrigações de confidencialidade quando acreditam que um de seus clientes pode cometer crimes graves ou reincidir, enquanto nos Estados Unidos eles podem ser processados por não alertar à polícia sobre os planos homicidas de seus pacientes.[6] Portanto, o padre que recebe a confissão de um colega pedófilo não tem nenhuma obrigação legal de se manter em silêncio. Caso ele acredite que esse homem está molestando crianças e que continuará fazendo isso, mas não tome nenhuma atitude, o direito canônico estará se equiparando à *omertà*, o pacto de silêncio imposto pelas leis de gangues criminosas, e não dos cristãos.

181. Por uma questão ética, a Igreja não pode absolver seus próprios criminosos. Ela deveria adotar uma regra para descartar a exigência de sigilo do confessionário quando seus próprios empregados confessam pecados que também são crimes graves. Ou, pelo menos, no caso de empregados que tenham confessado crimes graves cometidos durante, ou por meio de, suas funções clericais. Nesses casos, o confessor certamente tem uma obri-

gação moral de garantir que esse padre pedófilo não moleste mais nenhuma criança, avisando o bispo – de preferência com o consentimento do próprio padre. Caso isso não seja possível, a Igreja (o papa, no caso) deveria autorizar nessas circunstâncias a quebra do sigilo. Não há nenhuma alternativa ética para evitar a cumplicidade nos futuros crimes do pedófilo. Caso contrário, a Igreja estaria oferecendo a esse padre a chance e o poder para reincidir, sabendo (por meio de seu confessor) que novos crimes seriam cometidos. Vamos imaginar o caso de um funcionário que usa os documentos, as correspondências e as instalações de uma empresa para cometer uma fraude contínua contra seus clientes. Ele confessa o crime ao seu chefe, que fica calado e permite que ele continue tendo acesso às instalações da empresa, certo de que ele sucumbirá à tentação de cometer novas fraudes. A empresa e o chefe poderiam ser responsabilizados por grave negligência, auxílio e cumplicidade, e assim por diante. Basta abrir as cortinas do confessionário para que as similaridades fiquem evidentes: dadas as informações passadas aos confessores, que são imputáveis à Igreja, fica claro que essa organização vem perdoando um crime contínuo que ela insiste em facilitar e acobertar. As consequências disso serão exploradas mais a fundo no capítulo seguinte. Para evitá-las, a Igreja deve abandonar a prática de absolver seus próprios criminosos.

182. Os padres que se opõem à reforma estão preocupados com sua vulnerabilidade a falsas acusações. No entanto, ninguém pode ser eximido de investigações em casos de estupro apenas porque uma minúscula proporção dos denunciantes faz acusações falsas. Um padre indevidamente acusado não tem mais a temer do que qualquer outro acusado no nosso sistema de justiça criminal. Aliás, tem até menos, já que as provas oferecidas por crianças (caso o denunciante seja menor) ou por relatos de memória (referente a eventos acontecidos muitos anos antes) são categorias problemáticas para os promotores públicos na ausência de outra forma de corroboração. Claro, caso haja corroboração e o caso vá a julgamento, o acusado será identificado, o que será embaraçoso para o padre e para a Igreja, mas o mesmo acontece

com todos os outros acusados em um sistema público de justiça. Na verdade, pode até ser muito melhor para um padre inocente que uma acusação falsa seja investigada pela polícia e por especialistas forenses desde o início, para que a fraude possa ser comprovada conclusivamente. De qualquer maneira, ninguém espera que um bispo avise à polícia sempre que ouvir um boato ou uma mera suspeita: a exigência de denúncia só deve ser imperativa em casos de alegações plausíveis ou acompanhadas de provas concretas. Assim sendo, o perigo de falsa acusação não é nenhuma desculpa para não se tomar uma atitude quando um mero rumor se transforma em uma suspeita plausível. Deveria haver uma exceção a essa regra em países onde a justiça criminal é confusa ou quando o governo estiver atacando o clero católico e houver motivos para acreditar na possibilidade de perseguição religiosa. No entanto, essas óbvias exceções não descartam a necessidade de uma regra geral exigindo a obrigatoriedade da denúncia. Por outro lado, isso impõe ao Vaticano o ônus de preparar seus próprios grupos de vigia e investigação forense nesses casos especiais para reagir com rapidez em um julgamento adequado e aberto em Roma dos padres que supostamente têm acusações a responder.

183. O defensor mais persistente de Bento é John L. Allen Jr., que se apresenta como um tipo de "correspondente lobista do Vaticano", conhecedor das obscuras políticas da Santa Sé. Ele admite que Ratzinger ignorou ou minimizou os abusos sexuais de menores enquanto comandava a CDF e provavelmente poderia ser culpado por ter oferecido perdão a um pedófilo como o padre Hullermann enquanto era bispo em Munique. No entanto, Allen afirma que Ratzinger passou por uma "experiência transformadora" por volta de 2003 ou 2004, depois de ter estudado os milhares de arquivos relatando abusos sexuais cometidos por sacerdotes enviados a ele em resposta à sua carta apostólica de 2001. Com base nessa leitura, ele teria compreendido a proporção da crise, mas a princípio não pôde fazer nada devido ao "complexo mundo das políticas judiciais do Vaticano", que protegiam até os mais perigosos molestadores de crianças – como

o padre Maciel Degollado, que seguiu intocável graças à sua proximidade com João Paulo II e outras figuras conservadoras e poderosas da Igreja. No entanto, em 2006 – um ano após o início de seu papado –, ele usou seus poderes para forçar o devasso padre Maciel a pelo menos se aposentar. Na prosa anabolizada de Allen, isso mostrava que Bento havia "tomado consciência" e "se transformado em um ferrenho defensor da lei" porque "foi o primeiro papa a se encontrar com vítimas de abuso sexual, a pedir desculpas pessoalmente e em público pela crise e a quebrar a muralha de silêncio do Vaticano".[7] Isso mancha a imagem do precursor de Bento, João Paulo II, embora uma análise mais ponderada mostre que os dois são responsáveis por terem ignorado essa crise, e que o comportamento recente de Bento não pode ser resultado de alguma nobre experiência transformadora, mas sim da desesperada tentativa da Igreja de minimizar o escândalo frente ao enfraquecimento das congregações e das doações.

184. Não é plausível sugerir que o cardeal Ratzinger tenha passado quase um quarto de século no comando da CDF e só tenha tomado ciência dos casos de abuso sexual cometidos por padres no final desse período. A *Crimen* claramente expressa, e reafirma, a exigência de que os bispos alertem a CDF imediatamente ao receberem qualquer suspeita de abuso de menores e voltem a fazer o mesmo caso qualquer tipo de processo de direito canônico seja iniciado.[8] Os bispos têm quase o dever solene de repassar essas informações, "já que elas são da maior importância para o bem comum da Igreja, sendo o descumprimento dessa obrigação um grave pecado" (ou seja, passível de excomunhão).[9] Assim sendo, os bispos devem ter alertado Ratzinger muito antes de 2004, e ele não tomou nenhuma atitude para alterar um sistema que estava protegendo padres criminosos. A grande prova citada por Allen da "transformação" de Ratzinger, ou seja, sua atuação no caso do padre Maciel, não parece ser válida. Em 2006, Bento enviou a Maciel um "convite para levar uma vida reservada de orações e penitência". No entanto, Maciel era polígamo, pederasta, usuário de drogas e pai de vários filhos,

que afirmam terem sido estuprados por ele desde os sete anos. Ele tinha várias amantes e esposas (às quais dizia ser um agente da CIA com pouco tempo para a vida doméstica) e com frequência exigia ser masturbado por garotinhos quando visitava seminários da Legião de Cristo – uma ordem conservadora e misógina fundada por ele mesmo. O Vaticano recebeu testemunhos comprovados de nove de suas vítimas adolescentes em 1998, mas a CDF, sob comando de Ratzinger na época, não fez nada mesmo quando os jornais mexicanos começaram a expor a vida perversa e hipócrita de Maciel.[10] Maciel foi convidado ao Vaticano em 2004 para ser abençoado pelo seu amigo, o papa João Paulo II. Caso realmente tivesse sofrido a transformação citada por Allen, Ratzinger teria tentado impedir esse encontro e, logo após sua eleição em abril de 2005, teria insistido em fazer com que Maciel passasse por um julgamento canônico ou pelo menos fosse destituído. Se realmente tivesse se transformado, Bento teria disponibilizado à polícia mexicana as provas obtidas pelo Vaticano da vida criminosa levada por Maciel. Mas, em vez disso, ele ainda esperou mais um ano até apenas "convidar" esse monstruoso padre a levar uma vida tranquila nos Estados Unidos, longe da atenção da mídia mexicana.

185. A resposta mínima e tardia de Bento ao escândalo do padre Maciel foi típica – ele parece agir apenas quando algo *precisa* ser feito para conter os danos, e sempre faz o mínimo possível. Todas as ações usadas por Allen para sugerir que Bento é um "ferrenho defensor da lei" na verdade o mostram como um verdadeiro investigador trapalhão. Ele pode ter sido o primeiro papa a quebrar a muralha de silêncio do Vaticano, mas apenas quando esse silêncio deixou de ser uma opção devido às evidências que vinham sendo acumuladas desde 2002. É verdade também que ele se encontrou com vítimas de abuso de Boston quando visitou os Estados Unidos, em 2008, mas ele não se encontrou com elas *em* Boston: em uma atitude que muitos descreveram como covarde, ele se recusou a visitar essa cidade que trazia vergonha à Igreja. Ele se reuniu com outras vítimas de abuso em Sydney, ironicamente, no Dia Mundial da Juventude Católica, e em Malta,

mas com vítimas escolhidas a dedo pela Igreja, as quais ainda se mantinham fiéis e tinham sido compensadas ou estavam dispostas a perdoar e esquecer. Allen afirma que a transformação de Bento lhe trouxe uma "determinação de punir os culpados", mas isso não se traduziu em ordens para que todos eles fossem destituídos e denunciados à polícia. Quanto ao fato de ter sido o primeiro papa a "pedir desculpas pessoalmente e em público pela crise", Allen está se referindo à declaração feita por Bento, dizendo "sinto muito por toda a dor e todo o sofrimento causados às vítimas [...] como seu pastor, compartilho de seu sofrimento". Mas que tipo de desculpa é essa? Ela não traz nenhum sinal de autocrítica ou qualquer comentário sobre sua própria responsabilidade ou sobre as falhas dos procedimentos do direito canônico e da CDF. Na Páscoa de 2010, enquanto a crise chegava ao seu auge, Bento anunciou que sua fé o havia levado a "ter a coragem de não se deixar intimidar pelos rumores baratos da opinião pública".[11] Qualquer comandante que ignore provas claras de sérios crimes sexuais cometidos por seus subordinados contra crianças por vê-las como "rumores baratos" deveria ser responsabilizado legalmente por isso.

186. O que mais pode ser dito em defesa de Bento? O porta-voz do Vaticano afirma que é "falso e calunioso" sugerir que Ratzinger acobertou os abusos e seus culpados enquanto comandava a CDF: "ele administrou os casos com sabedoria e coragem". Infelizmente, os casos que vieram a público (como o de Murphy e de Keisle) mostram que ele foi moroso e só agiu quando temia um escândalo. "Como papa, ele destituiu vários padres de seus cargos clericais".[12] Mas quantos seriam esses "vários"? O Vaticano nunca revela nomes ou detalhes, e, a menos que os registros da CDF sejam analisados de forma independente, declarações como essas nunca poderão ser confirmadas. O arcebispo Vincent Nichols, o principal representante católico da Inglaterra, veio a público em defesa dos 24 anos de Ratzinger no comando da CDF, mas quase não conseguiu citar qualquer reforma concreta feita em relação aos casos de abuso sexual de menores, exceto a inclusão de pornografia virtual no código dos

crimes, da ampliação da maioridade dos 16 para os 18 anos e do prazo de prescrição para denúncias de casos de abuso sexual de cinco para dez anos (que agora são vinte). Nichols afirma que Ratzinger instituiu um processo "relâmpago" para a destituição dos padres culpados, mas nada se sabe sobre seu funcionamento graças ao "sigilo pontifício": casos anteriores levavam anos para tramitar e, como foi revelado pela Comissão Murphy no caso de Keisel, apelações injustificadas feitas pelos padres contra a laicização obtiveram sucesso. O Vaticano vetou a política de "tolerância zero" aprovada pelos bispos católicos dos Estados Unidos em 2002, afirmando que "os termos usados na classificação dos abusos eram muito amplos, o que ia contra o código canônico e o direito do acusado de passar por um processo justo".[13] Tempos depois, o Vaticano aprovou uma diluída política de "opção zero", mas apenas para as paróquias dos Estados Unidos. Uma defesa um tanto melhor para Bento seria sua idade – com seus 83 anos, ele estaria velho demais para enfrentar todos os reacionários à sua volta no Vaticano e dar início a uma luta pela reforma. João Paulo II sofreu do mal de Parkinson nos últimos anos de sua vida: uma estratégia das fontes do Vaticano para eximi-lo, tal como Bento, de qualquer culpa tem sido dizer aos jornalistas que João Paulo II teria passado seus últimos anos sob a influência do assistente polonês, o extremamente reacionário e protetor Stanislaw Dziwisz, que ele havia promovido a cardeal e que supostamente teria influenciado sua resistência a qualquer tipo de reforma. No entanto, pontífices responsáveis deveriam renunciar quando se vissem incapazes de cumprir suas funções, e a cúria deveria insistir para que isso acontecesse, e não eleger alguém como Bento, aos 78 anos de idade. Isso revela mais uma vez a necessidade de uma reforma institucional.

187. Não há dúvidas de que o desprezo de Bento pelos padres que molestam crianças é sincero – certa vez ele deixou sua característica circunspeção de lado e os chamou de "escória", mas logo voltou a oferecer-lhes seu perdão (com base na doutrina de que nenhum pecado terreno é indigno do perdão divino). Ele também foi autêntico em suas desculpas quando se encontrou

com as vítimas de abuso, por mais encenados que esses eventos tenham sido. Ele pode de fato até ser favorável à reforma, ao contrário de seu antecessor, cuja tolerância aos molestadores foi um escândalo acobertado, e apesar da ignorância sexual promovida por vários dos cardeais e oficiais veteranos do Vaticano durante o reacionário regime de João Paulo II. Talvez sua idade (83 anos) [completados em 2010, ano da edição original deste livro], o conservadorismo de seus conselheiros ou simplesmente o peso da jurisprudência do direito canônico, que existe há séculos, desde a Inquisição, sejam os fatores que o impeçam de mostrar uma postura mais firme para fazer com que a Igreja desista de administrar os crimes sexuais cometidos por padres e bispos. O teste de fogo veio em julho de 2010, após a aceitação pública da necessidade de tomar alguma atitude e meses de reflexão sobre como proceder. Ratzinger não passou nesse teste. As grandes expectativas criadas sobre a *de gravioribus delictis* foram frustradas: a única mudança foi a extensão para dez anos do prazo de prescrição previsto pelo direito canônico para a "investigação" de casos de abuso sexual contra crianças, mas sem a exigência de qualquer transparência e sem nenhuma menção à necessidade de que esses casos sejam sempre relatados às autoridades policiais. Bento provou ser um papa incapaz de tomar as atitudes de peso necessárias para salvar sua Igreja das consequências de criar e usar suas próprias leis.

188. Não há problema em se pedir perdão a Deus, como Bento fez ao se pronunciar perante quinze mil padres na Praça de São Pedro, em 12 de junho de 2010, embora ele só estivesse pedindo perdão por seus pecados, sem entender que aquilo que alguns daqueles homens haviam cometido eram crimes. Em seguida, ele pediu perdão para si mesmo, e também para seus bispos e padres desviados, mas sem explicar para qual pecado ou delito ele mesmo estava buscando redenção. A menos que uma ação civil derrube a imunidade reivindicada pela Santa Sé, seja constatando que o Vaticano na verdade não é um Estado ou permitindo que esse Estado seja responsabilizado indiretamente pelos seus agentes ou pela sua negligência ao supervisioná-los, nenhum tribunal

poderá exigir a abertura dos arquivos da CDF para confirmar a extensão de seus erros. Caso deseje ser perdoado, o próprio papa deveria criar uma comissão de inquérito para examinar os arquivos da CDF e prestar contas sobre tudo o que foi – ou deixou de ser – feito durante seu comando. Afinal, foi durante esse período que dezenas de milhares de crianças foram enfeitiçadas, abusadas e molestadas por padres católicos enquanto Ratzinger concentrava sua atenção em questões como a "perversidade" dos homossexuais, os males do divórcio, os desviantes teólogos da libertação, o planejamento familiar e o uso de preservativos. Enquanto esse homem falível não admitir seus erros e abolir o direito canônico como um substituto para o direito penal, não há nenhuma garantia de que ele – ou seu sucessor – irá aprender com esses equívocos.

9. CRIMES CONTRA A HUMANIDADE

"Crimes contra a humanidade [...] só podem ser analisados perante este código básico legal porque o Estado envolvido, devido à sua indiferença, impotência ou cumplicidade, foi incapaz, ou se recusou a evitar esses crimes e a punir os culpados."

Tribunal de Nuremberg[1]

189. Se a Santa Sé de fato é um Estado, então o papa, como um chefe de Estado, é imune a processos ou ações civis perante o direito de qualquer nação que ele possa vir a visitar, e a Santa Sé também pode se eximir da maioria (mas não de todas – ver Capítulo 10) das acusações civis. No entanto, uma legislação com tentáculos longos o bastante para chegar ao papa é o direito penal internacional, mais especificamente a lei de crimes contra a humanidade. Esses crimes fazem parte do direito consuetudinário e, em uma definição um tanto mais restrita, ficam sob a jurisdição do Tribunal Penal Internacional (TPI) quando cometidos ou continuados após julho de 2002, data da criação do tribunal. O Artigo 27 de seu estatuto declara a irrelevância dos cargos oficiais, abolindo a imunidade de Estado para presidentes e primeiros-ministros – e também pontífices.

(1) O presente Estatuto será aplicável de forma igual a todas as pessoas, sem distinção alguma baseada na qualidade oficial. Em particular, a qualidade oficial de chefe de Estado ou de governo, de membro de governo ou do parlamento, de representante eleito ou de funcionário público em caso algum eximirá a pessoa em causa de responsabilidade criminal nos termos do presente Estatuto, nem constituirá de *per se* motivo de redução da pena.
(2) As imunidades ou normas de procedimento especiais decorrentes da qualidade oficial de uma pessoa, nos termos do direito interno ou do direito internacional, não deverão obstar a que o Tribunal exerça a sua jurisdição sobre essa pessoa.

190. Embora tenha participado da conferência que preparou o esboço do tratado do TPI, e João Paulo II até tenha doado modestos US$ 3 mil ao seu fundo para vítimas, a Santa Sé se recusou a se juntar aos 111 outros Estados que já ratificaram o acordo, talvez por receio de que isso pudesse dar ao tribunal jurisdição sobre o papa. Isso levou alguns acadêmicos a concluírem que Bento XVI estaria a salvo, uma vez que, além dos Estados participantes, só o Conselho de Segurança pode enviar um caso ao tribunal, e apenas quando a situação afetar a paz e a segurança internacionais, como a limpeza étnica promovida por Milosevic no Kosovo ou a guerra encampada por Bashir em Darfur; no entanto, o abuso sexual de menores não se encaixa nessa categoria. Às vezes, os acadêmicos conseguem ignorar o que é muito óbvio, e um fato muito óbvio sobre Bento é que Joseph Ratzinger é alemão[2], e que a Alemanha ratificou o Estatuto de Roma (o Tratado do TPI) no dia 11 de dezembro de 2000. Segundo o Artigo 12, o TPI pode exercer sua jurisdição sobre os cidadãos de um Estado participante; portanto, Bento está, pelo menos potencialmente, ao seu alcance. O papa e seus oficiais também poderiam ser responsabilizados caso sua conivência em um crime internacional tivesse atravessado as fronteiras da Santa Sé por meio de bagagens diplomáticas, instruções por e-mail ou diretivas em latim emitidas pelo papa ou pela CDF aos seus bispos ou núncios em países que ratificaram a convenção – Alemanha, Irlanda e Austrália, por exemplo. Nesses casos, a corte também teria, segundo o Artigo 12 do Estatuto de Roma, jurisdição para processá-los. Claro, eles estariam a salvo de mandados de prisão internacionais caso ficassem no Vaticano. No entanto, eles não poderiam deixar suas fronteiras para ir a um hospital em Roma, por exemplo, e o Vaticano não tem nenhum campo aéreo do qual seria possível decolar em busca de tratamento em algum outro país não participante (a menos que o helicóptero do papa consiga chegar à Líbia).

191. Para analisar a questão de se é possível ou não e em que circunstâncias o abuso sexual sistemático de menores pode configurar um crime contra o direito internacional, será preciso antes exa-

minar o TPI – um tribunal penal internacional que está em plena atividade, mas tem algumas limitações estatutárias, incluindo uma (o argumento dos "elementos do crime") que poderia eximir o Vaticano. No entanto, isso não é um problema para o direito consuetudinário internacional, que pode ser invocado (para a questão da imunidade) em tribunais internacionais que tenham jurisdição universal sobre crimes contra a humanidade. Em relação ao TPI, a primeira questão seria concluir se um processo contra os oficiais do Vaticano seria ou não admissível. Como só deve ser usado como último recurso, o TPI recebe apenas casos que os Estados tenham se recusado a investigar ou processar devidamente. Caso o papa se esconda no Vaticano, esse problema estaria resolvido, afinal o rei da Cidade do Vaticano nunca processaria a si mesmo. O caso também precisa ser "grave o suficiente" para ser aceito, e o abuso sexual clerical, apesar de hediondo, não é equivalente a assassinatos em massa. No entanto, dada a sua escala e seu impacto sobre as vítimas, e especialmente graças à recusa do Vaticano em abandonar o direito canônico e a entregar seus padres às autoridades civis, esse critério também poderia ser atendido. Uma regra muito mais complicada para a aceitação de um caso pelo TPI é a de que a violação deve ter sido cometida após julho de 2002 (quando o TPI foi criado, com sessenta ratificações de seu tratado). Certamente existem provas de que o Vaticano continuou fazendo vista grossa para os casos de abuso sexual após essa data, e de que insistiu até 2010 em não exigir que os criminosos fossem denunciados às autoridades legais, mas grande parte das provas de sua negligência vem dos anos 1980 e 1990.

192. Talvez pareça estranho pensar que o papa – por definição, um homem de paz – possa ser processado por um crime em geral associado à guerra. Quando sugeri pela primeira vez que isso não seria inconcebível, alguns críticos, incluindo o advogado do papa nos Estados Unidos, caíram na armadilha de afirmar que os crimes contra a humanidade só podem ser cometidos durante uma guerra. Isso é um equívoco. Os "crimes contra a humanidade" foram definidos pela primeira vez no Artigo 6º(c)

da Carta de Nuremberg, incluindo atos desumanos contra uma população civil "antes ou durante uma guerra". A ideia de que um crime desse tipo não poderia ser cometido em tempos de paz foi rejeitada especificamente pela corte de apelação do Tribunal Penal Internacional para a ex-Iugoslávia (TPII), um tribunal da ONU responsável por crimes contra a humanidade e crimes de guerra nos Bálcãs, no caso Tadic:

> Atualmente, é consenso para o direito consuetudinário internacional que os crimes contra a humanidade não exigem nenhuma ligação a um conflito armado internacional [...] [o direito internacional] não precisa exigir uma conexão entre os crimes contra a humanidade e qualquer tipo de conflito.[3]

193. Essa questão foi esclarecida especificamente na Conferência de Roma, em 1998, que definiu o tratado do TPI, na qual uma proposta para ligar os crimes contra a humanidade a conflitos armados internacionais foi decisivamente rejeitada até com certo desdém por todas as grandes potências, menos a China. Os registros mostram o delegado dos Estados Unidos declarando que "caso situações ocorridas em tempos de paz não fossem incluídas, o tribunal perderia sua jurisdição sobre muitos dos crimes dos quais deveria tratar"[4], com o que as delegações russas, canadenses, israelenses, francesas e australianas concordaram. Em nome do Reino Unido, Elizabeth Wilmhurst (que depois renunciaria ao Ministério das Relações Exteriores pela ilegalidade da invasão do Iraque) declarou que, como questões do direito consuetudinário internacional, os crimes contra a humanidade poderiam ser cometidos em tempos de paz. Portanto, não há nada no estatuto do TPI definindo que esses crimes só podem ser cometidos durante guerras ou limitando a jurisdição do TPI aos crimes cometidos durante conflitos armados. Como exemplo disso, a câmara de pré-julgamento do TPI decidiu em 2010 que o promotor poderia continuar suas investigações sobre crimes contra a humanidade cometidos durante a violência eleitoral no Quênia, por mais que não houvesse nenhum "conflito armado" na época.[5]

194. A questão seguinte – e muito relevante – é definir se as bases factuais da alegação – o *actus reus* – se encaixam na definição de um "crime contra a humanidade". É possível afirmar com certa confiança que o abuso sexual de crianças é coberto implicitamente pelo Artigo 7º do estatuto do TPI. O texto inclui entre os "crimes contra a humanidade" casos de "estupro", "escravidão sexual" e "qualquer outra forma de violência sexual igualmente grave"[6], além de "outros atos desumanos de caráter similar que causem intencionalmente grande sofrimento ou uma grave violência ao corpo ou à saúde mental ou física do indivíduo".[7] Existem provas de que o abuso sexual clerical provoca graves danos à saúde mental e chega até a causar tormentos psicológicos: trata-se de um crime cometido por padres e oficiais de Igreja no cumprimento de seus deveres fiduciários, muitas vezes contra crianças muito jovens e muito vulneráveis (por exemplo, em orfanatos e escolas para surdos ou crianças com outras deficiências). Tribunais internacionais já declararam que o recrutamento de crianças para atuarem como soldados e, mais especificamente, o recrutamento de meninas para serem usadas como "mulheres de conforto" ou escravas sexuais configuram um crime contra a humanidade, assim como forçar membros de um grupo a se casarem contra a sua vontade.[8] Assim sendo, abusos sexuais cometidos por clérigos de maneira "ampla e sistemática" contra crianças podem ser classificados como um crime contra a humanidade. E como tal, nas palavras do memorando explicativo do TPI, essas seriam *"violações particularmente hediondas por configurarem um grave ataque à dignidade humana, ou uma grave humilhação, ou a degradação de um ou mais seres humanos. Não se trata de eventos isolados ou esporádicos, mas sim da prática disseminada de atrocidades toleradas ou perdoadas por um governo ou uma autoridade efetiva"*.

195. Nos países onde foram estudados mais a fundo, os casos de abuso sexual clerical não foram fatos "isolados" ou "esporádicos". Pelo contrário, a Comissão Murphy chegou a descrevê-los como "endêmicos" nas instituições católicas de ensino para garotos na Irlanda. Além disso, ações coletivas até o momento já

acumulam indenizações de quase US$ 1,6 bilhão para mais de 10 mil vítimas só nos Estados Unidos, onde o estudo de John Jay estimou em um cálculo conservador a existência de mais de 4 mil padres culpados. Padrões similares foram encontrados em países como Alemanha, Malta, Austrália e Canadá. Trata-se de uma atividade criminosa disseminada e sistemática, e existem provas concretas de que os culpados foram acolhidos e receberam ajuda para escapar da justiça por meio de regras endossadas por diversos papas e prefeitos da CDF. No entanto, é possível dizer que esses casos de abuso configuram um ataque a uma população civil? Por "ataque a uma população civil" entende-se *"qualquer conduta que envolva a prática múltipla de atos referidos no parágrafo 1º* [ou seja, estupros, abusos de menores etc.] *contra uma população civil, de acordo com a política de um Estado ou de uma organização de praticar esses atos ou tendo em vista a prossecução dessa política"* (Artigo 7º(2)(a)). Nesse ponto, o papa teria várias estratégias de defesa, alegando que:

(1) as vítimas não foram atacadas como parte de uma "população civil";
(2) ele não tinha nenhuma intenção de que qualquer criança fosse molestada; ou
(3) não havia nenhuma "política" da Santa Sé visando cometer esses abusos.

196. A primeira defesa não se sustenta – todas as vítimas eram civis vulneráveis, e o critério de um "ataque a uma população civil" já foi interpretado de forma ampla o bastante para incluir, por exemplo, ataques contra pacientes em hospitais civis, ou nos casos onde mulheres em algumas áreas de Serra Leoa foram forçadas a se casarem com soldados. O TPII já determinou que o critério de "ataque" não se limita ao uso de forças armadas e "engloba quaisquer maus-tratos à população civil".[9]

197. Uma segunda defesa mais relevante seria a alegação de que o papa não tinha o elemento mental necessário – o *mens rea* – para ser culpado pelos disseminados crimes de seus sacerdotes pedófilos porque durante seus 24 anos como prefeito da CDF ele nunca teve nenhuma intenção de que qualquer criança fos-

se atacada. Ninguém poderia duvidar dessa afirmação, mas seria isso o bastante para eximir Joseph Ratzinger de ser responsabilizado criminalmente caso fosse acusado de auxílio e cumplicidade nos sistemáticos casos de abuso sexual de menores cometidos no mundo todo? A resposta dependeria das provas, porque a doutrina do direito internacional sobre a "responsabilidade de comando" prevê a responsabilização de um superior (como líderes políticos ou militares, papas, presidentes e primeiros-ministros) pelos crimes internacionais de seus subalternos, ainda que ele não estivesse especificamente ciente de que esses crimes estavam sendo cometidos. Isso também é válido mesmo nos casos nos quais o superior se opôs a esses crimes, mas foi negligente em sua supervisão, ou não fez nada quando tomou conhecimento dos crimes para puni-los ou denunciá-los à polícia ou a outras "autoridades competentes" para serem investigados, julgados e punidos.

198. O princípio da responsabilidade de comando teve sua formulação clássica definida pela Suprema Corte dos Estados Unidos em um caso envolvendo o general Yamashita, um oficial japonês cujas tropas devastaram as Filipinas em sua ausência no final da guerra. À apelação de que ele estava a centenas de quilômetros do local dos crimes e, como um homem honrado, não tinha a mínima intenção de que eles fossem cometidos e na verdade estava indignado por todos os estupros e outras atrocidades cometidas por seus soldados, a corte respondeu que:

> Uma pessoa em uma posição de autoridade superior deve ser responsabilizada individualmente por ordens ilegítimas para que um crime seja cometido. Da mesma forma, ela também deve ser responsabilizada pelas atitudes de seus subordinados, caso tenha tido conhecimento de que eles haviam cometido ou estavam prestes a cometer crimes, sem então tomar as medidas necessárias e aceitáveis para impedir esses atos ou para punir aqueles que os cometeram.[10]

199. Essa regra pode parecer rígida, mas é uma concomitante necessária do poder: aqueles que buscam e obtêm o poder sobre as vidas de outros indivíduos devem ser responsabilizados quando seus subalternos cometem violações, caso esses líderes tenham

sido negligentes em sua supervisão ou deixado de investigar e punir os culpados. Uma demonstração do princípio da responsabilidade de comando pode ser encontrada na condenação dos líderes da Alemanha Oriental, Erich Honecker e Egon Krenz, comandantes de forças policiais que incentivavam os guardas de fronteira a matar civis que tentassem escapar pulando o Muro de Berlim: esses superiores garantiam que os guardas nunca fossem punidos por atirar para matar (Honecker acabou morrendo de câncer antes de ser julgado, mas Krenz foi condenado a seis anos de prisão como cúmplice de homicídio). O princípio da responsabilidade de comando para superiores não militares, como o papa (o critério para comandantes militares é mais rigoroso), recebeu a seguinte definição pelo Artigo 28(b) do estatuto do TPI:

RESPONSABILIDADES DE COMANDANTES E OUTROS SUPERIORES
Artigo 28(b) [...] *um superior hierárquico será criminalmente responsável* pelos crimes da competência do Tribunal que tiverem sido cometidos por *subordinados sob a sua autoridade* e controle efetivos, pelo fato de não ter *exercido um controle apropriado sobre esses subordinados*, quando:
i) o superior hierárquico *teve conhecimento ou deliberadamente não levou em consideração a informação* que indicava claramente que os subordinados estavam a cometer ou se preparavam para cometer esses crimes;
ii) os crimes estavam relacionados com *atividades sob a sua responsabilidade* e controle efetivos; e
iii) o superior hierárquico *não adotou todas as medidas necessárias e adequadas* ao seu alcance para prevenir ou reprimir a sua prática ou para *levar o assunto ao conhecimento das autoridades competentes, para efeitos de inquérito e procedimento criminal.*

200. É de acordo o Artigo 28(b)(iii) que qualquer processo por grave negligência face aos abusos sexuais clericais deve ser considerado. Não há dúvidas de que, durante seu tempo como prefeito da CDF, Joseph Ratzinger tinha responsabilidade de comando pelas decisões do órgão da Santa Sé encarregado segundo o direito canônico de supervisionar (e depois de 2001, de dirigir) a forma

como as acusações de abusos sexuais clericais eram administradas. Os abusos foram amplos e sistemáticos, pelo menos nos Estados Unidos, na Irlanda, na Austrália e em partes da Europa, lugares nos quais foram devidamente investigados. (É plausível supor que a situação tenha sido ainda pior em países do terceiro mundo, onde nenhuma investigação adequada ainda foi feita – ver parágrafo 37.) É provável que o cardeal Ratzinger soubesse da escala dessa situação, já que os bispos eram obrigados pela *Crimen* a relatar todos os casos à CDF. Ele era o responsável pelo sistema que processava essas alegações em sigilo absoluto, sem alertar as autoridades policiais de cada país. Ele devia estar ciente do tráfego de padres pedófilos, já que a CDF autorizou essas transferências em vários casos. No entanto, o que ele realmente sabia ou propositalmente ignorou só pode ser revelado com uma investigação dos "arquivos secretos" do Vaticano, que, segundo os mapas turísticos, estão localizados logo ao lado da Capela Sistina, embora na verdade provavelmente fiquem nos escritórios da cúria, em Roma. (Para tanto, seria necessário derrubar a imunidade da Santa Sé, uma vez que o Vaticano não permite acesso aos documentos papais desde 1939.)

201. O princípio da responsabilidade de comando foi explorado a fundo em uma série de julgamentos criminais internacionais, mas no contexto da liderança militar hierárquica. Nesses casos, a acusação não precisa provar que a falta de atitude do superior *causou* futuros crimes. Como o professor Cassesse explica em seu respeitado livro sobre direito penal internacional,

> Um superior viola seu *dever de denunciar* às autoridades competentes crimes cometidos por seus subordinados. O superior está ciente de que um crime foi cometido, mas não alerta imediatamente o órgão responsável por investigar ou processar esse crime. Nesse caso, o superior pode ser punido pelo crime específico de não ter feito essa denúncia. Trata-se de um crime totalmente diferente daquele cometido pelos seus subordinados: o superior será responsabilizado caso, ao tomar conhecimento dos crimes de seus subordinados, de maneira deliberada ou por negligência culpável não alerte as autoridades competentes para punir os culpados. Nesse caso, a conduta do superior pode não ter sido a causa, ou não ter contribuído para a causa, do crime.[11]

202. Em resumo, os superiores em posição de autoridade – *a fortiori* um chefe de Estado – são legalmente obrigados a responsabilizar criminalmente seus subordinados, e isso não é atendido ao responsabilizá-los apenas perante um sistema disciplinar eclesiástico que não oferece qualquer "punição" no sentido mais comum da palavra. Um bispo não pode ser considerado uma "autoridade competente" para os propósitos do Artigo 28(b)(iii) porque o direito canônico não lhe concede nenhum poder estatuário para investigar ou para punir os culpados com qualquer medida além de orações e penitências. Quanto à exigência de ter "conhecimento", a Igreja sabia que seus padres (os "subordinados") cometiam ou eram propensos a cometer abusos sexuais contra menores – e ignorar os alertas à CDF não é nenhuma desculpa, porque isso seria "ignorar deliberadamente" essa informação. Fica claro com base na jurisprudência que a responsabilidade de comando surge quando o superior recebe "informações de uma natureza geral" de que crimes foram perpetrados ou poderiam ser cometidos – para ser responsabilizado, ele não precisa saber dos detalhes específicos dos crimes ou dos criminosos (comandantes já foram responsabilizados pelas ações de tropas que eles sabiam conter pessoas mentalmente instáveis ou com propensão ao alcoolismo, por exemplo.[12]) O papa e o prefeito da CDF têm total responsabilidade pela conduta dos padres, e a questão levantada pelo Artigo 28(b)(iii) é se eles falharam ou não em seu dever de "tomar todas as medidas necessárias e adequadas ao seu alcance para prevenir ou reprimir" os casos de abuso sexual de menores, ou para deixar claro que os bispos deveriam "levar o assunto ao conhecimento das autoridades competentes, para efeitos de inquérito e procedimento criminal". Nesse caso, claramente, Joseph Ratzinger teria uma acusação a responder, tanto como prefeito da CDF (1981-2005) e depois como um papa que ainda – como visto pelas "Novas Normas" de julho de 2010 – se recusa a impor uma regra para que esses crimes sempre sejam denunciados à polícia.

203. É preciso dizer – como já foi dito por tribunais que condenaram líderes militares pelo princípio da responsabilidade de comando – que a sentença deve ser moderada e piedosa quando o

comandante não compartilha das cruéis intenções do criminoso e na verdade até abomina seu crime. A motivação que deve ser provada pelo promotor é que, por meio de uma grosseira ou séria negligência, o superior ignorou informações cujo conhecimento o deixariam na obrigação moral de tomar alguma atitude. A questão no caso hipotético do papa é se ele deveria estar ciente dos crimes de seus subordinados, ou então, caso ele de fato tenha sido alertado sobre esses crimes, se ele deveria ter percebido que era sensato e necessário, para cessar os abusos e impedir novos casos, abandonar o "sigilo pontifício" e exigir que seus bispos alertassem a polícia em vez de apenas "advertir" ou "realocar" os criminosos em outras paróquias, ou enviá-los para fazer terapia que eles sabiam raras vezes trazer qualquer resultado. A motivação necessária para se cometer o crime de não "levar o assunto ao conhecimento das autoridades competentes, para efeitos de inquérito e procedimento criminal" pode variar desde uma cegueira proposital até a violência com base em alguma crença de que o direito canônico é melhor e mais clemente do que o direito penal, ou de que, como a Santa Sé é um Estado, seus servos não devem receber outras punições além das penitências espirituais previstas em seu próprio código.

204. Neste ponto, alguém disposto a processar o papa por um crime contra a humanidade com base no Estatuto de Roma encontra um grande problema. A definição estatuária – que em geral reflete as definições para esses crimes de acordo com o direito consuetudinário internacional – foi alterada por Estados membros pouco após a criação do tribunal. Eles endossaram um extenso estatuto chamado *Elementos constitutivos dos crimes*, que visava explicar a exigência feita pelo Artigo 7º(2)(a) de que o ataque a civis deve acontecer "*de acordo com a política de um Estado ou de uma organização de praticar esses atos ou tendo em vista a prossecução dessa política*". Embora deixe claro que esse ataque não precisa ser militar, o texto afirma que o Estado ou organização deve "promover ou incentivar ativamente esse ataque contra a população civil".[13] Não é possível sugerir a existência de uma postura *ativa* por parte do papa ou da CDF para incentivar os

abusos sexuais, por mais que o direito canônico seja incapaz de contê-los e por mais que todos devessem estar cientes de que "realocar" os padres pedófilos significava dar carta branca para a reincidência. No entanto, como essa definição pode ser consistente com a responsabilidade de comando descrita pelo Artigo 28? A verdade é que os dois textos não são coerentes. Assim sendo, aqueles que prepararam o estatuto *Elementos constitutivos dos crimes* criaram uma versão diluída do Artigo 28(b) para esses casos. O texto diz que uma política pode, em circunstâncias excepcionais, ser criada por uma recusa deliberada a agir, visando incentivar conscientemente o ataque. A existência dessa política não pode ser inferida apenas pela falta de qualquer atuação por parte do governo ou da organização.[14]

205. Os diplomatas que prepararam essa parte do texto *Elementos constitutivos dos crimes*, adotado pelos sessenta Estados originais que ratificaram o estatuto do TPI em setembro de 2002, praticamente poderiam estar com o caso do papa em mente: essa versão diluída parece ter sido feita sob medida para eximi-lo de sua responsabilidade de comando, porque é difícil caracterizar sua falta de atitude como uma postura "visando incentivar conscientemente" os abusos. A criação do estatuto *Elementos constitutivos dos crimes* na verdade foi uma iniciativa dos Estados Unidos, em uma época (antes do governo Bush) na qual o país apoiava com toda firmeza o TPI. Assim sendo, a diluição do princípio da responsabilidade de comando foi mais motivada por uma preocupação em proteger pessoas como Richard Nixon ou Henry Kissinger do que o papa, e foi apoiada especialmente pela Turquia e por outros países preocupados em evitar a responsabilização de seus líderes militares que não contiveram suas forças ao atacar seus insurgentes. No entanto, o documento de cinquenta páginas dos *Elementos constitutivos dos crimes*, adotado pela conferência preparatória do TPI em junho de 2000 e endossado pela Assembleia dos Estados membros em setembro de 2002, agora é uma "fonte de referência" que o tribunal deve aplicar. Por outro lado, a aplicação desse texto deve vir *depois* do próprio estatuto do TPI, que se sobrepõe a todas as

outras fontes. Assim sendo, os *Elementos* apenas "auxiliarão o Tribunal a interpretar e a aplicar" as classificações estatuárias de um crime contra a humanidade (Estatuto do TPI, Artigo 9º). Segundo o Artigo 9º(3), os *Elementos* "deverão ser compatíveis com as disposições" do estatuto principal, mas seus termos são claramente inconsistentes com a definição estatuária de "responsabilidade de comando" descrita no Artigo 28[15], assim como com o princípio mais amplo do direito consuetudinário internacional, usado no caso Yamashita.

206. Essa questão séria e não resolvida precisa de uma definição, especialmente porque a versão diluída não tem lugar no direito consuetudinário. O Artigo 15 do estatuto do TPI oferece os meios para isso. As vítimas de abuso sexual ou uma ONG só precisariam fornecer informações ao promotor do TPI que ele considerasse concretas o bastante para exigir uma investigação sobre o Vaticano. Ele primeiro enviaria a questão a uma câmara de pré-julgamento composta de três juízes com um pedido para autorizá-lo a iniciar um inquérito formal. Nesses procedimentos preliminares, nos quais as vítimas teriam direito de fazer representações, seria decidido se esse caso entraria ou não na jurisdição do TPI – ou seja, se os disseminados casos de abusos sexuais cometidos por padres católicos sob a supervisão do Vaticano poderiam ser classificados como um "ataque à população civil" para os propósitos dos artigos 7º e 28 do estatuto do TPI, independentemente da definição mais restrita dos *Elementos constitutivos dos crimes*. Na verdade, o crucial seria concluir se essa definição satisfaz a exigência do Artigo 9º(3) para ser compatível com os artigos 7º e 28 do estatuto do TPI. Há ainda outras cláusulas nos artigos 18 e 19 permitindo que a câmara de pré-julgamento tome decisões judiciais preliminares antes que haja qualquer acusação.

207. Em um estágio preliminar, o Vaticano poderia contestar a jurisdição do tribunal e as vítimas também poderiam fazer novas alegações, assim como outros Estados membros, em especial a Alemanha, país natal do papa, que (já que o TPI só deve ser acionado como um último recurso) poderia tornar o caso des-

necessário, mostrando que suas próprias autoridades policiais já haviam começado uma investigação genuína para descobrir se seu cidadão teria sido cúmplice no acobertamento dos abusos cometidos no mundo todo por padres católicos. A decisão inicial sobre a jurisdição do TPI sobre o caso seria tomada pelo promotor do tribunal, Luis Moreno Ocampo, que tem uma experiência considerável com o assunto por já ter defendido padres pedófilos na Argentina, seu país natal, e provavelmente faria a escolha sensata de levar a questão adiante. Esse caso poderia ser usado para estabelecer precedentes, esclarecendo o significado da "política de Estado" exigida pela definição de um crime contra a humanidade e sua relação com o princípio da responsabilidade de comando. No entanto, é preciso admitir que o TPI ainda é recente (seu primeiro processo iniciado está suspenso, e seu julgamento ainda não foi concluído) e é afetado por pressões políticas adversas (em especial de países africanos enfurecidos com o mandado de prisão emitido contra o presidente Bashir), o que poderia resultar em certa resistência para abrir um processo contra o pontífice – ainda que isso servisse para mostrar que o TPI não se concentra apenas em líderes africanos.

208. Uma alternativa para evitar os problemas dos *Elementos constitutivos dos crimes* no TPI seria instaurar o processo em um país onde os tribunais aceitassem uma "jurisdição universal" para julgar crimes contra a humanidade. Confusamente, qualquer processo desse tipo deveria seguir não o Estatuto de Roma, mas sim o direito consuetudinário internacional, que tem a vantagem de não exigir que o ataque tenha ocorrido de acordo com uma "política" de um Estado ou de uma organização[16], e de não ter a restrição prevista pelos *Elementos* de que o Estado deve "promover ou incentivar ativamente" o ataque. Pelo direito consuetudinário, o promotor só precisa provar que "a prática [isto é, o abuso sexual de menores cometido por padres de forma disseminada e sistemática] foi aceita ou tolerada, ou consentida pelo Estado ou pela organização"[17], o que de fato está mais próximo da acusação que poderia ser feita contra o Vaticano

e a CDF. A acusação seria de auxiliar e atuar como cúmplice em um crime contra a humanidade, exigindo silêncio perpétuo das vítimas e usando os processos do direito canônico que não ofereciam qualquer punição, e ainda trabalhando para dar assistência, incentivar e oferecer apoio moral a padres pedófilos incorrigíveis.

209. Se o papa é chefe de um Estado, a possibilidade de processá-lo fora de um tribunal da ONU foi gravemente restringida pela Corte Internacional de Justiça em sua decisão no caso "República Democrática do Congo contra Bélgica".[18] O tribunal concluiu que um ministro do Exterior (e *a fortiori* um chefe de Estado) deve gozar de imunidade em todos os lugares por ele visitados para realizar suas funções. (Esse raciocínio só protegeria o papa em uma "visita oficial", e não em visitas feitas como o líder da Igreja apenas por motivos religiosos, como no evento do Dia Mundial da Juventude Católica.) Por outro lado, se a Santa Sé não é um Estado, seu líder poderia ser julgado por um tribunal com jurisdição universal em um país ao entrar em seu território, seja em uma visita papal ou como resultado da execução de um mandado de prisão internacional, que um promotor nacional poderia pedir junto à Interpol, ou então um mandado de prisão europeu, que seria ainda mais eficiente. Uma consequência desse tipo de processo seria a exigência de uma decisão judicial para definir se a Santa Sé é ou não um Estado. Se esse processo fosse instaurado em um país europeu, essa decisão poderia vir em última instância do Tribunal Europeu de Direitos Humanos.[19] Qualquer ação desse tipo seria tratada de acordo com o direito consuetudinário internacional, e não com o Estatuto de Roma do TPI, podendo então tratar de fatos ocorridos antes de julho de 2002.

210. Um lugar apropriado para se iniciar essa ação poderia ser a Bélgica, onde um inquérito policial supervisionado por um magistrado de investigação já está analisando o alto nível de cumplicidade da Igreja com os abusos sexuais de menores. Em junho de 2010, a polícia chegou a prender por um dia os nove bispos católicos do país e seu núncio papal, enquanto apreendia alguns

computadores da Igreja e 475 registros de casos preparados por uma comissão formada pela Igreja que havia cessado suas investigações.[20] Caso as autoridades policiais belgas desejem levar adiante essa investigação criminal, um passo lógico seria ir além dos bispos e examinar a responsabilidade do Vaticano. O papa deve estar preparado para apresentar os documentos dos arquivos secretos do Vaticano que poderiam ser relevantes para a investigação do promotor e que na verdade poderiam até amenizar sua culpa, caso esses arquivos mostrassem, por exemplo, sua preocupação nos bastidores em fazer tudo ao seu alcance para confrontar o problema. Caso ele se recuse a apresentar esse material relevante, como é mais provável, a emissão de um mandado europeu de obtenção de provas por um tribunal belga para a investigação dos arquivos da CDF (provavelmente localizados no Vaticano e nos escritórios da CDF, em Roma) suscitaria uma série de questões legais importantes sobre os deveres da Itália perante o Conselho Europeu e sobre a condição de Estado do Vaticano, na hipótese de os arquivos da CDF serem transferidos às pressas para os arquivos secretos do Vaticano ao lado da Capela Sistina.

211. Essas hipóteses de uma ação na Europa contra a Santa Sé, e até mesmo contra o papa, podem parecer distantes. No entanto, o Tribunal Europeu de Direitos Humanos já se recusou a permitir que o direito internacional fosse atravancado pelos acordos feitos nos anos 1920 por Mussolini. Uma lei dessa época, que exigia a colocação de um crucifixo em todas as escolas estaduais da Itália, foi classificada, oitenta anos depois, como uma interferência ilegítima no direito dos pais de educarem seus filhos para respeitarem outras crenças além da católica romana. Uma tentativa de justificar essa lei com base no papel da religião católica na história e na tradição da Itália foi firmemente rejeitada – os pais e as crianças deveriam ter o direito de seguir outras religiões ou até mesmo nenhuma.[21] O tribunal europeu também já condenou cláusulas da concordata de 1929 que eram usadas na Itália para permitir que os tribunais do Vaticano anulassem casamentos a pedido do marido sem que a esposa fosse notificada

ou tivesse direito a um advogado. O tribunal já declarou que o direito canônico viola a garantia da Convenção Europeia de um julgamento justo.[22] Há um poderoso consenso nos países que adotam o *common law* de que o direito canônico da Igreja Católica Romana é alheio às leis desses países e não tem lugar em seu território: é preciso que haja provas oferecidas por especialistas por meio de uma das partes para que o tribunal possa levá-lo em conta.[23] Pelo menos em um país, os Estados Unidos, a constituição (que impede a existência de qualquer religião oficial) já proibiu o gasto do dinheiro público com visitas papais[24], muito diferente do Reino Unido, onde os contribuintes anglicanos, judeus, muçulmanos e ateus são forçados a pagar parte dessas visitas. Na França, um bispo já foi punido por abrigar um padre pedófilo sem avisar a polícia. Essas são apenas algumas nuvens no céu, mas que estão começando a formar uma tempestade que pode abalar os vitrais da Basílica de São Pedro.

212. Muitas especulações inúteis foram levantadas sobre a possibilidade de o papa ser preso em sua visita à Grã-Bretanha. Essa confusão foi criada pelo mandado de prisão ligado à guerra em Gaza emitido por um juiz londrino contra a ex-ministra da Defesa israelense, Tzini Livni, em dezembro de 2009, que a fez cancelar sua visita. No entanto, o mandado foi emitido por uma "grave violação" das convenções de Genebra, um crime que só pode ser cometido durante um conflito armado.[25] A jurisdição universal em relação aos crimes contra a humanidade é limitada pelo Artigo 51 do Ato do Tribunal Penal Internacional de 2001 sobre violações cometidas no Reino Unido, ou fora do país por cidadãos do Reino Unido, tornando improvável a emissão de um mandado de prisão. Além disso, caso os tribunais aceitem (a exemplo do governo) que o papa é um chefe de Estado, a visita papal contaria com imunidade diplomática perante o Ato dos Privilégios Diplomáticos de 1964 (aplicado a chefes de Estado conforme o Artigo 20 do Ato das Imunidades Estatais). As leis da jurisdição universal em outros países da Europa, como a Bélgica e a Irlanda, são muito mais amplas e não se limitam a crimes contra a humanidade durante a guerra.

213. O Reino Unido não tem uma lei contra a tentativa de desviar o curso da justiça, como esconder um crime ou ajudar um criminoso a escapar da justiça, tendo a investigação policial já começado ou não.[26] Além disso, a maioria dos países da Comunidade das Nações pune a "cumplicidade por negligência", ou seja, o ato de não alertar as autoridades policiais sobre um crime grave. (Roger Mahony, o cardeal de Los Angeles, está sendo investigado pelo grande júri por ter feito exatamente isso.) Portanto, um acordo feito por um oficial do Vaticano com um bispo local para realocar um padre culpado para outra paróquia ou outro país, ou até mesmo para julgar seu caso com um processo secreto, poderia ser classificado como conspiração. No Reino Unido, essa decisão seria tomada pelo diretor da Promotoria Pública e dependeria de provas de que um padre conhecidamente culpado teve seus crimes no Reino Unido acobertados graças a um acordo feito por seu bispo local com a direção da CDF ou algum outro oficial do Vaticano. Isso não teria mais acontecido no Reino Unido depois de 2001, caso a recomendação de Nolan para denunciar todos os casos à polícia realmente tivesse sido seguida. No entanto, acobertamentos desse tipo eram comuns na Europa, onde os juízes de investigação estão começando a seguir um rastro que pode levá-los ao Vaticano.

214. Os leitores que não são advogados, ou mesmo os que são advogados, como Jack Straw (que, como disse Elizabeth Wilmshurst no inquérito sobre o Iraque, "não é um advogado internacional"), podem ter achado este capítulo técnico ou complexo demais. Esse é um velho problema do direito internacional, especialmente de sua legislação penal, que deveria por princípio ser simples o bastante para que criminosos em potencial pudessem entendê-lo. No entanto, é importante lembrar que esse ramo do direito ficou congelado devido à Guerra Fria por cinquenta anos após sua primeira aplicação nos julgamentos de Nuremberg e de Tóquio, e ainda se encontra em um estágio inicial de desenvolvimento. Todos os casos de "responsabilidade de comando" tratam de líderes políticos e militares no contexto de uma guerra contínua – ainda não houve nenhum processo

significativo sobre crimes em tempos de paz. No entanto, esse deve ser o próximo passo para a luta pela justiça global: é preciso que surjam casos pioneiros de processos contra líderes de Estados que cometerem sistematicamente crimes graves contra sua própria população, inocente de qualquer coisa a não ser talvez de discordar de suas opiniões. Um acusado paradigmático é também uma teocracia, ainda que sanguinária: em 1988, o Irã assassinou milhares de seus prisioneiros políticos após o fim da guerra com Saddam, e a maioria dos seus governantes atuais, incluindo seu líder supremo, esteve envolvida. Eles agora aprovam que mulheres sejam apedrejadas por adultério, prisioneiros políticos sejam torturados e que oponentes políticos sejam assassinados arbitrariamente. Precisamos ter a esperança de que, no devido tempo, o direito internacional desenvolva seu verdadeiro potencial para ameaçar chefes de Estado de serem responsabilizados caso oprimam suas próprias populações ou seus próprios fiéis ou façam vista grossa para crimes que seus próprios agentes estão cometendo. Ironicamente, a decisão do Vaticano de se apresentar como um Estado o torna responsável perante um direito internacional que está criando mecanismos que obrigam os Estados a agir de maneira responsável.

10. O PAPA PODE SER PROCESSADO?

"O bispo da Igreja de Roma, sobre o qual perdura o encargo concedido pelo Senhor singularmente a Pedro, o primeiro dos apóstolos, para ser transmitido aos seus sucessores, é o líder do Colégio dos Bispos, o vigário de Cristo e pastor da Igreja Universal na Terra. Em virtude de seu encargo, ele tem na Igreja o poder ordinário supremo, pleno, imediato e universal, que ele sempre pode exercer livremente."

Cânone 331

215. O ato de abusar sexualmente de uma criança não é apenas um crime – é um ilícito civil composto de ataque e agressão, causando à vítima danos físicos e psicológicos pelos quais ela pode processar o agressor para obter uma compensação financeira. O agressor direto, no caso de um padre que, por definição, fez um voto de pobreza, dificilmente será condenado a pagar uma indenização por perdas e danos, mas na maioria dos casos seu empregador – o bispo ou a diocese para a qual ele trabalha – será enquadrado como cúmplice desse ilícito e, portanto, responsável indireto pelo ato ilegítimo cometido durante seu trabalho. Os bispos também podem, como alternativa, ser responsabilizados diretamente por negligência por não terem conseguido supervisionar o padre ou cuidar bem o suficiente das crianças sob sua tutela, ignorando, por exemplo, suas reclamações ou não exigindo investigações adequadas para as acusações. Na maioria dos casos, portanto, os reclamantes não precisarão procurar um réu abastado em Roma: em geral, as dioceses contratam seguradoras que assumem as ações civis em seu lugar e decidem enfrentá-las ou propor um acordo. Os tribunais dos países que adotam *common law* desenvolveram regras para a responsabilização dos empregadores por atentados sexuais cometidos por seus empregados, admitindo em geral a responsabilização indi-

reta do empregador em casos nos quais o ato ilícito do empregado foi cometido com alguma ligação ao seu cargo, como na maioria dos casos de abuso sexual clerical.[1] No entanto, existem casos excepcionais: nos Estados Unidos, as dioceses são entidades corporativas, o que as torna alvos fáceis para processos, mas as isenta caso declarem falência. E, em alguns países que adotam o *common law*, a Igreja Católica ainda é uma associação não corporativa que não tem uma entidade jurídica e não pode ser processada diretamente – nesse caso, a menos que o reclamante consiga identificar os oficiais que exerciam um papel ativo ou gerencial para serem responsabilizados pessoalmente, o processo não poderá ser aberto.[2] Em outras palavras, existem critérios de mérito que, por questões técnicas ou legais, não podem ser atendidos por acusados da Igreja local, então alguns reclamantes têm bons motivos para pensar em mover uma ação contra a Santa Sé ou o papa.

216. Não há nada de repreensível, em termos de princípios ou de justiça, em processar uma organização (ou seu líder) para se obter uma compensação por atos pelos quais ela em última instância foi responsável: as ações legais servem não apenas para compensar as vítimas, mas também como um incentivo para que as organizações exerçam seus devidos poderes de controle a fim de evitar que danos similares sejam causados a outros no futuro. A doutrina *respondeat superior*, segundo a qual o empregador é responsável pelas ações de seus agentes e empregados, independentemente de qualquer autorização direta, visa incentivar um maior cuidado na seleção e no controle de seus subalternos. O papa indica e dispensa os bispos, e é em última instância responsável pela disciplina dos padres: o Cânone 331 do código do direito canônico dá a ele poder supremo na Igreja. A Santa Sé nunca teve dificuldades para responsabilizar o clero por erros de doutrina ou de moralidade, independentemente da localização desses sacerdotes, graças à sua autoridade moral e legal sobre subordinados em ordens religiosas católicas, que devem obediência ao papa como seu "superior" (Cânone 590). Dito isso, permitir que vítimas processem a Santa Sé por abusos

sexuais cometidos por padres "poderia ter um impacto significativo na política da organização, incentivando melhores medidas de proteção e uma supervisão mais rígida no nível mais alto da administração da Igreja [...] e enfatizar a necessidade de cooperação com as autoridades policiais, exigindo que os líderes da Igreja busquem medidas eficazes para supervisionar seus subalternos e para proteger os fiéis que estão sob sua tutela".³ Dados esses óbvios interesses públicos, existiria algum bom motivo para impedir, nos casos adequados, que as vítimas processem o líder ou o corpo governante da Igreja Católica?

217. O primeiro obstáculo a ser superado para isso seria a imunidade de Estado, que protege a Santa Sé contra ações civis e também criminais. No caso "Doe contra diocese católica de Galveston-Houston e cardeal Joseph Ratzinger", o segundo réu já havia se tornado o papa Bento XVI quando a ação foi a julgamento. Enquanto cardeal, Ratzinger teria aprovado o sistema previsto pela *Crimen* de acobertamento: segundo os reclamantes, sua carta de 2001 era "conspiratória por lembrar à arquidiocese de que os casos de abuso sexual de menores cometidos por padres estavam sujeitos ao controle exclusivo do clero e ao sigilo pontifício".⁴ No entanto, o Departamento de Estado dos Estados Unidos emitiu uma "sugestão de imunidade" preparada pelo advogado de Bush, John Bellinger III, afirmando que "a nunciatura apostólica pediu formalmente ao governo dos Estados Unidos que tomasse todas as medidas necessárias para desconsiderar essa ação contra o papa Bento XVI".⁵ Os tribunais dos Estados Unidos costumam acatar essas "sugestões" do Departamento de Estado como se fossem ordens, e o caso foi desconsiderado com base na declaração feita por Bellinger de que o papa era "o chefe de Estado da Santa Sé [...] um Estado estrangeiro". Essa questão nem sequer foi debatida, porque a "sugestão" feita pelo governo foi encarada como conclusiva. Os tribunais em alguns outros países não são tão submissos ao poder executivo e poderiam discutir se a Santa Sé atende ou não aos critérios de Montevidéu. Na Grã-Bretanha, embora o Artigo 21 do Ato sobre a Imunidade dos Estados declare que um "certificado da condição

de Estado" emitido por um ministro das Relações Exteriores deva ser aceito como uma "prova conclusiva" dessa condição[6], no caso da Santa Sé, os tribunais poderiam estar dispostos a examinar sob a luz do direito internacional a concretude ou pelo menos a lógica da decisão do ministro para emitir esse certificado. Como o Lorde Woolf mostrou no caso das ilhas Pitcairn,

> não se pode mais acreditar que os tribunais aceitarão qualquer ação movida pela Coroa sem considerar a possibilidade de revisão, caso as devidas bases para essa nova análise sejam apresentadas.[7]

No entanto, se a Santa Sé é um Estado, o pontífice não pode ser julgado em nenhum tribunal civil, nem mesmo pelas violações que cometeu enquanto era apenas o cardeal Ratzinger.[8] Caso renunciasse, é claro, o papa poderia ser acusado – o caso do ex-rei Farouk (que foi responsabilizado pelas dívidas de sua amante em vestidos Dior após ter sido deposto) mostra que os ex-chefes de Estado não estão imunes a nada. No entanto, o conceito de "ex-papa" chega a ser paradoxal.[9]

218. A questão da Santa Sé é diferente. Ainda que consiga se apresentar como um Estado, ela não terá total imunidade contra processos civis. Afinal, a imunidade de Estado é apenas uma sequela de séculos passados, de uma época na qual as nações soberanas se tratavam como iguais: o "respeito mútuo" entre elas ficaria abalado caso fosse permitido que seus tribunais movessem processos contra outras nações. No entanto, quando os Estados e as suas corporações nacionalizadas começaram a embarcar em iniciativas internacionais que poderiam causar sérios impactos violando contratos ou causando prejuízos, isso precisou ser mudado. Agora, a maioria dos países tem leis nacionais que restringem as imunidades dos Estados com quem fazem comércio ou realizam atividades que poderiam por alguma negligência causar danos aos indivíduos do país em questão. A Convenção Europeia sobre a Imunidade dos Estados reflete essas exceções, e o Ato de Imunidade dos Estados (AIE) de 1978 do Reino Unido e também o Ato de Imunidade Soberana Estrangeira (AISE) dos Estados Unidos as incorporam em termos amplos. Existe uma

exceção para Estados que mantêm relações comerciais, mas seria difícil (embora não impossível) argumentar que a Santa Sé realiza transações comerciais com suas dioceses: seria possível dizer que ela as fornece serviços administrativos e doutrinais em troca de contribuições financeiras (como o "Óbolo de São Pedro", por exemplo). A possível perda dessa imunidade fica mais clara nos casos em que a Santa Sé é acusada por negligência; por exemplo, "devido a procedimentos a respeito de [...] danos pessoais [...] causados por um ato ou uma omissão no Reino Unido" (AIE, Artigo 5º). Ou então quando "indenizações financeiras são reivindicadas [...] por danos pessoais [...] ocorridos nos Estados Unidos ou causados por atos ilícitos ou omissões do Estado estrangeiro ou de qualquer oficial ou empregado desse Estado estrangeiro durante qualquer ação realizada no escopo de sua função".[10] Outras nações desenvolvidas restringem essa imunidade de forma similar, então não haveria nenhum entrave imediato para uma ação civil contra a Santa Sé em relação aos abusos sexuais de menores cometidos por um padre empregado pela Igreja Católica em um país onde a ação foi realizada, desde que fosse possível alegar uma conexão causal plausível entre esse ato e ordens, diretivas ou decisões negligentes emitidas pelo Vaticano.

219. Como em todas as ações civis, tudo dependeria dos fatos específicos. Obviamente, o Vaticano não manda seus padres cometerem abusos sexuais, nem aprova essa atitude. As ações movidas contra o Vaticano nos Estados Unidos por vítimas de padres reincidentes se basearam na teoria de que o abuso não teria acontecido caso o Vaticano tivesse exigido que seus bispos alertassem as autoridades policiais sobre as provas do abuso original ou não tivesse pedido ou aprovado a realocação desses padres para outras paróquias ou outros países – diretivas dadas com a ciência sobre o risco de reincidência dos padres. Essas decisões foram tomadas pelo Vaticano, fora do país onde a ação foi movida, e, para ter sucesso em sua ação contra a Santa Sé, o reclamante precisa mostrar que as diretivas foram repassadas ao bispo local e acatadas pelo mesmo.[11] Uma abordagem

alternativa seria argumentar que os bispos eram empregados da Santa Sé, atuando dentro do escopo de seus cargos e segundo as instruções da Santa Sé quando por negligência não alertaram os paroquianos sobre os padres pedófilos e não repassaram as alegações de abuso sexual de menores à polícia.

220. A Corte de Apelação Inglesa superou recentemente alguns desses problemas procurando analisar se havia de fato uma conexão forte o suficiente entre o cargo do acusado como padre e o abuso sexual por ele cometido contra um garoto para que fosse "justo" exigir a responsabilidade indireta e uma indenização da Igreja. Esse caso foi importante porque a vítima sequer era católica e foi abordada enquanto admirava o carro esporte do padre. Ainda assim, a corte definiu que a Igreja era responsável, porque o padre tem "um papel especial, que envolve confiança e responsabilidade de uma maneira mais geral até do que um professor, um médico ou um enfermeiro. Em certo sentido, ele nunca está fora de serviço".[12] Sua batina "deu o tom" da situação emitindo uma autoridade moral que pode subjugar um garotinho.

221. O único caso até hoje a chegar à Suprema Corte dos Estados Unidos – em 2010, quando o Vaticano sofreu uma grave derrota – foi "Doe contra Santa Sé".[13] O reclamante foi molestado aos 15 anos por um padre em um monastério de Portland. Dez anos antes, o mesmo padre havia admitido ter abusado sexualmente de uma criança em uma igreja na Irlanda, o que fez com que ele fosse furtivamente realocado para atuar como orientador em uma escola para meninos em Chicago, onde (como ele depois admitiu) "a tentação para molestar foi ampliada". Após três vítimas terem reclamado, ele foi enviado para Portland, onde o reclamante se tornou sua próxima vítima. A acusação contra a Santa Sé teve como base seu poder de controle sobre a Igreja Católica, os processos de indicação e transferência de bispos e a responsabilidade por disciplinar os padres. Nesse caso, mesmo sabendo das perigosas propensões do padre para abusar de crianças, a Santa Sé foi negligente ao colocá-lo por várias e várias vezes em situações nas quais ele poderia cometer esses

abusos, por não ter alertado aqueles que entrariam em contato com ele, incluindo o reclamante e a sua família, e também por não supervisioná-lo de forma adequada. A defesa técnica da Santa Sé de que sua conduta negligente não havia acontecido nos Estados Unidos foi rejeitada pela Suprema Corte por ter sido entendido como suficiente o fato de que os danos e uma parte da conduta considerada negligente tenham acontecido nesse país, ainda que outros aspectos dessa conduta negligente tenham ocorrido no Vaticano. O Estado do Oregon, onde a ação foi movida, tinha uma lei ampla sobre a responsabilidade do empregador abrangendo crimes cometidos por um empregado ao receber a oportunidade para cometê-los por meio de seu cargo. A Santa Sé é potencialmente responsável, dado que "um empregador que tenha conhecimento da propensão de um de seus empregados para abusar sexualmente de meninos cria um risco previsível inaceitável ao permitir que esse empregado tenha acesso livre a meninos".

222. O Vaticano, insistindo em sua estratégia de evitar julgamentos a todo custo, apelou contra a decisão até chegar à Suprema Corte, instância na qual recebeu apoio do governo Obama por meio de um *amicus curiae* (uma intervenção de uma parte supostamente neutra) pelas mãos do procurador-geral Harold Koh, que fez declarações inconsequentes sobre as leis do Estado do Oregon e sobre o AISE que não persuadiram a corte. Ele confirmou que a Santa Sé era "reconhecida como um Estado estrangeiro soberano pelos Estados Unidos" – uma indicação de que, como durante o governo Bush, a Casa Branca sob o comando de Obama continuaria a apoiar a reivindicação de imunidade feita pelo papa.[14] Esse caso, no entanto, foi movido segundo a exceção de imunidade prevista pelo AISE, e a Suprema Corte rejeitou o pedido do Vaticano para reconsiderar a decisão da corte inferior. Em termos práticos, isso significa um fracasso dessa velha tática, o que pode levar o Vaticano a julgamento ou forçá-lo a revelar informações importantes sobre o tratamento concedido pela CDF aos padres pedófilos, e até permitir que o papa (embora o Vaticano com certeza se disponha a oferecer

apenas um monsenhor) responda perguntas sob juramento em um interrogatório gravado.

223. Em outro caso em andamento nos Estados Unidos, "O'Bryan contra Santa Sé", os reclamantes argumentam que a *Crimen* (Apêndice B), texto pelo qual foi promulgada a regra de que todos os procedimentos do direito canônico deveriam acontecer sob sigilo pontifício, visava impedir investigações policiais que poderiam ter evitado os casos de abuso. A Santa Sé, em sua defesa, argumentou que os procedimentos previstos pela *Crimen* poderiam ser ignorados pela decisão do bispo de tratar da questão de maneira informal. Caso ele optasse por isso, não havia nada no direito canônico do Vaticano que o *forçasse* a não repassar essas alegações à polícia. E, de qualquer forma, a *Crimen* em si não proibia *expressamente* um bispo de cumprir seu dever civil de fazer essas denúncias à polícia. Tal argumento parece falacioso: uma das maiores preocupações ao longo de toda a *Crimen* é com o "sigilo pontifício", e todas as partes devem aderir a esse sigilo sob pena de excomunhão caso divulguem em qualquer momento alguma dessas informações a terceiros. Mesmo caso o bispo decida tratar o assunto informalmente, ou seja, com medidas que não resultam em punição ao padre criminoso, a insistência do direito canônico no sigilo se aplica desde o começo, com a "denúncia" ou reclamação que dá início ao processo e que deve ser assinada pelo reclamante sob juramento de sigilo. A decisão de lidar com a denúncia de maneira "informal" – advertindo e realocando o padre ou o enviando para sessões de "tratamento", por exemplo – em geral era feita após uma denúncia formal, o que forçava o bispo a não revelar nada para pessoas de fora da Igreja. O documento da Igreja (sua apelação) não trazia *nenhum* exemplo de qualquer bispo que tenha decidido alertar a polícia ou outras autoridades civis.

224. Diversas ações contra a Santa Sé baseadas na exceção de imunidade prevista pelo AISE foram movidas nos Estados Unidos, mas apenas o caso O'Bryan conseguiu chegar até um ponto no qual o Vaticano foi intimado a responder as alegações de que seus agentes teriam falhado em seus deveres de tutela sobre crianças

ou sido negligentes ao não informar os pais nem relatar os casos conhecidos ou suspeitos de abuso sexual às devidas autoridades.

Os casos contra o Vaticano avançam com lentidão porque seus advogados – o que é até justo – aproveitam todas as minúcias desses processos altamente técnicos e recentes. (Por exemplo, como o AISE exige que todos os acusados estrangeiros recebam todos os documentos legais por escrito em seu próprio idioma, o Vaticano insiste que todos os textos sejam traduzidos para o latim.) O caso O'Bryan se baseia no conceito de que os bispos são empregados ou agentes ou oficiais da Santa Sé, e que isso é o suficiente para se reivindicar sua responsabilização segundo o AISE para mostrar que a Santa Sé exerce "controle substancial" sobre eles. Isso fica claro no direito canônico, que afirma que o papa tem poder "supremo, pleno, imediato e universal" sobre a Igreja, como diretor do Colégio dos Bispos que tem "poder supremo e pleno sobre a Igreja Universal".[15] Em teoria, Cristo teria reunido seus doze apóstolos (homens) em um colégio, comandado por Pedro, a "rocha fundamental" da Igreja, ou (em uma metáfora alternativa) o portador das "chaves" da Igreja, ou (em outra metáfora ainda) o discípulo que se tornou o pastor do rebanho de fiéis. O pontífice romano, como sucessor de Pedro e como o vigário de Cristo, não pode errar, pelo menos enquanto proclama uma doutrina pertinente à fé e à moral, e o Colégio dos Bispos exerce autoridade sobre a Igreja Universal, mas apenas com a aprovação papal por meio de um conselho ecumênico.[16] Mas chega de teologia: o problema para os reclamantes é caracterizar essa relação como algo que possa suscitar a responsabilidade legal da Igreja: eles precisam provar que a Santa Sé emprega, controla ou comanda seus bispos e padres, ou que pelo menos exerce controle ou comando sobre como esses bispos administram os padres por eles empregados.

225. A importância do caso O'Bryan é que, pela primeira vez em uma corte de *common law*, o Vaticano não conseguiu descartar sua responsabilidade com argumentos técnicos, e foi forçado a apelar contestando os méritos das alegações feitas pelo reclamante de que a Santa Sé seria responsável indiretamente pelos seus

bispos – a única base aceita para dar continuidade ao processo.[17] A apelação do Vaticano é uma obra-prima da ambiguidade: o texto descreve o que a relação entre o papa e seus bispos católicos não é, mas se recusa a explicar como ela de fato seria. O documento alega apenas que a Santa Sé não controla seus bispos em seu cotidiano, não oferece a eles benefícios ou indenizações trabalhistas, não paga seu seguro social ou impostos com retenção na fonte e não estabelece horários específicos para que eles trabalhem ou contratem seus empregados ou jardineiros para a catedral e assim por diante. Esses são todos fatores usados para determinar se uma pessoa é um "empregado" para os devidos fins legais nos Estados Unidos e para a aplicação da regra da responsabilidade indireta. No entanto, eles não respondem a questão que seria suscitada na maioria das jurisdições para decidir se a Santa Sé é legalmente responsável e, por consequência, pelo bom-senso, moralmente responsável, ou seja, para concluir se o Vaticano controla a forma como os bispos administram as alegações de abuso sexual clerical e se as diretivas do direito canônico recebidas por eles de Roma causaram ou contribuíram para o tratamento negligente do caso do reclamante.

226. No caso O'Bryan, os reclamantes citam o direito canônico e os ensinamentos católicos para mostrar que a Santa Sé tem poder absoluto e irrestrito sobre seus arcebispos, bispos e suas dioceses. O Vaticano não refuta isso diretamente, mas afirma que a natureza da relação entre o papa e os bispos não pode ser decidida em um tribunal por ser composta de "questões complexas de teologia, doutrina religiosa e governança eclesiástica" e ser "um dos temas mais complexos e complicados na vida e na história da Igreja".[18] O Vaticano afirma que um tribunal civil "seria forçado a analisar muito a fundo" a doutrina católica para entender essa questão e que "explicar a relação entre o papa e os bispos é uma tarefa incrivelmente complicada até mesmo para os maiores teólogos".

227. Esse argumento – de que a questão não pode ser suscitada porque um tribunal secular não teria os recursos para compreendê-la – é falacioso. A máfia também é uma organização complexa

e hierarquizada, com seus próprios ritos e regras de sua *omertà*. Existe uma relação *concreta* entre o papa e seus bispos que qualquer juiz seria capaz de analisar e caracterizar assim que os fatos fossem esclarecidos por meio de provas. Essa pode até ser uma questão complicada em termos canônicos ou históricos, mas não deve ser difícil para um tribunal concluir como essa relação acontece na prática, assim que as comunicações entre o Vaticano e a diocese em questão forem reveladas.[19] Caso de fato (como pode ser inferido pelo direito canônico, pela *Crimen* e pela carta de Ratzinger em 2001) o papa e seu prefeito da CDF tenham comandado entre 1981 e 2005 um sistema no qual os padres criminosos eram protegidos de investigações e punições, ou caso fique comprovado, no caso O'Bryan ou de reclamantes similares, que eles deram ordens negligentes para que um molestador fosse reintegrado ou transferido, ou permitiram que ele fosse colocado em circunstâncias nas quais sua propensão para reincidir fosse previsível, eles poderiam ser condenados a pagar uma indenização. Nesses casos, enquadrar a Santa Sé como réu (seja como um cúmplice ou como um órgão indiretamente responsável por seus empregados) determinaria a sua porção de responsabilidade.

228. De fato, é estranho um Estado afirmar que uma determinada complexidade histórica e teológica inviabilize o entendimento da relação entre sua cabeça e seus braços (neste caso, entre o seu papa e seus bispos). Isso mostra como a Santa Sé não atende ao critério da Convenção de Montevidéu para ser um Estado: qual outro Estado é incapaz de definir seu próprio governo porque sua atuação política é encoberta pela névoa da teologia? Seja lá qual tipo de entidade internacional for a Santa Sé, ela é *sui generis*. Mas nada em seu caráter distinto pode justificar sua inépcia para honrar suas responsabilidades pelo abuso de crianças. Sua recusa em revelar a verdade quando isso é exigido por inquéritos oficiais mostra mais do que uma postura defensiva, mas uma relutância em confrontar os abusos do passado recente e uma insistência, exemplificada pelas "Novas Normas" emitidas em 2010, em não abrir mão do direito canônico, que, em

muitos casos, forçou suas vítimas a passarem por um processo labiríntico secreto e quase kafkiano em cujo término elas não receberam nenhuma retribuição ou compensação.

229. A recusa da Suprema Corte dos Estados Unidos em descartar a ação contra a Santa Sé no caso Doe e os avanços feitos pelos reclamantes no caso O'Bryan (no qual os fatos eram muito mais inconsistentes) sugerem que algumas vítimas dos Estados Unidos podem conseguir alguma reparação do Vaticano graças à exceção prevista pelo AISE, nos tribunais desse país, por mais que seu governo esteja determinado a reconhecer o Vaticano como um Estado. Argumentos similares podem obter sucesso em outros países, que em sua maioria agora tem legislações ao estilo do AISE. No entanto, uma forma importante de reparação para reclamantes estrangeiros que vem sendo usada para mover ações por abusos de direitos humanos só existe nos Estados Unidos, o *Alien Tort Claims Act* (ATCA), ou Ato para a Reivindicação de Agravos Estrangeiros, aprovado nos tempos atribulados de independência revolucionária, em 1789. Essa lei permite que estrangeiros processem os responsáveis por ilícitos civis "cometidos em violação às leis das nações".[20] Desde o seu famoso uso em 1980 para processar um torturador no caso "Filartiga contra Peña-Irala", ela vem sendo usada contra corporações multinacionais responsáveis por ataques ou danos emocionais causados por negligência em países em desenvolvimento – como contra a Unocal, por usar trabalho escravo e contratar unidades do exército em Mianmar para espantar seus oponentes locais de suas instalações de petróleo. Alguns chefes de Estado corruptos já receberam intimações judiciais (deixadas com o porteiro de seus hotéis em Nova York durante suas visitas à ONU) e, embora eles em geral não esperem até o veredicto (um júri concedeu uma indenização de US$ 750 milhões a vítimas de Radovan Karadzic, que ficou escondido), os julgamentos são catárticos para as vítimas, e o Vaticano teria dificuldades políticas caso não pagasse essas compensações (e os ativos dos Estados Unidos no Banco do Vaticano poderiam ser usados para quitá-las).

230. Isso não ameniza as dificuldades que as vítimas da Irlanda, da Alemanha ou de Malta (ou de qualquer outro país fora os Estados Unidos) enfrentariam ao tentar mover uma ação com base no ATCA contra o Vaticano. Além de provar que o abuso sexual de crianças cometido por padres de maneira disseminada e sistemática é um crime contra a humanidade imputável ao Vaticano, elas precisariam mostrar que ele viola uma norma especificamente definida "aceita pelo mundo civilizado"; esse é o estrito critério para a responsabilização de uma parte segundo o ATCA, estabelecido pela Suprema Corte dos Estados Unidos em 2004 no caso "Sosa contra Alvarez-Machain".[21] Isso certamente é discutível – as violações já consideradas litigáveis incluem casos de tratamentos cruéis, desumanos ou degradantes, de detenção arbitrária prolongada e de trabalhos forçados sem remuneração. Comparado a esses exemplos, o abuso sexual sistemático de crianças pode ser classificado como um crime condenável "em todo o mundo civilizado". Esse fato fica claro com a ratificação quase unânime da Convenção sobre os Direitos da Criança, o que diferencia esses casos dos litígios do apartheid na África do Sul, nos quais se tentou usar o ATCA com base na Convenção do Apartheid, que muito poucos países tinham ratificado na época. Os reclamantes precisariam ainda mostrar que o Vaticano auxiliou e atuou como cúmplice nas violações por meio de seus bispos e padres e ao oferecer "assistência com conhecimento dos crimes" ou apoio moral, ou não conseguindo, como líderes civis, impedir ou punir as violações cometidas por seus subordinados. (O caso da Unocal foi enviado a julgamento pela corte de apelação do Nono Circuito com base na alegação de que caberia a um júri averiguar se a corporação havia auxiliado e atuado como cúmplice nos crimes de seus agentes em Mianmar por meio de ações ou omissões que tiveram uma "contribuição substancial" para que eles fossem cometidos.) Caso esses obstáculos sejam superados, as ações dos reclamantes ainda podem acabar sendo frustradas ao caírem na vala da imunidade soberana – a relação entre o uso do ATCA e da exceção de imunidade do AISE ainda não foi devidamente testada. É impossível saber o que a lei de ilícitos civis dos Es-

tados Unidos e o direito penal internacional ainda reservam para o Vaticano, mas o simples fato de que existem formas para contornar sua imunidade soberana deveria dar ao papa (e às suas seguradoras) o que pensar. Não seria inteligente, pelo menos para o futuro, evitar a possibilidade desse tipo de processo simplesmente abrindo mão do direito canônico e exigindo que seus bispos denunciem à polícia suspeitas plausíveis de padres e monges que teriam molestado crianças?

11. Reflexões

"O fiel cristão é uma pessoa simples: os bispos devem proteger a fé das pessoas comuns contra o poder dos intelectuais."

Bispo Ratzinger, sermão em defesa da expulsão do teólogo Hans Kung, 31 de dezembro de 1979

231. A religião católica romana tem milhões de fiéis no mundo todo com direito de venerar e manifestar sua fé de acordo com suas tradições e doutrinas legítimas. Enquanto líder da Igreja, o papa atua como parte de sua iconografia e é dotado até certo ponto de uma infalibilidade quase divina e um carisma espiritual que é projetado de forma a sugerir que aqueles que acreditam em Deus também devem acreditar nele. Muitos católicos discordam das opiniões do papa sobre a perversidade do homossexualismo, do planejamento familiar, do divórcio, da contracepção ou até mesmo da teologia da libertação, mas ainda assim buscam abrigo espiritual na Igreja que ele administra e governa. As ações do papa e de seus cardeais trazem conforto e alegria aos membros de seu rebanho e são manifestações de uma religião que é protegida por tratados de direitos humanos, por mais que alguns de seus dogmas morais sejam contrários a esses direitos. Portanto, o trabalho do Vaticano continuará sendo feito sem qualquer empecilho ou restrição, mesmo que seu status de soberania seja negado. A condição de Estado não faz parte de seu catecismo e não há nenhuma exigência de que seus fiéis a aceitem: seu ponto de partida, o Tratado de Latrão, e seu rebento, a concordata de 1933 com os nazistas, foram acordos feitos com demônios históricos que podem ser perdoados, mas não devem ser ostentados como motivo de orgulho ou como parte de uma tradição da Igreja. O fim dessa condição de Estado traria ao papa a perda de sua imunidade e de seu palanque de Estado na

ONU, uma plataforma privilegiada usada para propor suas controversas doutrinas. Já é hora de o Vaticano começar a refletir sobre as vantagens que desistir de sua sede por poderes terrenos poderia trazer à fé católica romana.

232. As evidências resumidas neste livro revelam três fatos impressionantes, vergonhosos e indiscutíveis sobre a governança da Igreja Católica desde que Joseph Ratzinger se tornou arcebispo (1979), prefeito da CDF (1981) e papa (2005):

a. Dezenas de milhares, e talvez até 100 mil crianças e adolescentes, em maior parte meninos, foram abusados sexualmente por membros do clero, tendo a maioria desses casos provocado danos sérios e duradouros.
b. Milhares de membros do clero conhecidamente culpados de crimes graves com alta propensão à reincidência não foram destituídos. Eles foram acolhidos pela Igreja, transferidos para outras paróquias ou outros países e protegidos de qualquer identificação ou punição pela justiça secular – em geral, penas de reclusão – graças aos protocolos do direito canônico, que lhes oferecem perdão nesta vida e na próxima.
c. A Santa Sé, um pseudoestado, estabeleceu sua própria jurisdição legal em outros países para, em sigilo absoluto, administrar culpados de crimes sexuais de uma forma incompatível e em até certo ponto contrária às leis da nação que a recebe, e omitiu provas sobre seus culpados das autoridades policiais.

233. Esses três fatos são incontestáveis – e imperdoáveis. A Igreja, é claro, já tentou justificá-los, mas tais explicações são irrelevantes ou irracionais. A princípio, em novembro de 2002, o cardeal Ratzinger afirmava que a crise não passava de uma "campanha planejada e manipulada pela mídia: menos de 1% dos padres eram culpados desse tipo de ato". Isso foi comprovadamente refutado: 4,3% foi o número estimado pelo estudo da Faculdade John Jay, e outros chegam a falar de 6 a 9% e alertam que essa porcentagem poderia ser ainda maior caso a conduta do clero em países em desenvolvimento fosse investigada a fundo como na Irlanda e nos Estados Unidos. Em seguida, o papa e seu secretário de Estado, Bertone, atribuíram o fenômeno à infiltração de homossexuais no clero e à "cultura gay" – sugerindo que

os homossexuais são pedófilos em potencial –, mas a conexão foi descartada pelo estudo de John Jay e por uma comissão do próprio Vaticano em 2003.

234. Muitos católicos de bem, liderados pelo eminente teólogo Hans Kung, acreditam que a culpa está não apenas na falibilidade do papa, no sigilo e na incompetência do Vaticano e na inércia de seus bispos, mas também na regra que exige o celibato dos padres – uma regra que não tem origens bíblicas (os discípulos de Cristo parecem ter se casado), mas de um dogma introduzido no século XI e quase abolido pela reforma no século XVI. Uma argumentação contundente poderia ser feita, por compaixão e com bases teológicas também, para que fosse permitido aos padres católicos se casarem, o que aumentaria o interesse de novos aspirantes ao sacerdócio e também aliviaria as pressões de alguns "padres problemáticos".[2] No entanto, o casamento não "cura" a pedofilia. Muitos dos padres molestadores não são pedófilos: seus problemas de personalidade muitas vezes são causados pela solidão de suas vidas privadas ou pelo abuso de drogas ou de álcool para transcender essa condição. Há um obstáculo gigantesco para aqueles que decidem abandonar o sacerdócio em busca do sexo conjugal, o que faz com que alguns de fato deixem a batina, enquanto outros preferam levar uma vida dupla. Os padres que abusam de crianças muitas vezes são aqueles com a maior retidão em seus trabalhos religiosos e de caridade. A suspeita deve ser de que, para muitos, a combinação de poder espiritual, afeição genuína e desejos sexuais levou a atos que foram cometidos porque – e apenas porque – não havia nenhum fator, como a possibilidade de prisão ou punições, que os dissuadisse.

235. Esses homens acreditavam, e com bons motivos, que poderiam se safar, porque era o que em geral acontecia. Eles acreditavam – de forma errada, por mais que parecesse ser a verdade – que estavam imunes às leis locais porque, em relação aos abusos sexuais, eles tinham a bênção do bispo e a proteção do direito canônico, que raras vezes os condenava, sem quase nunca

puni-los e ocasionalmente apenas os destituindo. Eles foram levados a crer que tinham uma espécie de dupla nacionalidade: eles estariam sujeitos às leis locais se matassem, roubassem ou estacionassem em locais proibidos, mas sujeitos às leis da Igreja se pecassem, seja ao oferecer comunhão a fiéis batistas ou presbiterianos, ou ao estuprar criancinhas. Eles acreditavam que a Santa Sé era um Estado que tinha soberania exclusiva sobre eles no tocante aos casos de abuso sexual de crianças e poder espiritual para silenciar suas vítimas. Além disso, todos os padres culpados que fizeram suas preces e cumpriram suas penitências receberam perdão nesta vida e redenção para a próxima. Jesus pode ter dito que os responsáveis pelo sofrimento de crianças devem ser afogados nas profundezas do mar, mas o papa Bento XVI afirmou aos seus padres pedófilos na Irlanda que a penitência lhes traria a redenção eterna.

236. A pretensão do Vaticano em se apresentar como um Estado não pode ser separada da crise quanto aos abusos sexuais de menores, porque esse escândalo expôs o fato de que a Igreja opera uma jurisdição paralela e paraestatal que perdoa pecados que o direito dos países onde ela atua pune como crimes. Os críticos do Vaticano há muito tempo insistem em atacar o clero por ter criado rotas de fuga que permitiram a escapada de alguns dos mais terríveis nazistas para a América do Sul no final da Segunda Guerra Mundial, mas a rota de fuga que a Igreja vem oferecendo atualmente é para os molestadores de crianças – garantindo a eles não apenas escapar da cadeia, mas sim a liberdade de nunca sequer correrem o risco de serem presos. Graças a uma mistura de negligência, arrogância e inconsequência pela crença em sua imunidade de Estado e seu pretensioso desejo de se apresentar como um ator político na arena global, o papa e seu exército de cardeais, núncios, arcebispos e oficiais vêm administrando uma Igreja que há tempos promove o abuso disseminado e sistemático de crianças.

237. É impressionante constatar como o Vaticano vem conseguindo evitar uma séria censura internacional, além de processos, pela sua conduta. Qualquer outra organização ou outro Estado

que ignorasse o abuso sexual de tantas crianças, e não apenas se recusasse a punir os culpados, mas oferecesse a eles condições para reincidir, seria condenado pela ONU e em conferências internacionais, assim como seria alvo de ácidos relatórios por parte da Anistia Internacional e da Human Rights Watch, e haveria pedidos para que o caso fosse submetido ao promotor do TPI. No entanto, é difícil pensar no Vaticano como um Estado pária: a radiante benevolência de João Paulo II e a decência quase senil de Bento XVI tornam nebulosa qualquer sugestão de que eles poderiam ser responsáveis por abusos contra os direitos humanos. É essa dupla faceta do Vaticano que lhe permite continuar operando sem ser responsabilizado: os abusos vêm da sua fachada estatal, com seus pseudojulgamentos segundo o direito canônico e seu tráfego de padres pedófilos, mas sempre podendo oferecer a outra face e revelar seus jubilosos fiéis, belas liturgias e um clero que trabalha com coragem e dedicação para o bem dos pobres e enfermos. Apesar dos atrasos que as obsessões sexuais do papa já causaram ao combate da AIDS/HIV na África, por exemplo, aqueles que chegam a arriscar suas próprias vidas para socorrer pacientes em clínicas remotas para o tratamento de malária são muitas vezes, assim como muitas vezes não, devotos do papa. Essas pessoas são abnegadas por compaixão e concedem à Igreja Católica uma aura de benevolência que protege a Santa Sé de condenações e de medidas que em outros casos seriam tomadas para limitar seus privilégios. Encarar o papa como uma encarnação divina é algo como a realização de um desejo para muitos católicos: seu status emblemático faz parte da experiência religiosa, e seria um desastre para a carreira de qualquer político em um país com uma significativa população católica tentar fazer com que Bento respondesse pelo acobertamento dos casos de abuso sexual de menores. Nos debates eleitorais de 2010 no Reino Unido, as únicas duas questões sobre as quais todos os três líderes partidários concordaram foram, primeiro, a total oposição às posições do papa sobre o homossexualismo, o aborto e o controle de natalidade, e, segundo, o sincero desejo de recebê-lo em uma visita ao país.

238. O papa não será preso e algemado durante a excursão papal para beatificar o cardeal Newman (que deixou claro em vida que não queria ser santificado depois de morto). A ideia de levar o papa a julgamento não é mais plausível em 2010 do que a de prender Henry Kissinger, George W. Bush, Robert Mugabe ou qualquer outro líder mundial que tenha suas imunidades diplomáticas traduzidas simbolicamente nas fileiras de seguranças que os cercam sempre que visitam outros países. No entanto, algumas ideias implausíveis são úteis mesmo assim, e a ideia de que este ou qualquer outro futuro papa *possa* acabar sendo levado ao tribunal pela responsabilidade de comando por graves violações dos tratados internacionais que protegem as crianças serve como uma reafirmação da regra de que ninguém está acima da lei. Essa ideia também oferece um sério alerta: quem insiste em ser um Estado não poderá reclamar quando for tratado como tal. Por ironia, a melhor forma de acelerar as reformas seria atacar o Vaticano com seu próprio veneno e tratá-lo como um Estado violador da lei em vez de uma religião. Como um Estado, o Vaticano vem cometendo atos ilegais contra diversos outros Estados ao proteger criminosos das consequências de seus crimes e ao insistir na supremacia do direito canônico sobre o direito penal local nos casos de abusos sexuais cometidos por padres. Por essa violação da Convenção de Viena, seus núncios deveriam ser repreendidos, e os Estados que se levam a sério deveriam retirar seu embaixador do Vaticano em Roma (ou, pagando para ver a reação do cardeal Sodano, economizar dinheiro e unir sua sede com a do embaixador na Itália). Por suas graves violações da Convenção sobre os Direitos da Criança, o Vaticano deveria ser censurado ou até expulso desse tratado, e organizações de direitos humanos deveriam dar início a uma séria investigação sobre como suas doutrinas e a sua propagação por meio dos canais diplomáticos estão prejudicando esforços internacionais para o progresso da humanidade. Os países que afirmam levar a sério os direitos humanos e mantêm relações diplomáticas com a Santa Sé poderiam enviar embaixadores com a instrução de protestar contra os casos de abuso sexual e de machismo pelos quais esse "Estado" se tornou conhecido.

Embora a Igreja Católica pudesse se beneficiar muito caso seus políticos papais renunciassem à insistência em apresentar a Santa Sé como um Estado e se concentrassem com mais humildade em sua missão religiosa, suas mentes foram corrompidas pelo poder e pelo orgulho cerimonial, convencendo-os de que esse status os ajuda a converter o mundo ou, pelo menos, a ser a religião mais respeitada. A única forma de curar esse delírio seria tratá-los como um Estado pária e exigir que eles se adaptem às convenções que violaram.

239. Não deveria ser necessário invocar a legislação de direitos humanos contra uma grande Igreja, especialmente uma cujo fundador estabeleceu a base ética judaico-cristã que contribuiu consideravelmente para os princípios dessa própria lei. As críticas contidas neste livro não são dirigidas aos membros da fé católica, que vem resistindo de maneira admirável ao teste do tempo (mais de dois mil anos), ou contra os rituais que sem dúvida alguma continuarão a oferecer conforto e milagres aos fiéis até o fim dos tempos. O último tipo de pessoa que eu gostaria de incentivar com meus argumentos é aquele que picha frases como "Abaixo a Igreja" nas paredes de Belfast ou encara o papa como uma espécie de anticristo, ainda insuflado pelo ódio encontrado na Lei da Sucessão (1701) – a lei constitucional criada para impedir a ascensão de católicos ao trono britânico e que, de maneira vergonhosa, sucessivos governos vêm se recusando a descartar. O ódio religioso já causou mortes e caos demais neste mundo, e o objetivo do movimento pelos direitos humanos é atenuar esse tipo de postura, propagando a tolerância por meio da Declaração Universal dos Direitos Humanos e de seus tratados seguintes. Esses acordos garantem o direito à prática de ritos, adorações e ensinamentos religiosos, impondo um limite para os discursos de ódio e de discriminação e para qualquer conduta da Igreja que possa agredir seus devotos ou outros indivíduos com quem eles interajam. Para o Vaticano, a melhor solução para o problema dos abusos sexuais clericais seria levar os direitos humanos a sério. Isso significaria incluir o "princípio de prioridade" da Convenção sobre os Direitos da Criança no

direito canônico, junto com uma exigência de relatar os casos à polícia e uma política de tolerância zero. Em seguida, o Vaticano deveria reafirmar seu compromisso ratificando todos os outros tratados de direitos humanos que vêm sendo ignorados há tanto tempo e reconsiderar alguns de seus dogmas morais à luz do que esses tratados dizem sobre as liberdades individuais.

240. Assim sendo, o que Bento XVI deveria fazer para conquistar o perdão enquanto líder religioso e também para si mesmo, como chefe de um suposto Estado, perante a lei das nações? Antes de tudo, e no mundo todo, ele deve desistir de sua insistência em julgar os padres segundo o direito canônico pelo abuso sexual de menores. A Igreja simplesmente não tem o direito de proteger seus padres do sistema de justiça penal dos países onde eles trabalham, e para o qual o direito canônico (com seus processos antiquados e julgamentos enviesados a favor do acusado) nunca poderá ser uma alternativa aceitável. Deve haver uma regra exigindo que toda alegação plausível de abuso sexual feita a qualquer Igreja oficial seja relatada à polícia, mesmo em países onde não há exigência legal de que essas denúncias sejam feitas, e que o início dos procedimentos do direito canônico esperem até o fim dos procedimentos penais. Só então o direito canônico pode ser tornar relevante, apenas como um processo disciplinar após as devidas medidas penais, e não com um substituto para um julgamento público. Para todos os padres condenados e presos pelo abuso sexual de menores, a punição eclesiástica deveria ser a laicização obrigatória. Caso queira manter sua credibilidade, a Igreja não pode permitir que molestadores de crianças condenados continuem atuando em suas ordens religiosas. A Igreja pode perdoá-los após terem cumprido suas preces, penitências e talvez até uma pena de reclusão, mas nunca se esquecer dos pecados pelos quais eles traíram sua vocação. Mesmo após uma absolvição em tribunal, uma punição eclesiástica não deveria ser descartada: os bispos devem fazer com que observadores especializados acompanhem todos os julgamentos penais porque eles podem muito bem revelar contra o padre absolvido provas dignas de alguma ação disciplinar, ainda que não justifiquem

uma condenação penal. Nesses casos, uma punição do direito canônico de penitência ou de repreensão não colocaria os padres absolvidos em duplo risco, uma vez que tal punição não ofereceria risco algum.

241. Existem outros pontos, em um nível pastoral, que exigem a aprovação e o incentivo do Vaticano. O respeito pelas vítimas e por suas famílias, óbvio – um grande problema do direito canônico é não impor à Igreja nenhuma obrigação de tentar tratar de suas vítimas. Os padres devem ter a obrigação, por mais pesado que seja esse fardo, de denunciar seus irmãos ao descobrirem que eles estão abusando de crianças. Isso não implica recorrer à mídia, embora este seja um último recurso caso os supervisores se recusem a tomar alguma atitude, façam parte do problema ou tentem acobertar o caso. E também, por mais difícil que possa ser aceitar isso após colegas terem sido processados, deve ser prevista a obrigação de parabenizar e auxiliar o delator. Não se pode deixar que casos como o do padre Maurie Crocker, que foi condenado ao ostracismo e abandonado em depressão até se suicidar depois de ter exposto o caso de um perverso círculo clerical de pedófilos (parágrafo 42), voltem a se repetir. No entanto, há o outro lado da moeda do qual mesmo aqueles dignamente revoltados não podem se esquecer, que é o do horror infligido aos padres injustamente acusados, e da angústia do padre culpado – que talvez tenha abusado de uma criança apenas uma vez, ou com o mínimo possível de perversidade. O princípio de prioridade exige que eles sejam expostos, e eles serão humilhados, assim como seus pais e mães, irmãos e irmãs, primos e primas, tios e tias (muitos padres vêm de enormes famílias católicas). Ao tomar as medidas que podem levar a um processo, a Igreja deve evitar qualquer julgamento até o veredicto ser dado e fazer o possível para ajudar os padres durante o processo, contratando defensores competentes e garantindo que eles recebam aconselhamento e apoio. A Igreja deve ter uma política de destituição automática para os que forem condenados (ou seja, tolerância zero), mas isso não deve impedi-la de oferecer a eles seus benefícios e apoio espiritual. É nesse momento que sua tradição

de perdão se torna mais necessária, porque esse perdão não virá de outras partes da sociedade. Odiar o pecado mas amar os pecadores é uma filosofia religiosa adequada para os seus padres culpados, e, desde que a Igreja aceite a necessidade de cooperar com o braço secular da lei para lidar com os molestadores, ela não deveria hesitar em buscar a redenção dos mesmos.

242. Alguns membros reacionários da cúria hoje afirmam que o pior já passou: que a Igreja já aprendeu sua lição com o escândalo e que os bispos no mundo todo agora já estão alertas sobre os padres pedófilos, então não há necessidade para mais nenhuma reforma. De fato, pode até ser que a crise pública de 2010 tenha deixado os bispos mais atentos à questão. No entanto, o Vaticano se recusa a adotar a política de tolerância zero dos bispos dos Estados Unidos como uma regra universal, e nada foi feito até agora para pôr em prática a recomendação do Relatório Cumberlege de que a Inglaterra deveria ser liberada pelo papa para ignorar as cláusulas do direito canônico que violam o princípio de prioridade. Os "cardeais do acobertamento", que atribuem a culpa de todo o fenômeno dos abusos sexuais clericais aos homossexuais da Igreja, aos judeus da imprensa e aos advogados gananciosos dos tribunais, ainda ocupam altos cargos. Além disso, o que o papa Bento viu como uma reforma na verdade foi apenas uma mudança pífia no direito canônico para permitir que as vítimas denunciem seus abusos até os 38 anos, em vez de 28, mas não mais depois de terem completado 39. O fato de a reclamação ser levada adiante (quando muito) sob sigilo pontifício, sem uma devida investigação ou a preocupação de reabilitar as vítimas e com um julgamento favorecendo o acusado, não afeta os senhores que ainda administram o Vaticano, promovidos na era em que João Paulo II se recusava a beneficiar qualquer um que não demonstrasse forte apoio aos seus ensinamentos sobre o controle de natalidade e o homossexualismo, e quando seus núncios se transformaram em espiões, relatando ao prefeito Ratzinger qualquer desvio doutrinal cometido por padres e por políticos católicos de proeminência. A noção de que "o pior já passou" subestima a natureza dessa crise – a con-

dição incurável da maioria dos pedófilos e efebófilos, que apenas tomarão mais cuidados para não serem descobertos, ou as personalidades doentias de homens fracos e sedentos por sexo que sucumbem à tentação oportunista – e novas oportunidades continuarão surgindo em uma Igreja onde é ensinado às crianças desde a mais tenra idade a obedecer aos padres, os agentes de Deus. A única reforma que poderia combater o mal dos abusos sexuais clericais em sua fonte seria aumentar a idade, de 7 para pelo menos 12 anos, na qual as crianças católicas começam a fazer a comunhão e a se confessar, o que incute nelas uma inquestionável reverência ao sacerdócio. No entanto, suspeito que a Igreja Católica nunca irá abdicar de seu domínio sobre os jovens, nem entenderá que essa é a origem do problema dos abusos sexuais: enquanto escrevo este texto, o jornal do Vaticano está lutando para que a idade da primeira comunhão seja reduzida para cinco ou seis anos.

243. Talvez novos escândalos ainda estejam por vir: depois dos padres pedófilos, os clérigos promíscuos e predatórios se tornarão o alvo das atenções. Já foram feitas revelações sobre como a Igreja protege padres que têm relações sexuais com mulheres e que tiveram filhos em consequência disso. Em 2010, veio a público nos Estados Unidos, na Grã-Bretanha, na Europa e na Austrália que a Igreja já respondeu a reclamações feitas por parceiras abandonadas por padres, oferecendo apoio financeiro aos seus filhos desde que elas mantenham a identidade do sacerdote em segredo. Essas relações clandestinas e muitas vezes abusivas formadas pelos padres graças ao seu poder espiritual sobre os paroquianos já afetaram nos Estados Unidos 2 mil mulheres que se envolveram em uma organização para mover ações legais – neste caso, ações de paternidade.[3] O voto de celibato é amplamente desrespeitado: uma pesquisa recente na Polônia mostrou que 54% dos padres gostariam de ter uma esposa, enquanto 12% confessaram ter uma. Quando o cardeal Schönborn da Áustria (onde se estima que 22% dos padres mantenham relacionamentos heterossexuais) pediu para que o assunto fosse repensado, o papa o fez retirar sua sugestão por violar "o princípio sagrado

do celibato".⁴ Por mais que não haja uma base bíblica para essa regra, o papa atual e João Paulo II se recusaram a descartá-la. Eles tentaram abafar relatórios que vazaram em 2001 de organizações beneficentes católicas, como a Agência Católica para o Desenvolvimento e a Cáritas, alertando sobre o assustador comportamento dos padres promíscuos na África durante a crise da AIDS/HIV, que começaram a manter relações com freiras alegando que elas assim ficariam livres do vírus. Quando pegos, esses padres eram transferidos para outra paróquia, enquanto a freira em questão acabava sendo expulsa de seu convento e destituída. Na época em que esse escândalo foi exposto pelo jornal *National Catholic Reporter*, o Vaticano atenuou o caso dizendo se tratar de um problema local africano – sendo que, alguns meses antes, os abusos sexuais clericais também foram descritos como "um problema dos Estados Unidos".⁵

244. Essas mudanças são o mínimo que o papa poderia fazer para se retratar pelo escândalo para o qual a sua negligência na CDF contribuiu. Ele deveria ir além, é claro, e fazer com que os arquivos da CDF passassem por inspeções regulares realizadas por um comissário independente (e não católico) ou uma equipe de especialistas. Isso produziria relatórios públicos que dariam certa transparência e confiabilidade à Igreja, junto com uma garantia de que o Vaticano finalmente está colocando os interesses da criança à frente de sua própria reputação e de sua postura presunçosa. Infelizmente, em seu último pronunciamento Bento XVI e Bertone foram truculentos como sempre sobre esse assunto. Após a polícia belga ter detido com toda gentileza os nove cardeais do país enquanto equipes forenses procuravam evidências de abuso sexual de menores (parágrafo 210), Bento condenou essa ação como "deplorável" e insistiu que os casos de abuso sexual devem passar pelos procedimentos do direito canônico, assim como do direito civil, "respeitando suas especificidades e autonomias recíprocas". Claramente o papa ainda não entendeu que não há nenhuma reciprocidade entre o direito canônico e o direito penal – o código canônico só serve para disciplinar os padres por seus pecados e deve se submeter à lei

segundo a qual eles devem ser processados e punidos por um crime. O direito canônico não tem nenhuma "autonomia" para atrapalhar as investigações policiais de um caso criminal. No entanto, Bertone rejeitou esse princípio hiperbolicamente: "Isso não tem precedentes, nem mesmo em regimes comunistas", esbravejou ele, embora os bispos não tenham sofrido nada além de um breve confisco de seus celulares episcopais.

245. O que será exigido do Vaticano, como um sinal de um novo compromisso com o bem-estar das crianças, é o abandono total da afirmação feita por Bento de que a Santa Sé tem direito de julgar suspeitos de crimes com um processo eclesiástico obscuro, ineficiente e secreto. No entanto, o direito canônico oferece uma forma de poder, e talvez o problema fatal de Bento seja sua atração pelo poder – pela pompa da condição de Estado, pelos inúmeros líderes mundiais que se curvam perante ele para beijar seu Anel do Pescador e pela satisfação de ver seus delegados promovendo sua ideologia em seis cadeiras nas mesas de conferência da ONU. Os jornalistas muitas vezes comentam sobre como esse gentil senhor costuma até oferecer parte de sua própria comida a eles, mas uma análise de seu comportamento revela um homem com sede de poder e incapaz de abrir mão dele – nem mesmo para o bem de crianças inocentes. Ao ratificar a Convenção sobre os Direitos da Criança, a Santa Sé citou as palavras de João Paulo II, afirmando que as crianças "são um precioso tesouro dado a cada geração como um desafio à sua sabedoria e benevolência". O próprio João Paulo II, como agora sabemos, falhou nesse desafio ao acolher famosos molestadores de crianças e ao ignorar o crescente número de menores vitimados. E seu tenente mais próximo, o cardeal Joseph Ratzinger, fez o mesmo. Assim sendo, está aberto o julgamento para concluir se Bento XVI de fato tem ou não a sabedoria e a benevolência necessárias para proteger as crianças de sua Igreja.

Apêndice A: Um bispo no tribunal

Estes são trechos tirados da transcrição oficial do depoimento do bispo Curry em uma das ações movidas contra a Igreja em Los Angeles pela supervisão negligente de padres pedófilos. Essa ação foi movida por uma vítima do padre Michael Baker, que começou a molestar crianças em 1974: ele confessou ao bispo Curry e ao cardeal Mahony em 1986 que já havia molestado dois meninos. Aqui, pede-se a Curry para explicar como lidou com essa informação. Após um breve "tratamento" na ordem do Paracleto, no Novo México, Baker voltou às suas funções normais. Quando um menino foi visto saindo do quarto do padre, o bispo Curry deveria ter investigado a situação. Baker foi transferido para outras paróquias na Califórnia – para nove, ao todo, onde voltou a reincidir regularmente durante os quinze anos seguintes.

P: Você acreditava em 1986 que alguém poderia se curar e nunca mais molestar crianças?

> R: Não sei dizer se acreditava nisso.

P: Você sabia em 1986 que molestar uma criança era um crime?

> R: Sim.

P: Você alertou a polícia?

> R: Não.

P: Por quê?

> R: Ele fez... um acordo confidencial com a Igreja para confessar algo que tinha feito, e achei que esse era um assunto confidencial.

P: Se ele procurasse você dizendo que havia assassinado crianças, você teria alertado a polícia?

> R: Não sei o que faria nesse caso, já que nunca lidei com esse tipo de coisa.

P: De qualquer forma, você não alertou a polícia?

> R: Não.

P: Você conversou com o cardeal sobre alertar a polícia?

R: Não me lembro de ter feito isso. O que me lembro é de termos concluído que ele precisaria ser afastado de seu ministério imediatamente e que deveria ser enviado para um tratamento.

P: Certo. E o que você quer dizer com "enviado para um tratamento"?

R: Que ele deveria ser enviado para um complexo de tratamento interno.

P: E pelo que ele iria ser tratado?

R: Pelos problemas que ele tinha confessado.

P: Ou seja, ter molestado crianças?

R: Sim.

P: Então ele seria enviado a um tratamento para parar de molestar crianças?

R: Sim.

P: Quem decidiu para onde ele seria enviado para fazer esse tratamento?

R: Eu, provavelmente.

P: Para onde você o enviou?

R: Nós o enviamos para os Servos do Paracleto, em Jemez Springs, no Novo México.

P: E o que são os Servos do Paracleto?

R: É uma comunidade religiosa.

P: É um grupo de padres e irmãos?

R: Sim.

P: E o que eles fazem?

R: Pelo que eu sabia, administravam esse complexo de tratamento.

P: [...] você sabia se os meninos que ele havia molestado tinham menos ou mais de 12 anos?

R: Não, eu não sabia.

P: Você não sabia?

R: Não.

P: Alguém perguntou a ele a idade das crianças?

R: Na época, não.

P: O cardeal perguntou ao padre o que ele tinha feito com esses meninos?

R: Não me lembro disso.

P: O cardeal perguntou a ele os nomes dos meninos?

R: Também não me lembro.

P: Você chegou a discutir com o cardeal a necessidade de encontrar esses meninos para lhes oferecer algum tipo de ajuda?

R: Não me lembro de ter feito isso.

P: Você não se lembra se o cardeal chegou a dizer que seria necessário encontrar essas famílias, essas crianças que haviam sido molestadas, para que a arquidiocese ajudasse esses meninos?

R: Não me lembro disso.

[...]

P: [...] você e o cardeal chegaram a discutir se seria adequado alertar o Serviço de Proteção à Criança ou a polícia sobre o padre Baker?

R: Não, acho que não.

P: [...] chegou a haver alguma discussão sobre notificar as paróquias ou os lugares onde o padre Baker já havia trabalhado antes de procurar vocês, para saber se havia outras vítimas a quem a arquidiocese poderia oferecer ajuda?

R: Não.

[...]

P: Como a arquidiocese concluiu que seria adequado permitir que o padre Baker voltasse ao seu cargo?

R: Nós acreditávamos que ele queria mudar de vida.

P: E por que vocês acreditavam nisso?

R: Porque ele veio até nós e confessou, e nós não queríamos colocá-lo em uma situação na qual ele estaria envolvido com crianças.

P: Então, além de dizer ao padre Baker que ele não deveria trabalhar com crianças, que outras medidas a arquidiocese tomou para proteger as crianças, se é que elas foram tomadas?

R: Nós o pusemos em uma função na qual ele não se envolveria com crianças. E dissemos ao pastor da paróquia que ele deveria continuar assim, nunca se envolvendo em qualquer trabalho ligado a crianças.

P: Você alertou [ao pastor] que o padre Baker era um molestador de crianças?

R: Não me lembro de ter feito isso.

P: Bom, você acha que teria sido importante que ele [o pastor] soubesse disso?

R: Achei que seria importante que ele soubesse que Baker não deveria ficar perto de crianças.

P: Você não disse que Baker era um molestador, mas disse que ele não deveria ficar perto de crianças?

R: Sim.

P: Por que você não disse que ele era um molestador?

R: Não sei dizer.

P: Você estava tentando esconder esse fato?

R: Não.

P: Você e o cardeal falaram com o padre Baker depois que ele voltou do Paracleto?

R: Não me lembro.

P: O padre Baker voltou ao seu ministério?

R: Sim.

P: Você sabia que, quando uma criança é molestada, isso pode trazer consequências catastróficas para ela?

R: Eu não tinha uma clara noção... eu não tinha uma profunda noção disso na época.

P: Você chegou a pensar que talvez essas crianças pudessem estar com problemas?

R: Sim.

P: O cardeal chegou a perguntar sobre as crianças, a perguntar sobre o estado delas?

R: Não me lembro.

P: Você não se lembra se o cardeal chegou a perguntar a você sobre como essas crianças estavam? Se vocês tinham falado com suas famílias, se haviam tentado ajudá-las?

R: Não, eu não me lembro.

P: Se o cardeal tivesse o instruído a procurar as vítimas, você as teria encontrado?

R: Não sei dizer.

P: Se o cardeal tivesse dito: "Monsenhor, quero que você encontre esses meninos, quero que encontre suas famílias e quero que os ajude", você teria feito isso?

R: Não sei se eu teria como.

P: Mas você tentaria, certo?

R: Não sei dizer. Acho que sim.

P: Se o cardeal lhe pedisse para fazer alguma coisa, você usaria todos os seus meios e habilidades para atendê-lo, correto?

R: Sim.

P: Mas ele nunca lhe pediu para encontrar essas crianças, pediu?

R: Não que eu me lembre.

P: Você chegou a discutir com o cardeal sobre notificar as paróquias onde Baker havia trabalhado?

R: Não.

P: Nunca lhe ocorreu, enquanto você era vigário do clero, que o padre Baker poderia ter abusado de outras crianças além desses dois meninos?

R: Não me lembro de ter pensado nisso.

P: Você saberia me dizer se alguém daquela arquidiocese chegou a tentar encontrar esses dois meninos?

R: Não.

P: É verdade, bispo, que você não procurou esses dois meninos porque tinha medo de que eles alertassem a polícia?

R: Não.

P: Por que você não tentou encontrar essas crianças?

R: Eu só não sabia quem elas eram e onde elas estavam, e achei que uma delas estava no México.

P: Bom, se você quisesse encontrá-las, o que poderia ter feito?

R: Eu não sabia naquela época.

P: Você poderia ter acessado os arquivos da paróquia para ver se elas haviam sido registradas?

R: Não.

P: Não?

R: Eu não sabia o sobrenome.

P: Você perguntou o sobrenome para Baker?

R: Não.

P: Você poderia ter perguntado o sobrenome para Baker, certo?

R: Sim.

P: Você nem sequer perguntou o sobrenome da vítima, é isso? Esse é o seu testemunho?

R: Sim.

P: Então você não perguntou o sobrenome da vítima e não perguntou o nome da outra vítima. É isso?

R: Sim.

P: E por que não, oras?

R: Não sei dizer.

P: É verdade que você não queria saber?

R: Não.

P: Bom, então por que não perguntou?

R: Porque eu não estava acostumado a tratar desses assuntos naquela época. Era a primeira vez que eu lidava com algo assim.

P: Por que você não contratou ou chamou alguém que estivesse acostumado então?

R: Porque eu não sabia lidar com o assunto.

P: O cardeal perguntou o sobrenome?

R: Não me lembro.

P: Se você tivesse o nome dos meninos, poderia ter checado os registros da paróquia?

R: De qual paróquia?

P: Da paróquia onde isso aconteceu.

R: Eu não sabia onde isso tinha acontecido. Não perguntei.

P: O cardeal perguntou onde isso aconteceu?

R: Não me lembro.

P: O cardeal perguntou em qual paróquia isso aconteceu?

R: Não me lembro disso.

P: O pastor local foi alertado de que ele não deveria dar aulas [para crianças]?

R: O pastor foi alertado de que ele não deveria ser envolvido em trabalhos com crianças.

P: Isso foi feito por escrito?

R: Não me lembro.

P: O que o pastor deveria fazer se visse o padre, enfim, violando sua... se o visse por perto de crianças?

R: Ele deveria me avisar.

P: Certo. Agora, ele tinha permissão para ouvir confissões?

R: De crianças?

P: Bem, sim.

R: Acho que não.

P: Como isso seria evitado? Havia uma placa dizendo "proibida a entrada de menores" no confessionário?

R: Não, mas ele não poderia ouvir confissões em escolas ou de crianças em catequese.

P: Se ele estivesse ouvindo confissões em um sábado à tarde qualquer, ele teria como controlar quem entrava no confessionário?

R: Eu na verdade não sei se ele estava ouvindo confissões.

P: Você se lembra se ele chegou a ser impedido de ouvir confissões?

R: Não.

P: E ele tinha permissão para celebrar a missa na paróquia em que estava vivendo?

R: Sim.

P: E ele tinha permissão para ter acólitos para ajudá-lo?

R: Acredito que sim.

P: Em geral, acólitos são crianças, não?

R: Sim.

P: E as crianças se vestiriam, enfim, colocariam o manto e o traje de coroinha na mesma área na sacristia em que Baker se vestiria?

R: Não sei dizer como era a sacristia que eles tinham.

P: Você já ouviu relatos de alguma criança que tenha sido molestada na sacristia, bispo?

R: Sim.

P: Quantas vezes você já ouviu isso?

R: Não sei dizer.

P: Você tinha a preocupação... chegou a lhe ocorrer que Baker poderia molestar crianças na sacristia?

R: Não posso responder essa pergunta, porque não a entendi.

P: Quando você ficou sabendo pela primeira vez que crianças eram molestadas na sacristia?

R: Não sei dizer.

P: Enquanto você era vigário do clero, alguém avisou às famílias dos coroinhas das paróquias onde Baker estava trabalhando que ele era um molestador?

R: Não.

P: Nunca lhe ocorreu, enquanto era vigário do clero, que poderia ser importante para uma família saber sobre isso antes de deixar que suas crianças ajudassem nas missas do padre Baker?

R: Não.

P: Isso nunca lhe ocorreu?

R: Não.

P: Bem, ele oferecia comunhão às crianças?

R: Sim.

P: Ele tinha coroinhas meninos?

R: Sim.

P: E coroinhas meninas?

R: Imagino que sim.

Após confessar ter molestado dois meninos e ter seu ministério "restrito" como foi explicado, o padre Baker logo se envolveu em uma "violação de limites". O padre Dyer relatou ao bispo Cury que um menino havia sido visto saindo do quarto de Baker.

P: Enquanto era vigário do clero, você nunca pensou em dizer ao padre Baker que ele precisava parar com essa conduta de ficar sozinho com crianças ou de molestar essas crianças, senão o denunciaria à polícia?

R: Eu disse isso a ele... é óbvio, que ele não podia mais violar limites.

P: Certo. E o que ele disse?

R: Ele disse que iria parar.

P: Você deixou realmente claro a ele depois do incidente com o padre Dyer que isso era errado, que essas violações de limites precisavam acabar, certo?

R: Sim.

P: E você disse a ele que isso violava seu contrato de reabilitação?

R: Acredito que sim.

P: E o avisou que, caso isso voltasse a acontecer, você iria retirá-lo de seu ministério?

R: Não.

P: Por que não?

R: Não sei dizer.

P: O cardeal ou qualquer outra pessoa chegou a avisá-lo que, caso isso voltasse a acontecer, ele teria que enfrentar as consequências?

R: Não me lembro.

P: Alguém tentou encontrar os pais do menino para avisá-los sobre o que tinha acontecido?

R: Não que eu saiba.

P: Chegou a haver alguma discussão sobre tentar encontrar a família do menino, para perguntar se seu filho havia sido atacado pelo padre Baker?

R: Não, eu não me lembro disso.

P: E até hoje você não sabe quem é essa criança?

R: Não.

P: Você nunca chegou a se perguntar se o padre Baker realmente molestou esse menino?

R: Não tenho como saber isso.

P: Eu perguntei se você nunca se perguntou sobre isso.

R: Eu só... não, eu nunca me perguntei. Eu simplesmente não sei.

P: Quanto ao programa de reabilitação, alguma medida chegou a ser tomada para garantir que o padre Baker nunca ficasse sozinho na residência paroquial?

R: Não que eu saiba.

P: Após a violação de limites com o menino denunciada por Dyer, houve alguma mudança em sua supervisão para garantir que ele nunca ficasse sozinho na residência paroquial?

R: Não que eu saiba.

P: Certo. E ele chegou a explicar por que o menino estava na residência paroquial?

R: Eu... eu acho que sim.

P: E o que ele disse?

R: Acho que ele... eu me esqueci. Mas acho que ele pediu... ele disse que o menino queria ser aconselhado, ou algo assim.

P: Então ele estava dando aconselhamento ao menino?

R: Não tenho certeza. Não me lembro desses detalhes.

P: Você achou que essa era uma boa explicação?

R: Não sei dizer o que pensei na época.

[Vários anos depois, quando a polícia de Los Angeles por fim foi alertada sobre a reincidência do padre Baker, eles recuperaram os registros desse incidente e, por meio de um habilidoso trabalho de investigação, conseguiram encontrar o garoto. Agora com 32 anos, ele revelou que de fato havia sido molestado sexualmente por Baker e que ficou traumatizado pela experiência, da qual ele não ousou falar por medo do impacto disso em sua mãe, que era muito católica. Por fim, a Igreja acabou pagando-lhe uma indenização de US$ 1,2 milhão pela negligência ao não ter investigado a denúncia do padre Dyer. A reinquirição do bispo Curry revelou outro método da Igreja usado para lidar com padres pedófilos – enviá-los à universidade para estudar direito canônico.]

P: Parte do dever dos advogados canônicos da arquidiocese era oferecer conselhos e serviços canônicos em diversas áreas, incluindo questões penais relativas aos padres. Isso procede?

R: Sim.

P: Você achou que era uma boa ideia o cardeal indicar um molestador de crianças para trabalhar no gabinete de direito canônico?

R: Ele só estava trabalhando com casos de casamento.

P: O padre X era um molestador de crianças, um molestador de crianças condenado, e foi indicado para trabalhar no gabinete que administrava casos penais de padres. Isso procede?

R: Não me lembro de ele ter trabalhado com qualquer caso desse tipo.

P: Depois que ele voltou dos Servos do Paracleto e terminou seu período de reabilitação, você o enviou para a universidade católica para se formar em direito canônico. Isso procede?

R: Sim, acho que sim.

P: Então você fez com que um molestador de crianças condenado se formasse como advogado canônico e o colocou para trabalhar no órgão responsável por processar casos penais de padres, inclusive casos de padres que molestaram crianças. Isso procede?

R: A arquidiocese... o gabinete recomendaria esses casos ao cardeal, mas eu não sabia que o gabinete estava lá para processá-los.

P: Antes de o cardeal indicar o padre X para trabalhar no gabinete de direito canônico e permitir que ele fosse enviado à universidade para se tornar um canonista, você chegou a discutir com ele suas objeções sobre fazer com que um molestador de crianças se formasse em direito canônico?

R: Não.

P: Quem supervisionou o padre X enquanto ele estava estudando direito... na universidade católica de direito canônico?

R: Não sei.

[Durante a reinquirição, o investigador entregou ao bispo um artigo do Los Angeles Times *que falava sobre o padre ter reincidido mesmo após sua confissão e o incidente com o padre Dyer.]*

P: Esse artigo diz: "Além disso, Baker continuou a ter frequente acesso a crianças ao longo dos catorze anos seguintes enquanto passou por nove paróquias diferentes. Seis das igrejas onde Baker trabalhou tinham escolas primárias logo ao lado da residência paroquial". Isso é verdade, bispo?

R: Acredito que sim.

P: Por que você enviou o padre Baker para uma paróquia que tinha uma escola?

R: Porque nós tínhamos feito um acordo com ele de que ele não se envolveria com a escola, nem com qualquer trabalho com crianças.

P: Você colocou um padre pedófilo em uma paróquia com uma escola. Isso procede?

R: Nós indicamos Michael Baker, que afirmou ter molestado crianças na escola... nessas paróquias que tinham escolas.

P: Imagino que você tenha alertado o diretor de que havia um pedófilo morando logo ao lado da escola, certo?

R: Eu não falei com o diretor.

P: O cardeal pediu para que você ou qualquer outra pessoa da arquidiocese ligasse para o diretor dessas escolas para avisá-lo de que um padre que já havia admitido ter molestado crianças estava morando na paróquia onde essas escolas ficavam?

R: Não.

P: Você acha que essa teria sido uma boa ideia, bispo?

R: Se eu acho isso agora?

P: Sim. Você acha que essa teria sido uma boa ideia?

R: Eu... pelo que aprendi desde então, sim.

P: O que você aprendeu desde então fez com que você mudasse de ideia sobre alertar os diretores de que um molestador de crianças estava morando dentro dessas escolas?

R: Ele estava morando na residência paroquial. Ele não morava na escola.

P: Certo. Bem, você sabe que as escolas e as residências paroquiais ficam muito perto nesses lugares?

R: Sim.

P: Por que você não alertou os diretores das escolas das paróquias em que ele trabalhou de que ele já havia admitido ter molestado crianças?

R: Porque nós tínhamos um acordo de que ele não se envolveria com crianças e eu acreditava que ele queria mudar de vida e seguir essa regra.

P: Como isso... como notificar os diretores de que ele já havia molestado crianças antes poderia interferir nisso?

R: Não sei dizer.

P: Bispo, você sabia que o que ele tinha feito era um crime?

R: Sim.

P: Você sabia, bispo, quando transferiu Baker para paróquias com escolas, que ele tinha cometido um crime?

R: Ele confessou um crime, sim.

P: E você sabia que ele tinha cometido um crime contra crianças, correto?

R: Ele confessou isso.

P: E você sabia que estava colocando-o em uma situação na qual ele ficaria perto de crianças quando o transferiu para paróquias com escolas, certo?

R: Sim.

P: Certo. Você chegou a dizer ao cardeal ou a ter alguma conversa com o cardeal Mahoney para dizer a ele que essa era uma péssima ideia?

R: Não.

Esse caso foi encerrado com um acordo, em 2010, com o pagamento de US$ 2,2 milhões em indenização às vítimas do padre Baker.

APÊNDICE B: Trechos da *Crimen Sollicitationis*

INSTRUÇÃO DA SUPREMA CONGREGAÇÃO SAGRADA DO SANTO OFÍCIO

ENDEREÇADA A TODOS OS PATRIARCAS, ARCEBISPOS, BISPOS E OUTROS ORDINÁRIOS LOCAIS

INSTRUÇÃO SOBRE COMO PROCEDER EM CAUSAS ENVOLVENDO O CRIME DE SOLICITAÇÃO

MANTER CUIDADOSAMENTE NO ARQUIVO SECRETO DA CÚRIA PARA USO INTERNO – ESTE DOCUMENTO NÃO DEVERÁ SER PUBLICADO OU ACRESCIDO DE COMENTÁRIOS

QUESTÕES PRELIMINARES

1. O crime de solicitação ocorre sempre que um padre – seja no próprio ato da confissão sacramental, ou antes ou imediatamente após a confissão, ou na ocasião ou sob o pretexto de confissão, ou até mesmo fora do contexto de confissão [mas] em um confessionário ou em outro lugar designado ou escolhido para ouvir confissões e com a aparência para ouvir confissões – tenta provocar ou levar um penitente, quem quer que ele ou ela sejam, a cometer atos imorais ou indecentes, seja por meio de palavras, gestos, acenos, toques ou uma mensagem escrita para ser lida no ato ou depois, ou caso ele, por imprudência, ouse ter conversas ou interações inadequadas e indecentes com essa pessoa.

2. Levar esse inefável crime a julgamento em primeira instância compete aos *ordinários locais* (ou seja, bispos e abades) em cujo território o acusado resida, não apenas por direito próprio, mas também por delegação especial da Sé Apostólica; *e cabe a eles, por uma obrigação a ser seguida seriamente por suas consciências, garantir que essas causas a partir de então sejam introduzidas, julgadas e concluídas o mais rápido possível em seu próprio tribunal*. Ainda assim, por motivos particulares e sérios, de acordo com a norma do Cânone 247, §2, essas causas

também podem ser deferidas diretamente à Congregação Sagrada do Santo Ofício ou requisitadas pela mesma Congregação Sagrada [...].

4. O ordinário local será o juiz nessas causas para religiosos também, incluindo não religiosos. ["*Religiosos*" *aqui são diáconos, monges e outros oficiais da Igreja que não foram ordenados.*] Na verdade, seus superiores estão estritamente proibidos de se envolverem em causas referentes ao Santo Ofício (Cânone 501, §2). Ainda assim, sem prejuízo ao direito do ordinário, isso não impede que os próprios superiores, caso descubram que um de seus subalternos tenha cometido um crime na administração do Sacramento da Penitência, sejam capazes e obrigados a exercerem vigilância sobre ele; para repreendê-lo e corrigi-lo, também por meio de penitências salutares; e, caso seja necessário, retirá-lo de qualquer tipo de ministério. *Eles também poderão transferi-lo para outro posto*, a menos que o ordinário local vete essa medida pelo fato de uma reclamação já ter sido feita e uma investigação já ter sido iniciada.

5. O ordinário local pode presidir essas causas por si mesmo ou comandar que elas sejam ouvidas por outra pessoa, especificamente um eclesiástico prudente de idade madura [...].

7. O promotor de justiça, o advogado do acusado e o notário – que devem ser padres prudentes, de idade madura e boa reputação, doutores em direito canônico ou outra especialidade, de compromisso comprovado com a justiça (Cânone 1589) e sem ter qualquer ligação com o acusado conforme descrito no Cânone 1613 – serão indicados por escrito pelo ordinário [...]. O acusado tem o direito de propor um advogado que ele julgue aceitável (Cânone 1655); esse advogado, no entanto, deverá ser um padre e precisará ser aprovado pelo ordinário.

[...]

11. No entanto, como tratar dessas causas exige mais cuidados e preocupações do que o comum para que elas sejam administradas com o máximo de confidencialidade e como, depois de concluídas e a decisão executada, elas deverão ser mantidas sob sigilo absoluto (Instrução do Santo Ofício, 20 de fevereiro de 1867, nº 14), todas as pessoas de alguma forma associadas ao tribunal, ou que tenham conhecimento desses assuntos por meio de seus ofícios, deverão manter um sigilo inviolável e rígido, comumente conhecido como o *sigilo do Santo Ofício*, quanto a todos os assuntos e todas as pessoas, cuja violação será punida com a excomunhão automática, *ipso facto* e sumariamente, reservada apenas à pessoa do Supremo Pontífice, excluindo até o Sagrado Penitenciário. Os ordinários estão sujeitos *a essa mesma lei* em virtude de seu próprio ofício;

outros encarregados estão sujeitos a essa lei em virtude do *juramento* que sempre deverão fazer antes de assumir suas funções; e, finalmente, os delegados, interrogados ou informados [fora do tribunal], estão sujeitos en virtude do *termo* que será imposto a eles nas cartas de delegação, inquérito ou informação, mencionando expressamente a exigência do *sigilo do Santo Ofício* e de todas as censuras já mencionadas.

12. O juramento supracitado [...] deverá ser feito [...] na presença do ordinário ou de seu delegado, segundo o Evangelho Sagrado de Deus (inclusive os padres) e não de qualquer outra forma, junto com uma promessa adicional de realizar fielmente seus deveres; a pena de excomunhão supracitada, no entanto, não se estende a essa promessa. Cuidados devem ser tomados por aqueles responsáveis por presidir essas causas para que ninguém, incluindo os encarregados do tribunal, tome conhecimento das questões sendo julgadas a não ser quando o cumprimento de seus papéis ou tarefas exigir.

13. O juramento de sigilo deve sempre ser feito nessas causas, também pelos acusadores ou reclamantes e pelas testemunhas. Essas pessoas, no entanto, não estão sujeitas a nenhuma censura, a menos que tenham sido expressamente avisadas sobre isso nos procedimentos de acusação e nos depoimentos ou questionamentos. O acusado deverá ser severamente advertido de que também precisará manter o sigilo, a não ser com seu advogado, sob pena de suspensão *a divinis*, a ser imposta *ipso facto* no caso de violação.

[...]

TÍTULO UM
A PRIMEIRA NOTIFICAÇÃO DO CRIME

15. O crime de solicitação em geral é cometido na ausência de qualquer testemunha; por consequência, para que ele não fique quase sempre oculto e sem punição com inestimável detrimento às almas, vem sendo necessário compelir a única pessoa que em geral tem conhecimento do crime, ou seja, o penitente solicitado, a revelar o ocorrido *por meio de uma denúncia* imposta pela lei positiva. Portanto:

[...]

23. Ao receber as denúncias, este protocolo deverá ser seguido: Primeiro, um juramento para dizer a verdade a ser administrado à pessoa que está fazendo a denúncia; o juramento deve ser feito com a mão sobre o Evangelho Sagrado. A pessoa então será interrogada de acordo com

a fórmula (Fórmula E), tomando-se o cuidado para que ela relate, de forma breve e adequada, mas ainda assim com clareza e detalhes, tudo o que esteja ligado à solicitação por ela sofrida. Em nenhuma hipótese, no entanto, deverá ser perguntado se ela consentiu com a solicitação; na verdade, ela deverá ser expressamente aconselhada a não declarar que qualquer tipo de consentimento possa ter sido dado. As respostas – não apenas seu conteúdo, mas também as próprias palavras do testemunho (Cânone 1778) – deverão ser registradas imediatamente por escrito. Toda a transcrição deverá então ser lida de novo em uma voz clara e distinta para a pessoa que está fazendo a denúncia, dando a ela a opção de adicionar, suprimir, corrigir ou alterar qualquer parte. O texto então deverá ser assinado pela pessoa, ou então, caso ela não possa ou não saiba escrever, deverá assiná-lo com um "X". Enquanto ela ainda estiver presente, a pessoa que está recebendo o testemunho, assim como o notário, caso esteja presente, deverão adicionar suas assinaturas também (ver nº 9). Antes que a pessoa que está fazendo a denúncia seja dispensada, ela deverá fazer um juramento de confidencialidade, conforme descrito acima, caso necessário, sob pena de excomunhão reservada ao ordinário local ou à Santa Sé (ver nº 13).

28. [...] o ordinário, caso determine que o delito específico de solicitação não ocorreu, deverá ordenar que os documentos sejam guardados no arquivo secreto, ou exercer seus direitos e deveres de acordo com a natureza e a gravidade das questões relatadas. Por outro lado, caso o ordinário chegue à conclusão de que o crime ocorreu, ele deverá dar início a uma investigação imediatamente (ver Cânone 1942, §1).

TÍTULO DOIS
O PROCESSO

Capítulo I – A investigação

[...]

33. [...] assim que o ordinário tenha recebido qualquer denúncia de um crime de solicitação, ele irá – em pessoa ou por meio de um padre especialmente designado – convocar duas testemunhas (em separado e com a devida discrição), a serem selecionadas conforme for possível dentre o clero, ainda assim, sem exceção, que conheçam bem tanto o acusado quanto o acusador. Na presença do notário (ver nº 9), que deverá registrar as perguntas e respostas por escrito, ele deverá impor às testemunhas um juramento de dizer a verdade e de manter sigilo,

sob ameaça, caso necessário, de excomunhão [...]. Ele deverá então interrogá-las sobre a vida, a conduta e a reputação pública tanto do acusado quanto do acusador; perguntar se elas consideram o acusador digno de credibilidade ou por outro lado capaz de proferir mentiras, calúnias ou perjúrio; e se elas sabem de algum motivo de ódio, desentendimento ou inimizade entre o acusador e o acusado.
[...]

Capítulo II – Medidas canônicas e a repreensão do acusado

42. Assim que o processo de investigação for encerrado, o ordinário, após ouvir o promotor de justiça, deverá proceder da seguinte forma:
a) caso esteja claro que a denúncia é completamente infundada, ele deverá ordenar que esse fato seja declarado nos autos, e o documento de acusação deverá ser destruído;
b) caso as provas de um crime sejam vagas e indeterminadas, ou incertas, ele deverá ordenar que os autos sejam arquivados para poderem ser consultados caso qualquer outra coisa aconteça no futuro;
c) caso, no entanto, as provas de um crime sejam consideradas graves o bastante, mas ainda assim não o suficiente para se protocolar uma reclamação formal – como acontece especialmente quando só existem uma ou duas denúncias com *diligências* regulares, mas quando há a falta ou a insuficiência de provas subsidiárias concretas, ou mesmo quando existem várias denúncias, mas com *diligências* incertas ou inexistentes –, ele deverá ordenar que o acusado seja repreendido de acordo com os diferentes tipos de casos, com um *primeiro* ou um *segundo* aviso, de forma *paternal, grave* ou *gravíssima* segundo a norma do Cânone 2307, com a adição, caso necessário, de *uma ameaça explícita de julgamento* caso alguma nova acusação seja feita. Conforme descrito acima, esses autos deverão ser mantidos nos arquivos, e a conduta do acusado deverá ser vigiada de perto por um determinado período;
d) por fim, caso existam argumentos concretos ou pelo menos plausíveis para levar a acusação a julgamento, ele deverá ordenar que o acusado seja citado e responsabilizado formalmente.

43. O aviso mencionado no item (c) sempre deverá ser dado em caráter confidencial; ainda assim, esse aviso também pode ser feito por meio de carta ou por um intermediário particular, mas em cada um desses casos isso deve ser aprovado por um documento a ser mantido nos arquivos secretos da cúria, junto com as informações sobre a maneira como o acusado aceitou esse aviso.

44. Caso, após o primeiro aviso, outras acusações sejam feitas contra o mesmo acusado sobre atos de solicitação que tenham ocorrido antes desse alerta, o ordinário deverá determinar, por sua consciência e de acordo com seu próprio julgamento, se o primeiro aviso foi o suficiente ou se ele deverá fazer um novo aviso, ou até mesmo passar ao estágio seguinte.

[...]

Capítulo III – A denúncia do acusado

[...]

48. Antes de as acusações serem feitas formalmente, quando o acusado se apresentar após ter sido citado, o juiz deverá incentivá-lo de maneira paternal e gentil a fazer uma confissão; caso ele aceite esses incentivos, o juiz, tendo convocado o notário, ou até mesmo, caso ache mais adequado (ver nº 9), sem a presença do mesmo, deverá receber a confissão.

49. Nesse caso, se a confissão for considerada, à luz dos procedimentos, substancialmente completa, assim que o promotor de justiça tiver apresentado sua opinião por escrito a causa pode ser concluída por uma sentença definitiva, omitindo-se todas as outras formalidades (ver abaixo, Capítulo IV). O acusado, no entanto, deverá ter a opção de aceitar essa sentença ou exigir a continuidade normal de um julgamento.

50. Por outro lado, caso o acusado tenha negado o crime, ou feito uma confissão que não seja substancialmente completa, ou mesmo rejeitado uma sentença dada com base em sua confissão, o juiz, na presença do notário, deverá ler para ele o decreto mencionado no item nº 47 e declarar a denúncia como instaurada.

[...]

52. Depois disso, o interrogatório do acusado deverá ocorrer de acordo com a Fórmula P, com o máximo de cuidado por parte do juiz para não revelar a identidade dos acusadores e, em especial, dos denunciantes, e por parte do acusado para que o sigilo sacramental não seja violado de qualquer maneira. Caso o acusado, falando acaloradamente, deixe escapar algo que possa sugerir uma violação direta ou indireta do sigilo, o juiz não deverá permitir que isso seja registrado pelo notário nos autos; e caso, por algum motivo, algo desse tipo tenha sido relatado involuntariamente, ele deverá ordenar, assim que tomar ciência disso, que esses registros sejam completamente apagados. *O juiz deve*

sempre se lembrar de que nunca é aceitável forçar o acusado a fazer um juramento para falar a verdade (ver Cânone 1744).

[...]

TÍTULO TRÊS
PENALIDADES

61. "Aquele que cometer o crime de solicitação [...] deverá ser suspenso de celebrar a missa e de ouvir confissões sacramentais e até mesmo, dependendo da gravidade de seu crime, ser declarado incapaz de ouvi-las. Ele deverá ser privado de todos os seus benefícios, honras e voz ativa e passiva, e ser declarado como indigno de tudo isso e, em casos mais sérios, até deverá ser rebaixado ao estado de leigo [*degradatio*]". Assim declara o Cânone 2368, §1 do Código [do direito canônico].

62. Para uma aplicação correta desse cânone na prática, quando forem determinadas, à luz do Cânone 2218, §1, punições justas e adequadas contra o padre culpado pelo crime de solicitação, os seguintes elementos deverão ser levados em conta para avaliar a gravidade do crime: o número de pessoas solicitadas e suas condições – se elas são menores, por exemplo, ou especialmente consagradas a Deus por votos religiosos; a forma da solicitação, especialmente se ela estiver ligada à falsa doutrina ou falso misticismo; não apenas a torpeza formal, mas também material dos atos cometidos e, acima de tudo, a conexão da solicitação com outros crimes; a duração da conduta imoral; a repetição do crime; a reincidência após uma advertência, e a insistência na malícia por parte do solicitador.

63. Deve-se recorrer à penalidade extrema do rebaixamento ao estado de leigo – que para acusados religiosos pode ser entendida como um rebaixamento ao status de irmão leigo [*conversus*] – apenas quando, levando tudo em consideração, ficar claro que o acusado, com toda a sua malícia e seu abuso do ministério sagrado, trazendo um sério escândalo aos fiéis e mal às suas almas, tenha chegado a um grau de temeridade e má conduta que não ofereça esperanças, humanamente falando, ou quase nenhuma esperança de sua correção.

[...]

65. De acordo com a norma do Cânone 2236, §3, todas essas punições, desde que aplicadas de acordo com a lei, não podem, após terem sido aplicadas pelo juiz em seu cargo, ser remitidas a não ser pela Santa Sé, por meio da Suprema Congregação Sagrada do Santo Ofício.

TÍTULO QUATRO
COMUNICAÇÕES OFICIAIS

66. Nenhum ordinário nunca deverá se omitir de informar ao Santo Ofício imediatamente assim que receber qualquer denúncia do crime de solicitação. Caso o crime esteja ligado a um padre, secular ou religioso, que resida em outro território, ele também deverá enviar (como já foi descrito acima, no item nº 31) ao ordinário do local onde o denunciado vive ou, na falta dessa informação, ao Santo Ofício, uma cópia autenticada da denúncia em si com as *diligências* descritas da forma mais completa possível, junto com as devidas informações e declarações.

67. Qualquer ordinário que tenha instaurado um processo contra qualquer padre acusado de solicitação não deverá deixar de informar à Congregação Sagrada do Santo Ofício e, caso o assunto esteja ligado a um religioso, ao supervisor-geral do padre também, em relação ao resultado do processo.

68. Caso o padre condenado, ou até mesmo apenas repreendido, pelo crime de solicitação seja transferido para outro território, o ordinário *a quo* deverá imediatamente alertar o ordinário *ad quem* sobre o histórico e o status legal do padre em questão.

69. Caso um padre que, por um caso de solicitação, tenha sido suspenso de ouvir confissões sacramentais, mas não de realizar pregações, seja transferido para outro território com o fim de pregar, o ordinário desse novo território deverá ser informado por seu superior, secular ou religioso, de que esse padre não pode ser encarregado de ouvir confissões sacramentais.

70. Todas essas comunicações oficiais sempre deverão ser feitas *sob o sigilo do Santo Ofício;* e, por serem da maior importância para o bem comum da Igreja, *seu não cumprimento implicará um grave pecado.*

TÍTULO CINCO
CRIMEN PESSIMUM

71. O termo *crimen pessimum* ["o crime mais torpe"] fica aqui entendido como qualquer ato obsceno, gravemente pecaminoso, perpetrado ou tentado por um clérigo de qualquer maneira com outra pessoa de seu mesmo sexo.

72. Tudo o que foi dito até este ponto quanto ao crime de solicitação também é válido, a não ser apenas pelos diferentes elementos exigidos ne-

cessariamente pela natureza da questão, para o *crimen pessimum*, caso um clérigo (Deus nos livre) venha a ser acusado desse crime perante o ordinário local, a não ser pela obrigação de denúncia [imposta] *pela lei positiva da Igreja* [que não se aplica] a menos que esse delito tenha sido cometido em conjunto com o crime de solicitação durante uma confissão sacramental [...].

73. Igual ao *crimen pessimum*, no tocante à punição, é qualquer ato obsceno externo, gravemente pecaminoso, perpetrado ou tentado por um clérigo de qualquer forma com uma criança pré-adolescente [*impuberes*] de qualquer sexo ou com animais irracionais [*bestialitas*].

DE UMA AUDIÊNCIA COM O SANTO PAI, 16 DE MARÇO DE 1962

Sua Santidade o papa João XXIII, em audiência concedida ao eminentíssimo cardeal secretário do Santo Ofício, em 16 de março de 1962, aprovou e confirmou com sua graça esta Instrução, dando a ordem para que os responsáveis a sigam e garantam que ela seja seguida em todos os seus detalhes.

Enviada de Roma, pelo Gabinete da Congregação Sagrada, 16 de março de 1962.

L.+S. A. CARDEAL OTTAVIANI

APÊNDICE C: Trechos da *Sacramentorum sanctitatus tutela*: Carta apostólica do cardeal Ratzinger (2001)

CARTA DA CONGREGAÇÃO PARA A DOUTRINA DA FÉ

ENVIADA PELA CONGREGAÇÃO PARA A DOUTRINA DA FÉ PARA OS BISPOS DE TODA A IGREJA CATÓLICA E SEUS ORDINÁRIOS E HIERARCAS INTERESSADOS

SOBRE AS MAIS SÉRIAS OFENSAS

RESERVADA À CONGREGAÇÃO PARA A DOUTRINA DA FÉ

[...] a Congregação para a Doutrina da Fé, por meio de uma comissão *ad hoc*, dedicou-se ao estudo diligente dos cânones sobre delitos no código do direito canônico e no código de cânones das Igrejas Católicas Orientais visando determinar os "delitos mais graves contra a moral e cometidos durante a celebração dos sacramentos" e também criar normas especiais de procedimentos "para que sanções canônicas sejam declaradas ou impostas", uma vez que a instrução *Crimen Sollicitationis*, preparada pela Suprema Congregação Sagrada do Santo Ofício em 16 de março de 1962 e em atual vigor pleno, precisou ser revisada quando os novos códigos canônicos foram promulgados.

[...] Todos esses termos, aprovados pelo próprio supremo pontífice, foram confirmados e promulgados por meio da carta apostólica escrita em *motu proprio* [ou seja, emitida pelo próprio papa] e começando com as palavras *Sacramentorum sanctitatis tutela*.

Os delitos mais graves cometidos durante a celebração dos sacramentos e contra a moral reservados à Congregação para a Doutrina da Fé são:

– Delitos contra a santidade do santíssimo sacrifício eucarístico e seus sacramentos, especificamente:

1. A ablação ou a conservação de hóstias consagradas para fins sacrílegos ou a sua dispensa.

2. A tentativa da ação litúrgica do sacrifício eucarístico ou a sua simulação.

3. A concelebração do sacrifício eucarístico proibida juntamente com os ministros das comunidades eclesiais que não têm a sucessão apostólica e não reconhecem a dignidade sacramental da ordenação sacerdotal.

4. Consagrar por motivo sacrílego um material sem a presença do outro na celebração eucarística ou mesmo fora de uma celebração eucarística.

– Delitos contra a santidade do sacramento da penitência, especificamente:

1. Absolvição de um cúmplice em um pecado contra o sexto mandamento do Decálogo.
2. A solicitação ao pecado contra o sexto mandamento do Decálogo no ato ou por ocasião ou com o pretexto da confissão, se destinada ao pecado com o mesmo confessor.
3. Violação direta do sigilo sacramental.

– Um delito contra a moral, especificamente: o delito cometido por um clérigo contra o sexto mandamento do Decálogo com uma pessoa com menos de 18 anos.

Apenas esses delitos, indicados acima com suas respectivas definições, estão reservados ao tribunal da Congregação para a Doutrina da Fé.

Sempre que o ordinário ou o hierarca receber a notícia, pelo menos verossímil, de um delito mais grave, depois de realizada a averiguação prévia, ele deverá repassá-la à Congregação para a Doutrina da Fé, a qual, se não avocar para si a causa por circunstâncias particulares, ordena ao ordinário ou ao hierarca que dê início a um julgamento em seu próprio tribunal. O direito de apelar contra uma sentença em primeira instância, seja por uma das partes ou pelo representante legal das partes, ou pelo promotor de justiça, deverá ser válido apenas para o supremo tribunal dessa congregação.

Deve-se ressaltar que os processos criminais por delitos reservados à Congregação para a Doutrina da Fé devem ser extintos por prescrição após dez anos.

A prescrição corre de acordo com o direito universal e o direito comum; no entanto, no caso de delitos perpetrados contra um menor por um clérigo, o período de prescrição começa a correr a partir do dia em que o menor tiver completado 18 anos de idade.

Nos tribunais estabelecidos por ordinários ou hierarcas, as funções de juiz, promotor de justiça, notário e representante legal só podem ser realizadas de maneira válida por padres. Quando o julgamento no tribunal for concluído, independente de seu resultado, todos os autos do caso deverão ser enviados *ex officio* assim que possível à Congregação para a Doutrina da Fé.

[...]

Casos desse tipo estão sujeitos ao sigilo pontifício.

[...]

ROMA, DOS ESCRITÓRIOS DA CONGREGAÇÃO PARA A DOUTRINA DA FÉ, 18 DE MAIO DE 2001.

Cardeal Joseph Ratzinger, prefeito

Arcebispo Tarcisio Bertone, secretário salesiano de Dom Bosco

APÊNDICE D: *de gravioribus delictis* (julho de 2010)

PRIMEIRA PARTE
NORMAS SUBSTANCIAIS SOBRE OS MAIS GRAVES CRIMES

Art. 1º
§1. A Congregação para a Doutrina da Fé, nos termos do art. 52 da Constituição Apostólica Pastor Bonus, julga os delitos contra a fé e os delitos mais graves cometidos contra os costumes ou na celebração dos sacramentos [...].

Art. 2º
§ 1. Os delitos contra a fé, a que se refere o art. 1º, são a heresia, a apostasia e o cisma [...].

Art. 3º
§ 1. Os delitos mais graves contra a santidade do augustíssimo Sacrifício e sacramento da Eucaristia reservados ao julgamento da Congregação para a Doutrina da Fé são:
   1. A ablação ou a conservação para fins sacrílegos, ou a profanação das espécies consagradas [...].
   2. A tentativa de ação litúrgica do Sacrifício eucarístico [...].
   3. A simulação da ação litúrgica do Sacrifício eucarístico [...].
   4. A concelebração do Sacrifício eucarístico proibida [...] juntamente com os ministros das comunidades eclesiais que não têm a sucessão apostólica e não reconhecem a dignidade sacramental da ordenação sacerdotal.

Art. 4º
§ 1. Os delitos mais graves contra a santidade do Sacramento da Penitência reservados ao julgamento da Congregação para a Doutrina da Fé são:
   1. A absolvição do cúmplice no pecado contra o sexto mandamento do Decálogo [...] [ou seja, não cometerás adultério].
   2. A tentativa de absolvição sacramental ou a escuta proibida da confissão [...].

3. A simulação da absolvição sacramental [...].
4. A *solicitação* ao pecado contra o sexto mandamento do Decálogo no ato, por ocasião ou com o pretexto da confissão [...] se destinada ao pecado com o mesmo confessor;
5. A violação direta e indireta do sigilo sacramental [...].

§ 2. [...] fica reservado também o delito mais grave que consiste no *registro*, feito com qualquer meio técnico, ou na divulgação com os meios de comunicação social realizada com malícia, *de quanto é dito pelo confessor ou pelo penitente na confissão sacramental, verdadeira ou falsa*. Aquele que comete este delito deve ser punido segundo a gravidade do crime, sem excluir a demissão ou a deposição, se é um clérigo.

Art. 5º
À Congregação para a Doutrina da Fé é reservado também o delito mais grave de *tentar sagrada ordenação de uma mulher:*
1. [...] quer quem tenta conferir a ordem sagrada, quer *a mulher que tenta receber a ordem sagrada*, incorrem na excomunhão *latae sententiae* reservada à Sé Apostólica.
2. Se quem tenta conferir a ordem sagrada ou a mulher que tenta receber a ordem sagrada for um cristão sujeito ao Código dos Cânones das Igrejas Orientais [...] ele ou ela deverá ser punido com a excomunhão maior reservada à Sé Apostólica;
3. Se depois o réu é um clérigo, pode ser punido com a demissão ou com a deposição.

Art. 6º
§ 1. Os delitos mais graves contra os costumes, reservados ao julgamento da Congregação para a Doutrina da Fé, são:
1. O delito contra o sexto mandamento do Decálogo *cometido por um clérigo com um menor de 18 anos*; neste número, é equiparada ao menor a pessoa que habitualmente tem um uso imperfeito da razão;
2. A *aquisição ou a posse ou a divulgação*, para fins de libidinagem, *de imagens pornográficas de menores* com idade inferior aos 14 anos *por parte de um clérigo*, de qualquer modo e com qualquer instrumento;

§ 2. O clérigo que pratica os delitos a que se refere o §1 deve ser punido *segundo a gravidade do crime*, não excluída a demissão ou a deposição.

Art. 7º

§ 1. Salvaguardando o direito da Congregação para a Doutrina da Fé de derrogar à prescrição para cada um dos casos, a ação criminal relativa aos delitos reservados à Congregação para a Doutrina da Fé extingue-se por prescrição em vinte anos.

[...]

SEGUNDA PARTE
NORMAS PROCESSUAIS

TÍTULO 1
CONSTITUIÇÃO E COMPETÊNCIA DO TRIBUNAL

Art. 8º

§ 1. A Congregação para a Doutrina da Fé é o Supremo Tribunal Apostólico para a Igreja Latina, assim como para as Igrejas Orientais Católicas, para julgar os delitos definidos nos artigos precedentes.

Art. 9º

§ 1. Os juízes deste Supremo Tribunal são, pelo mesmo direito, os Padres da Congregação para a Doutrina da Fé.
§ 2. Preside o Colégio dos Padres, como primeiro entre iguais, o Prefeito da Congregação [...].

Art. 11

Para apresentar ou defender a acusação, é constituído um Promotor de Justiça, que seja sacerdote, munido de doutoramento em direito canônico, de bons costumes, que se distinga particularmente por prudência e experiência jurídica, que desempenhe o seu cargo em todos os graus de juízo.

Art. 13

Desempenha a função de Advogado e Procurador um sacerdote, munido de doutoramento em direito canônico, que é aprovado pelo Presidente do colégio.

Art. 14

Nos outros Tribunais, depois, para as causas a que se referem as presentes normas, podem desempenhar validamente os cargos de Juiz, Promotor de Justiça, Notário e Patrono [procurador e advogado] apenas sacerdotes.

Art. 16
Todas as vezes que o Ordinário ou o Hierarca recebe a notícia, *pelo menos verossímil*, de um delito mais grave, realizada a averiguação prévia, *a dê a conhecer à Congregação para a Doutrina da Fé*, a qual, se não avoca para si a causa por circunstâncias particulares, ordena ao Ordinário ou ao Hierarca que proceda ulteriormente, ficando estabelecido contudo, se necessário, o direito de apelo contra a sentença de primeiro grau apenas ao Supremo Tribunal da mesma Congregação.

TÍTULO DOIS
A ORDEM JUDICIÁRIA

Art. 21
§ 1. Os delitos mais graves reservados à Congregação para a Doutrina da Fé devem ser perseguidos em processo judiciário.
§ 2. Contudo, à Congregação para a Doutrina da Fé é lícito:
2º Remeter diretamente à decisão do Sumo Pontífice em mérito à demissão do estado clerical ou à deposição, juntamente com a dispensa da lei do celibato, os casos mais graves quando consta manifestamente a prática do delito, depois de ter sido dado ao réu a faculdade de se defender.

Art. 24
§ 2. O mesmo Tribunal deve avaliar com particular atenção a credibilidade do denunciante.
§ 3. Contudo, é preciso providenciar a que seja evitado absolutamente qualquer perigo de violação do sigilo sacramental.

Art. 30
§ 1. As causas deste gênero são sujeitas ao segredo pontifício.
§ 2. Quem quer que viole o segredo ou, por dolo ou negligência grave, cause qualquer dano ao acusado ou às testemunhas, a pedido da parte lesada ou também por competência, deve ser punido pelo turno superior com penas côngruas.

Este texto foi aprovado por Bento XVI em 21 de maio de 2010 e enviado como uma carta para todos os bispos pelo cardeal Levada, prefeito da CDF. O documento só foi revelado ao público em 15 de julho de 2010.

Epílogo

Geoffrey Robertson

Como em uma tentativa apressada de dar aos padres pedófilos seu próprio santo protetor, o Vaticano acelerou a beatificação de João Paulo II, que aconteceu em Roma, na Páscoa de 2011. Esse foi o papa que não apenas ignorou os estupros de milhares de crianças católicas, mas chegou até a homenagear alguns dos piores estupradores, como o cardeal Groer (parágrafo 36) e o padre Maciel (parágrafo 184), e perdoar aqueles que acobertaram seus crimes – o cardeal Bernard Law (parágrafo 19) e o bispo Pican (parágrafo 53).[1] O caixão do santo foi retirado de seu túmulo e exibido na Catedral de São Pedro sob um altar no qual foi colocada uma ampola de seu sangue abençoado (extraído em seu leito de morte de antemão para esse evento e conservado em estado líquido por um anticoagulante). Esse frasco foi exibido como uma "relíquia oficial" a ser venerada, e, como mostra uma ilustração do tema central deste livro, um dos primeiros fiéis a chegar ao local foi o presidente Robert Mugabe. Banido da União Europeia por seus abusos contra os direitos humanos, Mugabe se aproveitou da falsa condição de Estado do Vaticano para insistir que o convite lhe permitia ir até Roma. A Itália, é claro, conspirou junto a Mugabe e ao Vaticano para derrubar o impedimento de viagem, e os diplomatas da União Europeia foram forçados a dar seu consentimento. A condição de Estado mais uma vez foi usada para debochar dos direitos humanos.

Este livro foi terminado em agosto de 2010, e publicado a tempo para a visita do papa à Grã-Bretanha no mês seguinte. Antes de sua chegada, ele fez seu pedido de desculpas mais submisso até então pelos danos que os abusos sexuais clericais causaram, expressando "profunda tristeza" por esses "crimes inenarráveis". É provável que ele faça outro discurso similar no início de sua visita à Alemanha em setembro de 2011. No entanto, ele não terá força para tomar as medidas necessárias e expurgar a Igreja Católica de suas chagas, ou seja, renunciar a qualquer papel do direito canônico no gerenciamento de alegações de casos de abuso sexual e exigir que os bispos e oficiais da Igreja os denunciem à polícia. Na verdade, Bento é incapaz de entender a natureza do problema – ele é velho e academicista demais, e sempre procura culpar qualquer coisa, menos o próprio catolicismo, pela explosão dos casos de abuso sexual na Igreja. Sua mensagem de Natal, em dezembro, tentou imputar tudo à pornografia, ao turismo sexual e ao "relativismo moral" dos anos 1970: "Nos anos 1970, a pedofilia era vista como algo normal entre homens e crianças"[2], disse ele – uma declaração absurda, a não ser para os santíssimos cardeais da plateia. Apesar de todas as suas belas palavras de compaixão pelas vítimas, ele ainda parece não ter entendido nada: a Igreja, ao entregar garotos fiéis a partir dos sete anos de idade a padres não confiáveis que acreditam – com bons motivos – poder abusar dessas crianças e sair impunes, é culpada de negligência quando esses abusos acontecem. Ao culpar a pornografia e o turismo sexual, Bento perdoa seus crimes. Falta a ele a coragem de dizer aos seus padres pedófilos – como Cristo com certeza faria – que eles irão queimar no inferno, caso antes não sejam afogados nas profundezas do mar.

*****

Durante os nove meses desde a publicação deste livro em inglês, vieram à tona mais provas dos esforços do Vaticano nos bastidores para proteger seus padres molestadores das autoridades civis. O Wikileaks publicou telegramas de diplomatas dos Estados Unidos no Vaticano que testemunharam a fúria de seus oficiais em relação aos inquéritos de Murphy e Ryan na Irlanda, cujos pedidos de informação foram recusados com desdém por "insultarem" a soberania do Vaticano.[3] Mais incriminadora ainda foi a descoberta de uma carta de 1997, escrita pelo enviado de João Paulo II na Irlanda, endereçada aos bispos católicos para vetar uma proposta feita pelo seu comitê conselheiro de tornar obrigatória a denúncia dos suspeitos de pedofilia à polícia. A carta, que deve ter sido emanada da CDF ou ditada por ela sob o comando do cardeal Ratzinger, dizia que "a denúncia obrigatória levantava sérias reservas de natureza moral e canônica [...] nos tristes casos de acusações de abusos sexuais cometidos por clérigos, os procedimentos estabelecidos pelo direito canônico devem ser seguidos meticulosamente".[4] Não há demonstração mais clara do que essa da política secreta do Vaticano de ordenar seus bispos a não cooperarem com as autoridades policiais. A carta continuava dizendo que, caso as diretivas canônicas não fossem devidamente seguidas, qualquer ação contra os padres pedófilos seria barrada, ou seja, isso seria feito pelo cardeal Ratzinger na CDF, em Roma.

Foi isso o que aconteceu no caso de Tony Walsh, cujos detalhes só foram liberados pela Comissão Murphy ao fim dos procedimentos criminais contra ele. Walsh era um notório padre pedófilo que estuprou diversos garotos durante 15 anos antes de a Igreja por fim ordenar sua destituição em 1993. No entanto, ele apelou à CDF de Ratzinger, que derrubou a sentença e em vez disso ordenou que ele fosse enviado a um monastério – onde, é claro, conseguiu estuprar outros garotos. Walsh foi pego pela polícia em 1996, após ter assediado sexualmente um jovem em um banheiro público depois de um funeral de família. Essa parte do Relatório Murphy, publicada após Walsh ter sido sentenciado à prisão em dezembro de 2010, mostrava que seus crimes eram muito bem conhecidos por seus colegas padres e até pelo arcebispo de Dublin, que foi a Roma, em 1993, implorar para que o papa mantivesse a ordem de destituição. No entanto, João Paulo e o cardeal Ratzinger não fizeram nada até a prisão de Walsh no banheiro público. Ele foi então destituído, mas só foi julgado em 2010, quando finalmente foi sentenciado à cadeia. A "punição" aprovada pelo Vaticano para os padres culpados de abusos sexuais segundo o direito canônico – que se resumia a isolá-los em monastérios ou a limitar seu contato com crianças – sempre foi preferida em relação à destituição. Isso significa que os padres continuam podendo usar seus trajes clericais, aproveitando-se das oportunidades para impressionar crianças. Mesmo quando são destituídos, há provas de que muitos permanecem em acomodações da Igreja e se apresentam como padres, mesmo após terem sido condenados e presos. A emissora Channel 4 relatou em 2010 que na Grã-Bretanha pelo menos 14 dos 22 padres que chegaram a passar mais de um ano presos ainda continuavam sendo membros do clero – o Vaticano havia rejeitado as ordens de destituição em diversos casos, e eles ainda eram listados como padres na ativa (em um caso como monsenhor) nas publicações da Igreja.[5] Ainda que a pura compaixão possa justificar a assistência prestada pela Igreja para reabilitar um padre ex-detento, é inaceitável que esses homens continuem tendo acesso ao poder e ao posto do qual abusaram com tanta falta de caráter – o que não deve acontecer para que não voltem a praticar tais abusos. Em muitos países é a incapacidade da Igreja de encarar o abuso de menores cometido por seus padres com a devida seriedade e sensatez o que condena seus líderes e oficiais. Isso está mudando nos Estados Unidos graças à mobilização das vítimas. No começo de 2011, uma diocese de Delaware foi forçada a pagar uma indenização de 77 milhões de dólares a 146 vítimas[6], e outras 500 conseguiram um acordo de 166 milhões de dólares contra a ordem Northwest Jesuits por uma rota de abusos que ia do Oregon até o Alaska.[7] A diocese de Milwaukee, em Wisconsin – terra natal do padre Laurence Murphy, que molestou cerca de 200 alunos surdos (parágrafo 28) –, ficou tão atolada em ações civis e acusações de defesas fraudulentas de seus padres que acabou pedindo falência – uma solução desesperada que limitará seus danos à custa da liberação de documentos internos por parte da Igreja que provavelmente irão oferecer ainda mais provas de sua negligência e talvez da cumplicidade do Vaticano.[8] A Igreja sofreu seu pior golpe na Filadélfia, em fevereiro de 2011, quando um grande júri acusou um oficial católico pelo crime de auxílio e cumplicidade a três padres que estupraram e molestaram garotos sob sua tutela, acobertando sua conhecida propensão à pedofilia e permitindo que eles tivessem acesso a crianças. Finalmente, após tantas provas terem vindo à tona em todo o país – e no mundo – de que os oficiais da Igreja sabiam da existência de padres pedófilos e permitiram que eles continuassem cometendo esses abusos, uma acusação criminal foi instaurada contra sua administração por consentir com esses crimes. Isso cria um preocupante precedente para o Vaticano.[9] Assustada, algumas semanas depois, a arquidiocese da Filadélfia suspendeu 26 padres que haviam sido acusados e estavam sendo julgados na clandestinidade em processo do direito canônico. O código canônico, obviamente, é o instrumento pelo qual esses acobertamentos são realizados. Denunciar oficiais que escondem provas da polícia e acusá-los de auxílio e cumplicidade pelos crimes cometidos por aqueles que eles protegeram pode ser a única forma de forçar a Igreja a respeitar o domínio da lei.

Em outros países a lista de padres molestadores e de vítimas continua a crescer. No Chile, um juiz ordenou a liberação de provas sobre como 48 padres pedófilos foram transferidos de diocese em diocese.¹⁰ O Vaticano concordou em destituir um padre de 80 anos considerado culpado pelo direito canônico, mas se recusou a liberar informações sobre seus crimes à polícia. O papa apenas ordenou que ele se aposentasse com uma "vida de oração e penitência".¹¹ Esse caso mostra como Bento está perpetuando o erro que já cometeu com o monstruoso padre Maciel (parágrafo 184). Após uma vida inteira molestando crianças, padres idosos por fim condenados pelo direito canônico não recebem punição alguma: apenas uma ordem para levar uma vida feliz, ainda que discreta, até sua morte, morando de graça em propriedades da Igreja e recebendo aposentadoria (o padre irlandês estuprador Tony Walsh recebeu uma indenização ao ser demitido no valor de quase 15 mil dólares).

Na Europa, novas provas foram reveladas nos últimos meses para apoiar o argumento apresentado neste livro de que os acobertamentos graças ao direito canônico estão protegendo pedófilos reincidentes, e de que as autoridades legais – especialmente em países católicos – parecem ser incapazes de seguir o exemplo da Filadélfia e processar dignitários negligentes da Igreja. Na Itália, quando um padre em Roma foi formalmente sentenciado a 15 anos de prisão por ter molestado crianças de 1998 a 2008, não houve nenhuma investigação sobre como os oficiais da Igreja puderam tolerar esses dez anos de crimes.¹² Na Holanda, onde mais de duas mil vítimas fizeram denúncias de abusos, novas evidências de acobertamentos de alto nível surgiram com a notícia de que um cardeal sancionou a transferência de pedófilos para diversas paróquias.¹³ Enquanto isso, na Bélgica, uma comissão relatou trezentos casos de abusos sexuais cometidos por clérigos católicos, sendo que 13 dessas vítimas haviam se suicidado.¹⁴

Essa demonstração do devastador impacto sobre as vítimas passou em branco para o medonho bispo de Bruges, Roger Vangheluwe, que foi forçado a renunciar em 2010 após a revelação de que havia abusado de seus jovens sobrinhos, um deles com apenas seis anos de idade. Esse velho clérigo covarde fez uma pausa em sua confortável aposentadoria para dar uma entrevista à televisão, na qual tentou justificar seus crimes explicando que suas ações não foram de "sexo bruto", mas sim de "intimidade".¹⁵ O bispo tomou o cuidado de só admitir sua culpa após o fim do período de dez anos de prescrição previsto pela lei belga. Seus comentários causaram revolta na Bélgica, mas os pedidos para que o Vaticano o destituísse foram ignorados por Bento. Em algum momento o papa com certeza irá aconselhar esse ex-bispo a levar uma vida de oração e penitência, ou ao menos a não dar mais entrevistas à televisão revelando sua impenitência.

A moral dessa triste história é a necessidade – urgente, como fica claro neste livro – de que os países europeus abandonem os insensatos e antiquados períodos de prescrição para crimes de estupro e abuso de crianças. Não existe justificativa plausível para a existência desses limites para crimes que causam tanta vergonha em suas vítimas a ponto de elas só conseguirem falar sobre o ocorrido vinte ou trinta anos depois. O direito comum britânico não tem esses limites, e existem inúmeras provas de que, nos países francófonos, os períodos de prescrição vêm permitindo que centenas de molestadores escapem da justiça. Argumentei no Capítulo 9 (parágrafos 189 e seguintes) que o abuso de crianças na Igreja Católica no mundo todo é, ou é análogo a, um crime contra a humanidade – cujo processo, perante o direito internacional, não pode ser barrado por nenhum estatuto de limitações.

A Igreja Católica alemã recebeu uma série de acusações de abusos em 2010, após um colégio jesuíta em Berlim – Canisius College – ter admitido que diversos de seus alunos haviam sido molestados. Logo depois foram identificados casos em outras escolas, o que foi visto apenas como "a ponta do iceberg".[16] Como na Bélgica, a maioria dos criminosos já estava fora do período limite para serem processados, que na Alemanha é de apenas dez anos, contados a partir do 18º aniversário da vítima, enquanto as ações para pedidos de indenização expiram em três anos após a vítima completar 21 anos. Assim sendo, se alguém for molestado por um padre aos 12, essa pessoa será obrigada a denunciá-lo antes dos 28 anos para que ele seja processado, ou antes dos 24, caso queira exigir uma indenização. Essa é uma grave falha da justiça alemã. No final de 2010, a Igreja Católica alemã decidiu mudar suas "diretrizes" sobre como lidar com os casos de abuso sexual, exigindo que futuras acusações fossem repassadas à polícia. Isso, é claro, indo contra o direito canônico, caso a acusação seja feita antes à Igreja, que segundo o Vaticano é obrigada a tratar do assunto como "segredo pontifical". Ainda não se sabe se o Vaticano irá negar essa decisão, como fez quando uma mudança similar foi barrada na Irlanda em 1997. O papa precisará aprovar uma exceção do direito canônico para a Igreja alemã. Essas "mudanças de diretrizes", embora bem-vindas, ainda permitem que um padre suspeito continue em seu posto, e não aceitam que as vítimas merecem compensações financeiras.[17] Enquanto isso, foram feitas novas revelações sobre abusos sexuais em Munique durante os tempos do cardeal Ratzinger: um inquérito judicial concluiu que arquivos foram "destruídos sistematicamente", visando o acobertamento de provas[18] relativas a 250 padres e professores de catequese que haviam abusado de crianças na diocese.[19] No entanto, houve apenas um caso de fato confirmado no qual o arcebispo Ratzinger não apenas aprovou sessões de tratamento para um padre pedófilo, como depois também autorizou sua transferência para outra paróquia – onde ele continuou a cometer abusos.[20]

Talvez o papa aproveite a oportunidade em sua visita à Alemanha, em setembro de 2011, para esclarecer sua conduta quando tinha controle direto dos padres locais e quem sabe até exigir – pela primeira vez em sua vida e na história da Igreja – que todas as acusações de abuso sexual de menores passem a ser levadas às autoridades legais em todos os países onde elas não forem corruptas ou anticatólicas.

Um livro de entrevistas com Bento – *Luz do mundo* – foi publicado há pouco tempo e mostra o papa dizendo que a "erupção" das denúncias de abusos sexuais foi recebida com "um espanto sem precedentes". Isso é difícil de acreditar, já que ele vinha tendo informações sobre esses casos na CDF desde 1981. Ele chega a confessar que "talvez" devesse ter "pedido uma investigação global sobre os crimes sexuais entre o clero em 2002". No entanto, se isso for verdade, por que ele não faz isso agora? O Vaticano, suspeito eu, não permitiria: existem detalhes demais sobre os abusos contra crianças católicas no mundo todo obstruídos pelo "sigilo pontifical" nos arquivos da CDF que precisariam ser revelados em uma investigação. Em vez disso, esses documentos continuarão para sempre escondidos, a salvo graças à imunidade de soberania da Cidade do Vaticano.

*****

Minha posição de que o Vaticano não é de fato um Estado vem sendo apoiada pelo professor Alan Dershowitz[21], um defensor do papa em outros assuntos, e por Anthony Aust, um advogado veterano do MNEC. Ele afirmou que "o Vaticano é uma área minúscula (43,7 hectares) com uma população fixa de quase oitocentas pessoas cujo principal propósito é manter a Santa Sé [...] trata-se de uma pequena parte da Itália dedicada ao proselitismo da doutrina católica romana, que é uma religião importante, mas apenas isso".[22] Ofendido pelas minhas críticas por desconhecer o Tratado de Latrão e por sua passividade ao atender as exigências do Vaticano de uma embaixada separada (parágrafos 110-112), o Ministério dos Negócios Estrangeiros e Cooperação fez com que um ministro júnior dissesse:

Não é verdade que a Grã-Bretanha reconhece o Vaticano devido ao Tratado de Latrão, e nem poderia ser: o Reino Unido firmou relações diplomáticas com a Santa Sé pela primeira vez em 1479. Essas relações foram cortadas em 1559, mas restabelecidas em 1914, ou seja, 15 anos antes da assinatura desse tratado.[23]

Essa declaração é deliberadamente falaciosa. Claro, a Inglaterra (e a Alemanha também) de fato vem mantendo "relações" diplomáticas com a Santa Sé de forma intermitente há séculos, mas após 1870, quando os Estados papais foram extintos pelo exército do Risorgimento, nenhum país teria como se relacionar com a Santa Sé *enquanto um Estado*, já que ela não tinha território (uma exigência essencial para essa condição). Conforme foi determinado por tribunais italianos, a Santa Sé não era um Estado entre 1870 e 1929. Em 1914, o Reino Unido "restabeleceu relações diplomáticas", mas isso não caracteriza e nem sequer poderia envolver o reconhecimento da Santa Sé como um Estado, uma vez que ela não tinha território. A Santa Sé era apenas uma "entidade jurídica" que só conseguiu reivindicar sua condição de Estado quando Mussolini lhe concedeu lotes de terra, como aconteceu em 1929 com o Tratado de Latrão. Não há dúvida quanto a isso hoje, já que, em sua própria declaração oficial de soberania às Nações Unidas, o Vaticano atribui sua condição de Estado ao Tratado de Latrão e apenas a ele:

*A Santa Sé exerce sua soberania sobre o território da Cidade do Vaticano, estabelecido em 1929 para garantir a independência absoluta e evidente da Santa Sé e sua soberania para cumprir sua missão no mundo todo, incluindo qualquer tipo de ação referente às relações internacionais: **ver Tratado de Latrão, preâmbulo e Artigos 2-3**.*

Portanto, o MNEC e seu ministro júnior faltaram com a verdade. O Tratado de Latrão é usado como base pela Santa Sé para reivindicar seu reconhecimento *enquanto um Estado*. "Reconhecimento diplomático" e "personalidade internacional" podem ser concedidos a diversas entidades – corporações, ONGs ou regiões, como a União Europeia. No entanto, para que uma entidade seja reconhecida como um Estado, é preciso que ela tenha um território (segundo as exigências da Convenção de Montevidéu), e até 1929 a Santa Sé não tinha sequer um centímetro quadrado de terra. O Tratado de Latrão é crucial para o reconhecimento pelo MNEC da Santa Sé como um Estado pelo simples motivo de que esse acordo é a base usada pela Santa Sé para reivindicar essa sua condição.

Tratei desse assunto com cuidado porque é um argumento comprovadamente falso, mas que é usado por propagandistas católicos para sugerir que meu discurso contra a condição de Estado do Vaticano não se sustenta. No entanto, ele se sustenta, sim, e conquistou o apoio dos distintos juristas acadêmicos citados no parágrafo 132, cujos posicionamentos devem ser mais confiáveis do que os de um ministro júnior e do defensivo MNEC na tentativa de justificar gastos públicos com uma visita "estatal" de um líder religioso que, perante a lei, não é o líder de um Estado de verdade.

Ainda assim, a Santa Sé é tratada como um "Estado" para o vil propósito de permitir que Robert Mugabe escape de sanções impostas pela União Europeia, da qual o Vaticano nunca poderá ser um membro por não ser uma democracia. É confortante ver que o questionamento da absurda "condição de Estado" reivindicada pelo Vaticano e o seu papel (caso seja um Estado) no abuso de menores foram discutidos em 2011 em reuniões do Conselho de Direitos Humanos e na Comissão de Especialistas designada para monitorar o cumprimento da Convenção sobre os Direitos da Criança. Aguardamos suas respostas. É pouco provável, no entanto, que o promotor do TPI aceite o pedido feito por dois advogados alemães para instaurar ações criminais contra o papa pela "manutenção e liderança de um regime totalitário global coercitivo" – uma acusação que parece se basear no batismo compulsório e nos ensinamentos sobre o inferno, o que não pode ser configurado como um crime contra a humanidade.

É importante dizer, embora isso não esteja relacionado ao argumento deste livro, que a decisão do Tribunal Europeu de Direitos Humanos de banir a exibição de crucifixos nas salas de aula na Itália (mencionada no parágrafo 211) foi revertida graças a uma apelação ao Tribunal Superior.[24] Embora tenha sido bem recebida pelo Vaticano e pela Itália (que em geral são quase a mesma coisa), essa decisão na verdade teve pouca importância, uma vez que abria espaço para a "margem de apreciação" que permite aos Estados decidirem questões morais de acordo com suas próprias histórias e tradições. O tribunal decidiu que sempre iria intervir para não deixar que um Estado "doutrinasse" crianças com as visões de uma religião, mas que "um crucifixo em uma parede é basicamente um símbolo passivo [...] que não pode ser considerado como uma influência sobre os pupilos comparável a discursos didáticos ou à participação em atividades religiosas".[25] Esse é um impressionante exemplo de ingenuidade judicial por pensar que crianças forçadas a verem um enorme crucifixo na parede sobre seus professores todos os dias na escola dos 5 aos 17 anos não serão afetadas, ainda que subconscientemente, pela onipresença de um ícone católico. No entanto, os requerentes apresentaram o caso de forma inadequada e não usaram nenhuma prova psicológica – uma brecha usada pelos juízes, dizendo que "não se pode afirmar que isso tem ou não efeito sobre jovens cujas convicções ainda estão sendo formadas".[26] O fato de que isso com certeza afeta essas convicções deveria ser uma óbvia questão de bom-senso.

*****

Apesar de todos os atrasos, esquivas e desinformação, houve de fato alguns avanços quanto à responsabilização do Vaticano. Após a publicação deste livro, os abusos sexuais de menores cometidos por padres pelo menos foram reconhecidos como uma questão de direitos humanos: a Anistia Internacional, em seu relatório de 2011, condenou a incapacidade do Vaticano em se adequar às leis internacionais de proteção das crianças ao não cooperar com as autoridades judiciais, recusando-se a suspender os padres acusados e não pagando as devidas reparações às vítimas.[27] Em seguida, em um importante avanço em maio de 2011, o Vaticano emitiu novas "diretrizes" sobre os casos de abuso sexual de menores, que exigia dos bispos a criação de procedimentos "claros e coordenados" para administrar as acusações e os lembrava de cooperar com as autoridades legais quando o direito nacional assim exigisse.[28] Essas "diretrizes" – discutidas pela primeira vez quando o papa convocou cem cardeais em Roma, em novembro de 2010, para uma "reunião de cúpula" sobre o abuso de menores, e então debatidas com fervor pelo Vaticano durante os meses seguintes – ainda estão muito longe do que realmente seria necessário – primeiro de tudo por não terem sido incorporadas ao direito canônico, e também por entregarem toda a responsabilidade aos bispos, que historicamente não se mostraram confiáveis para exercer essa função com sabedoria (ver, por exemplo, o Apêndice A). As novas diretrizes ainda não exigem a denúncia obrigatória das alegações à polícia. Esse ponto foi rejeitado, segundo um porta-voz do Vaticano, porque a Igreja opera em alguns países sob regimes repressores. Como já argumentei (parágrafo 182), isso não pode ser usado como uma desculpa universal: existem poucos países onde os católicos são perseguidos, e poderiam ser criadas alternativas para que as denúncias fossem feitas a Roma, em vez de notificar a polícia em países onde os tribunais são corruptos ou têm algum viés contra a religião católica.

As "diretrizes" de maio de 2011 são pelo menos um avanço em relação a qualquer outra medida anterior tomada pelo Vaticano, e mostram o impacto que o ataque baseado nas leis dos direitos humanos contra suas práticas já alcançou. Esse ataque deve continuar até que a Igreja aceite que não pode mais se prender às imunidades de Estado ou à permissividade do direito canônico: os crimes cometidos por seus padres contra crianças não podem ser privilegiados nem perdoados.

Doughty Street Chambers
20 de maio de 2011

Bibliografia

Livros

ACTON, John E. E. D. *Selected Writings of Lord Acton*. Edição de J. Rufus Fears. v. 3. Indianapolis: Liberty Fund, 2000.
ALLEN JR., John L. *All the Pope's Men: The Inside Story of How the Vatican Really Thinks*. New York: Doubleday, 2004
ALLEN JR., John L. *Pope Benedict XVI: A Biography of Joseph Ratzinger*. London: Continuum, 2005.
AUST, Anthony. *Modern Treaty Law and Practice*. Cambridge: CUP, 2000.
BARSTOW, Ann. *Married Priests and the Reforming Papacy: The 11th Century Debates (Texts and Studies in Religion)*. New York: Edwin Mellor Press, 1982.
BEAL, J. P.; CORINDEN, J. A.; GREEN, T. J. *New Commentary on the Code of Canon Law*. Washington, DC: Canon Law Society of America, 2000
BERRYMAN, Phillip. *Liberation Theology*. London: IB Taurus, 1987.
BINGHAM, Tom. *The Rule of Law*. London: Allen Lane, 2010.
BROWNLIE, Ian. *Principles of Public International Law*. 6 ed. Oxford: OUP, 2003.
BROWNLIE, Ian; GOODWIN-GILL, Guy. *Documents on Human Rights*. 6 ed. Oxford: OUP, 2010.
EUGENE, Cardeal Hyginus. *The Holy See and the International Order*. Bucks: Smythe, 1976.
CASSESSE, Antonio. *International Criminal Law*. 2 ed. Oxford: OUP, 2008.
CATECISMO da Igreja Católica. São Paulo: Loyola, 2000.
CHALESWORTH, Hilay; CHINKIN, Christine. *The Boundaries of International Law: A Feminist Perspective*. Manchester: Manchester University Press, 2000.
CORKERY, James; WORCESTER, Thomas (eds.). *The Papacy Since 1500: From Italian Prince to Universal Pastor*. [s.l.]: CUP, 2010.
CORNWELL, John. *The Pope in Winter: The Dark Face of John Paul II's Papacy*. London: Penguin, 2005.
CORNWELL, Rupert. *God's Banker: The Life and Death of Roberto Calvi*. London: Unwin, 1984.
CRAWFORD, James. *The Creation of States in International Law*. 2 ed. Oxford: OUP, 2006.
DUGGAN, Christopher. *The Force of Destiny: A History of Italy Since 1796*. London: Allen Lane, 2007.
DUURSMA, Jorri. *Fragmentation and the International Relations of Micro-states: Self-determination and Statehood*. Cambridge: Cambridge Studies in Comparative and International Law, 1996.

GALASSO, Carmine. *Crosses: Portraits of Clergy Abuse.* London: Trolley, 2007.
HAGGET, Louise. *The Bingo Report: Mandatory Celibacy and Clergy Sex Abuse.* [s.l.]: CSRI Books, 2005.
HANSON, R. K.; PFAFFLIN, F.; LUTZ, M. (eds.). *Sexual Abuse in the Catholic Church: Scientific and Legal Perspectives.* Roma: Libreria Editrice Vaticana, 2003.
HITE, John; HENTON, Chris. *Fascist Italy.* London: Hodder Education, 1998.
KNIGHT, Patricia. *Mussolini and Fascism.* London: Routledge, 2003.
McDOWELL, Bart. *Inside the Vatican.* Washington, DC: National Geographic Society, 2008.
MORGAN, Phillip. *Italy 1915-1940.* Bedford: Sempringham Publishing, 1998.
NEWMAN, John Henry. *Apologia Pro Vita Sua.* Edição de Ian Ker. London: Penguin Classics, 1994.
O'CONNEL, D. P. *International Law.* London: Stevens, 1970.
OLASOLO, Hector. *Criminal Responsibility of Senior Political and Military Leaders as Principals to International Crimes.* Oxford: Hart Publishing, 2009.
PLUMER, Eric. *The Catholic Church and American Culture.* London: University of Scranton Press, 2009.
POLLOCK, Ellen Joan. *The Pretender: How Martin Frankel Fooled the Financial World and Led the Feds on One of the Most Publicized Manhunts in History.* New York: Free Press, 2002.
RATNER, Steven R.; ABRAMS, Jason S.; BISCHOFF James L. *Accountability for Human Rights Atrocities in International Law.* 3 ed. Oxford: OUP, 2009.
ROBERTS, Ivor. *Satow's Diplomatic Practice.* 6 ed. Oxford: OUP, 2009.
ROBERTSON, Geoffrey. *Crimes Against Humanity: The Struggle for Global Justice.* 3 ed. London/New York: Penguin/New Press, 2006.
RUSCH, William G. (ed.). *The Pontificate of Benedict XVI: Its Promises and Premises.* Michigan: Eerdmans, 2009.
ROWLAND, Tracey. *Ratzinger's Faith.* Oxford: OUP, 2009.
SCHABAS, William A. *An Introduction to the International Criminal Court.* 2 ed. Cambridge: CUP, 2004.
SHAW, Malcon. *International Law.* 6 ed. Cambridge: CUP, 2008.
TRIGGS, Gillian. *International Law: Contemporary Principles and Practices.* Sydney: Butterworths/Lexis Nexis, 2005.
TRIGLIO JR., Reverendo John; BRIGHENTI, Reverendo Kenneth. *Catolicismo para leigos.* Rio de Janeiro: Alta Books, 2008.

Estudos, relatórios e inquéritos judiciais

The Irish Commission to Inquire into Child Abuse Public Report *[Relatório público da comissão irlandesa de inquérito sobre o abuso infantil]* ("Relatório Ryan"), 20 de maio de 2009. Disponível em: http://www.childabusecommission.ie/rpt/pdfs/. Acesso em: 18 de julho de 2010.
Dublin Archdiocese Commission of Investigation Report *[Relatório de investigação da comissão da arquidiocese de Dublin]* ("Relatório Murphy"), 26 de novembro de 2009. Disponível em: http://www.dacoi.ie/. Acesso em: 10 de julho de 2010.

MURPHY, Francis D.; BUCKLEY, Helen; JOYCE, Larain. *Ferns Inquiry to the Minister for Health and Children [Inquérito de Ferns para o Ministério da Saúde e da Criança].* ("Relatório Ferns"). Dublin: Government Publications, outubro de 2005. Disponível em: http://www.bishop-accountability.org/ferns/. Acesso em: 22 de julho de 2010.

Faculdade de Justiça Criminal John Jay, *The Nature and Scope of the Problem of Sexual Abuse of Minors by Catholic Priests and Deacons in the United States [Natureza e escopo do problema dos abusos sexuais de menores cometidos por padres e diáconos católicos nos Estados Unidos]* (2004). Disponível em: http://www.usccb.org/nrb/johnjstudy.

Winter Commission Report (1990), arquidiocese de São João, Newfoundland, Canadá.

Safeguarding with Confidence – Keeping Children and Vulnerable Adults Safe in the Catholic Church ["Proteção e confiança – Como garantir a segurança de crianças e adultos vulneráveis na Igreja Católica"], Relatório da Comissão Cumberlege. London: Catholic Truth Society, 2007.

MATERIAIS DO VATICANO

Bento XVI, carta encíclica, *Caritas in Veritate*, 29 de junho de 2009.

Bento XVI, *Carta pastoral do santo padre Bento XVI aos católicos na Irlanda*, 19 de março de 2010, parágrafo 4. Disponível em: http://www.vatican.va/holy_father/benedict_xvi/letters/2010/documents/hf_ben-xvi_let_20100319_church-ireland_po.html. Acesso em: 21 de julho de 2010.

Congregação para a Doutrina da Fé (CDF), *Considerações sobre os projetos de reconhecimento legal das uniões entre pessoas homossexuais*, publicado pelo prefeito cardeal Ratzinger, 31 de julho de 2003. Disponível em: http://www.vatican.va/roman_curia/congregations/cfaith/documents/rc_con_cfaith_doc_20030731_homosexual-unions_po.html. Último acesso: 12 de julho de 2010.

Congregação para a Doutrina da Fé, *Nota doutrinal sobre algumas questões relativas a participação e comportamento dos católicos na vida política*, publicada pelos cardeais Joseph Ratzinger e Tarcisio Bertone, 24 de novembro de 2002. Disponível em: http://www.vatican.va/roman_curia/congregations/cfaith/documents/rc_con_cfaith_doc_20021124_politica_po.html. Acesso em: 21 de julho de 2010.

CUSHLEY, Monsenhor Leo. *A Light to the Nations*: Vatican Diplomacy and Global Politics [Uma luz às nações: a diplomacia do Vaticano e a política global], palestra em Habigen, 2007. Disponível em: http://www.stthomas.edu/cathstudies/programs/habiger/default.html. Acesso em: 20 de julho de 2010.

Santa Sé. *Initial Report to the Committee on the Rights of the Child on the Optional Protocol on the Sale of Children, Child Prostitution and Child Pornography [Relatório inicial ao Comitê da ONU para os Direitos da Criança em relação ao protocolo opcional sobre a venda de crianças, a prostituição infantil e a pornografia infantil]*, 14 de maio de 2010. Disponível em: http://www2.ohchr.org/english/bodies/crc/docs/AdvanceVersions/CRC-C-OPSC-VAT-1.doc. Acesso em: 24 de julho de 2010, p. 1, parágrafo 4(b).

Santa Sé. *Report to the Committee on the Rights of the Child [Relatório ao Comitê sobre os Direitos da Criança]*, 28 de março de 1994.

Instruction on the Manner of Proceeding in Causes involving the Crime of Solicitation [Instrução sobre como proceder em causas envolvendo o crime de solicitação]. Vatican Polyglot Press, 1962. Disponível em: http://www.vatican.va/resources/resources_crimen-sollicitationis-1962_en.html. Acesso em: 20 de julho de 2010.

LOMBARDI, Padre Frederico. *O significado da publicação das novas normas sobre os delitos mais graves*. [s.d.]. Disponível em: http://www.vatican.va/resources/ resources_lombardi-nota-norme_po.html. Acesso em: 20 de julho de 2010.

RATZINGER, Cardeal Joseph. *Carta aos bispos da Igreja Católica sobre o atendimento pastoral das pessoas homossexuais*, 1986. Disponível em: http://www. vatican.va/roman_curia/congregations/cfaith/documents/rc_con_cfaith_doc_19861001_homosexual-persons_po.html. Acesso em: 15 de julho de 2010.

TAURAN, Arcebispo Jean-Louis. *The Presence of the Holy See in the International Organizations [A presença da Santa Sé nas organizações internacionais]*, palestra na Universidade Católica do Sagrado Coração, Milão, 22 de abril de 2002. Disponível em: http://www.vatican.va/roman_curia/secretariat_state/documents/rc_seg-st_doc_20020422_tauran_ en.html. Acesso em: 20 de julho de 2010.

ARTIGOS ACADÊMICOS

ABDULLAH, Yasmin. The Holy See at United Nations Conferences: Church or State? [A Santa Sé nas conferências das Nações Unidas: Igreja ou Estado?]. *Columbia Law Review*, v. 96, edição nº 7, p. 1.835, 1996.

AVERSANO, Dina. Can the Pope be a Defendant in American Courts? [O papa pode ser um réu em tribunais dos Estados Unidos?]. *Pace International Law Review* , edição nº 18, p. 495, 2006.

BANTHON, Matthew N. The Atypical Status of the Holy See [O status atípico da Santa Sé]. *Vanderbilt Journal of Transnational Law*, edição nº 34, p. 596, 2001.

BLACK, Melanie. The Unusual Sovereign State: FSIA and Litigation against the Holy See for its Role in the Global Priest Sexual Abuse Scandal [A estranha soberania de Estado: o AISE e o litígio contra a Santa Sé pelo seu papel no escândalo global sobre os abusos sexuais clericais]. *Wisconsin International Law Journal*, edição nº 27(2), p. 299, 2009.

BRADLEY, Curtis A.; GOLDSMITH, Jack L. Foreign Sovereign Immunity, Individual Officials and Human Rights Litigation [Imunidade soberana estrangeira, oficiais individuais e litígios de direitos humanos]. *Green Bag 2D*, edição nº 13, p. 9, 2009.

BROWN-SCOTT, James. The Treaty Between Italy and the Vatican [O tratado entre Itália e Vaticano]. *American Society of International Law Proceedings*, edição nº 23, p. 19, 1929.

DIAS, Frei Noel. Roman Catholic Church and International Law [A Igreja Católica Romana e o direito internacional]. *Sri Lanka Law Journal*, edição nº 13, p. 107, 2001.

FINNIS, John. Reason, Faith and Homosexual Acts [Razão, fé e atos homossexuais]. *Catholic Social Science Review*, edição nº 62, p. 61, 2001.

GUNTER, Michael M. The Problem of Mini-State Membership in the UN System: Recent Attempts towards a Solution [O problema da participação dos miniestados no sistema da ONU: Tentativas recentes para uma solução]. *Columbia Journal of Transnational Law*, edição nº 12, p. 464, 1973.

IRELAND, Gordon. The State of the City of the Vatican [O Estado da Cidade do Vaticano]. *American Journal of International Law*, edição nº 27, p. 275, 1933.

MARTENS, Kurt. The Position of the Holy See and Vatican City State in International Relations [A posição da Santa Sé e da Cidade do Vaticano nas relações internacionais]. *University of Detroit Mercy Law Review*, edição nº 83, p. 729, 2006.

MARTINEZ, Lucian C. Sovereign Impunity: Does the Foreign Sovereign Immunity Act Bar Lawsuits Against the Holy See in Clerical Sexual abuse Cases? [Impunidade soberana: O Ato da Imunidade Soberana de Estado impede ações contra a Santa Sé em casos de abuso sexual?]. *Texas International Law Journal*, edição nº 44, p. 123, 2008.

MASON, Willian Brian. The New Call for Reform: Sex Abuse and the Foreign Sovereign Immunities Act [O novo chamado à reforma: Abuso sexual e o Ato de Imunidade Soberana Estrangeira]. *Brooklyn Journal of International Law*, edição nº 33(2), p. 655, 679, 2008.

SINGERMAN, Daniel M. It's Still Good to be the King: An Argument for Maintaining the Status Quo in Foreign Head of State Immunity [Ainda é bom ser rei: Um argumento para a manutenção do *status quo* para a imunidade estatal de líderes estrangeiros]. *Emory International Law Review*, edição nº 21, p. 413, 2007.

SIPE, Richard. Paedophiles and Celibacy [Pedofilia e celibato]. *The Vatican Connection*, 18 de março de 2010. Disponível em: http://www.richardsipe.com/Miscl/vatican_connection.htm. Acesso em: 10 de julho de 2010.

TODD, Alison. Vicarious Liability for Sexual Abuse [Responsabilidade indireta por casos de abuso sexual]. *Canterbury Law Review*, edição nº 8, p. 281, 2002.

TOWNLEY, Leslie. Conceal or Reveal? The Role of Law in Black Collar Crime [Esconder ou revelar? O papel da lei nos crimes do colarinho preto]. *Public Space (The Journal of Law and Social Justice)*, edição nº 1, p. 30, 2007.

WANGMAN, Jane. Liability for Institutional Child Sexual Assault [Responsabilidade nos casos de abuso sexual contra menores em instituições]. *Melbourne University Law Review*, p. 5, 2004.

WRIGHT, Herb. The Status of Vatican City [O status da Cidade do Vaticano]. *American Journal of International Law*, edição nº 38, p. 452, 1944.

YOUNG, Stephen E.; SHEA, Alison. Separating Law from Church: A Research Guide to the Vatican City State [Separando o direito da Igreja: um guia de pesquisa para o Estado da Cidade do Vaticano]. *Law Library Journal*, edição nº 99, p. 589, 2007.

Artigos de imprensa

A HISTORY of Residential Schools in Canada [Um histórico dos internatos no Canadá]. *Canadian Broadcasting Corporation News*, 14 de junho de 2010.

AFRICA Now Under the Spotlight Over Sex Crimes [África agora sob os holofotes graças a crimes sexuais]. *Legal Brief Africa*, edição nº 379, 3 de maio de 2010.

ALLEN Jr., John L. Don't be Daft – You Can't Put the Pope on Trial [Não seja tolo – você não pode levar o papa ao tribunal]. *Spectator*, 14 de abril de 2010. Disponível em: http://www.spectator.co.uk/spectator/thisweek/5879613/5911953/part_3/dont-be-daft-you-cant-put-the-pope-on-trial.thtml. Acesso em: 25 de julho de 2010.

ALLEN Jr., John L. Will Ratzinger's Past Trump Benedict's Present? [O passado de Ratzinger afetará o presente de Bento?]. *National Catholic Reporter*, 31 de março de 2010.

ARCHBISHOP Dodged Apology for Abuse [Arcebispo não se desculpa pelos abusos]. *The Times*, 12 de abril de 2010.

BEHAR, R. Washing Money in the Holy See [Lavagem de dinheiro na Santa Sé]. *Fortune*, p. 128-37, 16 de agosto de 1999.

BISHOPS' Record in Cases of Accused Priests [Registro de bispos em casos de padres acusados]. *Dallas MorningNews*, 12 de junho de 2002.

BRITAIN'S Top Catholic Protected Paedophile [Alta cúpula católica britânica protegeu pedófilo]. *The Times*, p. 1, 9 de abril de 2010.

CARDINAL Levada: We Ought to Hold Ourselves to a High Standard [Cardeal Levada: Devemos defender um alto padrão]. *PBS Newshour*, 27 de abril de 2010. Disponível em: http://www.pbs.org/newshour/bb/religion/jan-june10/vatican_04-27.html. Acesso em: 20 de julho de 2010.

CATHOLIC Bishops Apologise for Terrible Crimes and Cover-ups. [Bispos católicos pedem desculpas pelos terríveis crimes e acobertamentos]. *Guardian*, 23 de abril de 2010.

CDF Official Details Response to Sex Abuse [Oficiais da CDF detalham resposta aos casos de abuso sexual]. *National Catholic Reporter*, 31 de março de 2010. Disponível em: http://ncronline.org/news/accountability/cdf-official-details-response-sex-abuse. Acesso em: 25 de julho de 2010.

CHU, Henry; BOORSTEIN, Michelle. US Sex Abuse Lawsuits Target Holy See [Processos por abusos sexuais nos Estados Unidos visam a Santa Sé]. *The Age*, 29 de março de 2010. Disponível em: http://www.theage.com.au/world/us-sex-abuse-lawsuits-target-holy-see-20100328-r531.html. Acesso em: 21 de julho de 2010.

COLE, Andrew. The Church's Penal Law and the Abuse of Children [O direito penal da Igreja e o abuso de crianças]. *Thinking Faith*, 17 de junho de 2010.

CURRY, Bill. Catholic Church Reluctant to Release Residential School Records [Igreja Católica reluta para liberar os históricos de internatos]. *Globe and Mail*, 6 de abril de 2010.

DALY, Martin. Rome Backed Sex-case Priest [Roma apoiou padre em caso de abuso sexual]. *The Age*, 6 de julho de 2002. Disponível em: http://www.theage.com.au/articles/2002/07/05/1025667059915.html. Acesso em: 14 de julho de 2010.

GAY Groups Angry at Pope Remarks. [Grupos gays se revoltam com os comentários do papa]. *BBC News*, 23 de dezembro de 2008. Disponível em: http://news.bbc.co.uk/1/hi/7797269.stm. Acesso em: 10 de julho de 2010.

GOODSTEIN, Laurie. Early Alarm for Church Abusers in Clergy [Alerta inicial sobre os molestadores entre o clero]. *The New York Times*, 2 de abril de 2009. Disponível em: http://www.nytimes.com/2009/04/03/us/03church.html. Acesso em: 20 de julho de 2010.

GOODSTEIN, Laurie. Payout is Bittersweet for Victims of Abuse [Indenizações trazem alívio e amargor para as vítimas de abuso]. *The New York Times*, 17 de julho de 2007. Disponível em: http://www.nytimes.com/2007/07/17/us/17abuse.html. Acesso em: 22 de julho de 2010.

GUILLERMOPRIETO, Alma. The Mission of Father Marcial [A missão do padre Marcial]. *New York Review of Books*, p. 28, 24 de junho de 2010.

HE Should Have Been Watched Like a Hawk. [Ele deveria ter sido vigiado como um gavião]. *The Times*, p. 5, 10 de abril de 2010.

HOOPER, John. Former Archbishop Cormac Murphy-O'Connor to Head Papal Inquiry into Sex Abuse in Ireland [Ex-arcebispo Cormac Murphy-O'Connor deverá comandar investigação papal sobre os casos de abuso sexual na Irlanda]. *Guardian*, 31 de maio de 2010. Disponível em: http://www.guardian.co.uk/world/2010/may/31/cormac-murphy-o-connor-inquiry-sex-abuse-ireland. Acesso em: 16 de julho de 2010.

INSIDIOUS Challenge of Gay Marriage – the Pope Speaks [O insidioso desafio do casamento homossexual – o papa se pronuncia]. *The Times*, 14 de maio de 2010.

JESUITS Admit Shame Over Abuse of 200 Children. [Jesuítas admitem vergonha pelo abuso de duzentas crianças]. *The Times*, 28 de maio de 2010.

JOHN Paul Backed Bishop for Hiding Abuse: Cardinal [João Paulo apoiou bispo por esconder abuso: cardeal]. *Washington Post*, 17 de abril de 2010.

JOHN Paul Ignored Abuse of 2,000 Boys. [João Paulo ignorou o abuso de 2 mil garotos]. *Sunday Times*, p. 19, 4 de abril de 2010.

JORDANS, Frank. UN: Vatican Child Rights Report 13 Years Overdue [ONU: Relatório dos direitos da criança do Vaticano está 13 anos atrasado]. *Associated Press*, 16 de julho de 2010. Disponível em: http://www.usatoday.com/news/religion/2010-07-16-report15_ST_N.htm. Acesso em: 22 de julho de 2010.

KRISTOF, Nick. The Pope and AIDS [O papa e a AIDS]. *The New York Times*, 8 de maio de 2005.

MAGISTERE, Sandro. Mission Impossible: Eject the Holy See from the UN [Missão impossível: expulsar a Santa Sé das Nações Unidas]. *Chiesa*, 21 de agosto de 2008. Disponível em: http://chiesa.espresso.repubblica.it/articolo/162301?eng=y. Acesso em: 22 de julho de 2010.

McGARRY, Patsy. Cardinal Brady to Stay in Office as He Asks for Assistance [Cardeal Brady continua no cargo enquanto pede ajuda]. *Irish Times*, 18 de maio de 2010. Disponível em: http://www.irishtimes.com/newspaper/frontpage/2010/0518/1224270601322.html. Acesso em: 20 de julho de 2010.

McKENZIE, Nick; EPSTEIN, Rafael. 300 Abuse Cases, One Defrocking [Trezentos casos de abuso, uma destituição]. *The Age*, 22 de abril de 2010. Disponível em:

http://www.theage.com.au/victoria/300-abuse-cases-one-defrocking-2010 0421-szz6.html. Acesso em: 23 de julho de 2010.

OSTLING, Richard N. Sex and the Single Priest [Sexo e o padre solteiro]. *Time Magazine*, 5 de julho de 1993.

PAPAL Diplomacy: God's Ambassadors [Diplomacia papal: os embaixadores de Deus]. *Economist*, 21 de julho de 2007.

POPE Accused of Stoking Homophobia After He Equates Homosexuality to Climate Change [Papa é acusado de promover homofobia após comparar o homossexualismo com as mudanças climáticas]. *The Times*, 23 de dezembro de 2008. Disponível em: http://www.timesonline.co.uk/tol/comment/faith/article5387858.ece. Acesso em: 10 de julho de 2010.

POPE Calls for Church Repentance Over Sins [Papa pede que a Igreja se arrependa de seus pecados]. *Guardian*, 16 de abril de 2010.

POPE Engineered Cover-up of Child Sex Abuses Says Theologian [Teólogo afirma que o papa teria orquestrado o acobertamento de abusos sexuais contra menores]. *Irish Times*, 16 de abril de 2010.

POPE Expresses "Sorrow" for Abuse at Residential Schools [Papa expressa "tristeza" pelos abusos em internatos]. *CBC News*, 29 de abril de 2009.

POPE Weeps as He Meets Abuse Victims for First Time [Papa chora ao se encontrar com as vítimas de abuso pela primeira vez]. *The Times*, 17 de abril de 2010; 19 de abril de 2010.

POPE'S Message to the World Ignores Sex Scandal [Mensagem do papa ao mundo ignora os escândalos sexuais]. *The Times*, p. 14, 5 de abril de 2010.

POPE'S Top Advisor Blames Gays as Rome Seeks Scapegoats for Sex Abuse Scandals [Principal conselheiro do papa culpa os homossexuais enquanto Roma busca bodes expiatórios para os escândalos de abusos sexuais]. *The Times*, 14 de abril de 2010.

POPHAM, Peter. Made in His Own Image: The Catholic Church Faces Another Scandal [Feito à sua própria imagem: Igreja Católica enfrenta outro escândalo]. *Independent*, 28 de junho de 2010.

PRIEST Used Worker Like Prostitute, Court Told. [Padre usou funcionária como prostituta, afirma tribunal]. *The Age*, 24 de outubro de 2002. Disponível em: http://www.theage.com.au/articles/2002/10/23/1034561548990.html. Acesso em: 15 de julho de 2010.

SHENKER, Sarah. Legacy of Canada's Residential Schools [O legado dos internatos canadenses]. *BBC News*, 11 de junho de 2008.

SIGNATURE on Letter Implicates Pope in Abuse Cover-up. [Assinatura em cartas envolvem o papa no acobertamento de abusos]. *The Times*, 10 de abril de 2010.

SIPE, Richard. Facts, Truth, Trust and Numbers [Fatos, verdades, confiança e números]. *Richard Sipe*, 23 de janeiro de 2007. Disponível em: http://www.richardsipe.com/Dialogue/Dialogue-05-2007-01-23.html. Acesso em: 25 de julho 2010.

SIPE, Richard; MURRAY, K. K. International Traffic of Priests Who Abuse [Tráfego internacional de padres molestadores]. *SNAP* (Estados Unidos), 17 de abril de 2007. Disponível em: http://www.bishop-accountability.org/

news2007/03_04/2007_04_17_Sipe_InternationalTraffic.htm. Acesso em: 22 de julho de 2010.
TOMAZIN, Farrah. Priest's Return Worries Parents [Volta de padre preocupa pais]. *The Age*, 13 de maio de 2004. Disponível em: http://www.theage.com.au/articl es/2004/05/12/1084289749587.html. Acesso em: 20 de julho de 2010.
TOP Cardinal Made Plea for Pinochet [Cardeal proeminente faz apelo por Pinochet]. *Sunday Times*, p. 24, 11 de fevereiro de 1999.
VATICAN Rebukes Austrian Cardinal [Vaticano critica cardeal austríaco]. *New York Times*, 29 de junho de 2010.
VICTIMS of Sex Abuse to Sue Vatican [Vítimas de abuso sexual devem processar o Vaticano]. *Sunday Times*, 28 de março de 2010.
WHAT the Bishop Knew [O que o bispo sabia]. *Guardian*, p. 27, 3 de abril de 2010.
WILLS, Gary. Forgive Not [Não perdoar]. *New Republic*, 18 de maio de 2010.
WILSON, Richard. The Catholic Church Acts as a Law Unto Itself [A Igreja Católica age como se fosse a própria lei]. *New Humanist*, volume 125, edição nº 3, p. 13, maio/junho de 2010.
WYNNE-JONES, Jonathan. Vatican Allowed Paedophile Living in Britain to Remain as a Priest [Vaticano permitiu que pedófilo vivesse na Grã-Bretanha para continuar atuando como padre]. *Sunday Telegraph*, 11 de abril de 2010.

CASOS

"*Adequação ao direito internacional da declaração unilateral de independência do Kosovo*", Corte Internacional de Justiça, 22 de julho de 2010.
"*Al-Adsani contra Reino Unido*", cadastro nº 35763/97, Tribunal Europeu de Direitos Humanos, 21 de novembro de 2001.
"*Alamieyeseigha contra Serviço de Promotoria da Coroa*" [2005] EWHC p. 2104.
"*Alperin contra Banco do Vaticano*" (2005) 410 F. 3º p. 532 (Estados Unidos).
"*Baxter contra procurador-geral do Canadá*", 2006, Cânone LII, p. 41.673, Suprema Corte de Ontário, 15 de dezembro de 2006.
"*Bazley contra Curry*" (1999) 174 DLR (4º) p. 45 (Suprema Corte do Canadá).
Caso referente ao mandado de prisão de 11 de abril de 2000 ("República Democrática do Congo contra Bélgica") (TIJ) Relatório 2.
"*Christian contra R*" [2007] 2 AC 400 (PC).
Decisão de acordo com o Artigo 15 do Estatuto de Roma sobre a autorização de uma investigação no caso da República do Quênia, ICC-01/09, Tribunal Penal Internacional (TPI), 31 de março de 2010.
"*Doe contra Santa Sé*" 434 F Sup. 2º (Estados Unidos).
In re E (uma criança) (AP) (apelante) (Irlanda do Norte) [2008] UKHL p. 66.
"*Ellis contra Pell*" [2006] NSWSC p. 109.
"*Gillfillan contra R*" (1980) 637 F 2b p. 924.
"*Santa Sé (Requerente) contra John V. Doe*", Suprema Corte dos Estados Unidos, caso nº 09-1.
"*Lautsi contra Itália*", cadastro nº 30814/06, Tribunal Europeu dos Direitos Humanos, 3 de novembro de 2009 (remetido à Grande Câmara).

"*Lister contra Hesley Hall*" [2002] 1 AC p. 215 (Câmara dos Lordes do Reino Unido).
"*Maga contra fiduciários da arquidiocese católica de Birmingham*" [2010] EWCA Civ p. 256.
"*Menesheva contra Rússia*" (2006) ECHR, cadastro nº 59261/00, 9 de março de 2006.
"*NSW contra Lepore*" (2003) 195 ALR p. 412 (Suprema Corte da Austrália).
"O'Bryan contra Santa Sé" 471 no Suplemento 2º (Estados Unidos).
"*Pelligrino contra Itália*", cadastro nº 30882/96, Tribunal Europeu dos Direitos Humanos, 20 de julho de 2001.
"*Promotor público contra Akayesu*", caso nº ICTR-96-4-T, setembro de 1998.
"*Promotor contra Brima, Kamara e Kanu*" *(Julgamento de recurso do Conselho das Forças Armadas Revolucionárias de Serra Leoa)*, Tribunal Especial de Serra Leoa, 22 de fevereiro de 2008.
"Promotor contra Kunarac", IT-96-23/I-A, 12 de junho de 2002. *Decisão sobre moção em defesa do caso "Promotoria contra Tadic"*, IT-94-1-AR72-2, outubro de 1994.
"*Promotor contra Vasiljevic*" IT-98-32T, 29 de novembro de 2002.
"*R contra Rafique*" [K993] QB p. 843.
"*Raquel Martíde Mejía contra Peru*", caso nº 10.970, relatório nº 5/96, Corte Interamericana de Direitos Humanos, OEA/Ser.L/V/II.91 Doc. 7 de 157 (1996).
"*Reverendo James O'Callaghan contra Reverendo Charles O'Sullivan*" (1925) Relatórios Irlandeses p. 90.
"Reverendo Jonathan Blake contra *Associated Newspapers*" [2003] EWHC 1960 (QB).
Diocese católica romana de Galvarston-Houston 408 F suplemento 2º na p. 276.
"*Thome Guadaloupe contra Associação Italiana de Santa Cecília*" (1937) 8 ILR p. 151.
"*Fiduciários da Igreja Católica Romana contra Ellis*" (2007) NSWCA p. 117.
"*Estados Unidos contra Ohlendorf*" *(caso 9)* (1946-7), IV Julgamentos de criminosos de guerra nos tribunais militares de Nuremberg, p. 408.
"*Wilkins contra Jennings e papa João Paulo II*" (1985) ATR p. 68-754.

NOTAS

1. VINDE A MIM OS PEQUENINOS

1. NEWMAN, John Henry (Ian Ker (ed.)). *Apologia Pro Vita Sua*. London: Penguin Classics, 1994, p. 241.
2. Declaração Universal dos Direitos Humanos, Artigo 18.
3. Ver BINGHAM, Tom. *The Rule of Law*. London: Allen Lane, 2010, p. 4.
4. GALASSO, Carmine. *Crosses: Portraits of Clergy Abuse*. London: Trolley, 2007. O padre Doyle é citado em *O poder e a glória*, de YALLOP, David, capítulo 2, nota 12.
5. *"Christian contra Rainha"*, [2007] 2AC 400 (PC), p. 419, [48].
6. SIPE, Richard. Facts, Truth, Trust and Numbers [Fatos, verdades, confiança e números]. *Richard Sipe*, 23 de janeiro de 2007. Disponível em: http://www.richardsipe.com/Dialogue/Dialogue-05-2007-01-23.html. Acesso em: 25 de julho 2010. Ver também "What the Church could learn from Freud" [O que a Igreja poderia aprender com Freud]. *National Catholic Reporter*, 10 de agosto de 2010, no qual porcentagens de até 9-10% são mostradas.
7. SIPE, Richard. Paedophiles and Celibacy [Pedofilia e celibato]. *Richard Sipe*, 18 de março de 2010. Disponível em: http://www.richardsipe.com/Miscl/vatican_connection.htm. Acesso em: 10 de julho de 2010.
8. WILLS, Gary. Forgive Not [Não perdoar]. *New Republic*, 18 de maio de 2010. E ver TAYLOR, Laurie. Suffer the Little Children [Vinde a mim os pequeninos]. *New Humanist*, p. 16, janeiro/fevereiro de 2010. A incidência de abusos sexuais cometidos por clérigos às vezes pode chegar a até 9%. Veja o Capítulo 1, nota 6.
9. SIPE, Richard; MURRAY, K. K. International Traffic of Priests Who Abuse [Tráfego internacional de padres molestadores]. *SNAP* (Estados Unidos), 17 de abril de 2007. Disponível em: http://www.bishop-accountability.org/news2007/03_04/2007_04_17_Sipe_InternationalTraffic.htm. Acesso em: 22 de julho de 2010.
10. Ver, por exemplo, "Gay Groups Angry at Pope Remarks" [Grupos gays se revoltam com os comentários do papa]. *BBC News*, 23 de dezembro de 2008. Disponível em: http://news.bbc.co.uk/1/hi/7797269.stm. Acesso em: 10 de julho de 2010; e "Pope Accused of Stoking Homophobia After He Equates Homosexuality to Climate Change" [Papa é acusado de promover homofobia após comparar o homossexualismo com as mudanças climáticas]. *The Times*, 23 de dezembro de 2008. Disponível em: http://www.timesonline.co.uk/tol/comment/faith/article5387858.ece. Acesso em: 10 de julho de 2010. Ver também Congregação para a Doutrina da Fé (CDF), *Considerações sobre os projetos de reconhecimento legal das uniões entre pessoas homossexuais*. Publicado pelo prefeito cardeal Ratzinger em 31 de julho de 2003. Disponível em: http://www.vatican.va/roman_curia/congregations/cfaith/documents/rc_con_cfaith_doc_20030731_homosexual-

unions_po.html. Acesso em: 12 de julho de 2010; e RATZINGER, cardeal Joseph. *Carta aos bispos da Igreja Católica sobre o atendimento pastoral das pessoas homossexuais*, 1986. Disponível em: http://www.vatican.va/roman_curia/congregations/cfaith/documents/rc_con_cfaith_doc_19861001_homosexual-persons_po.html. Acesso em: 15 de julho de 2010.
11. Ver o site do Vaticano, "State Departments" [Órgãos do Estado]. Disponível em: http://www.vaticanstate.va/EN/State_and_Government/StateDepartments/. Acesso em: 22 de julho de 2010.
12. Ver DIAS, Frei Noel. Roman Catholic Church and International Law [A Igreja Católica Romana e o direito internacional]. *Sri Lanka Law Journal*, edição nº 13, p. 107, 2001.

2. OS PECADOS DOS PAIS

1. Ver SCICLUNA, Charles. Description of the Problem from the Church Perspective [Descrição do problema pela perspectiva da Igreja]. In: HANSON, Pfafflin e LUTZ (eds.). *Sexual Abuse in the Catholic Church: Scientific and Legal Perspectives*. Roma: Libreria Editrice Vaticana, 2003. *O livro de Gomorra*, publicado por São Pedro Damião por volta de 1051, pedia ao papa para lutar contra a sodomia disseminada entre os sacerdotes.
2. Carta do reverendo Gerald Fitzgerald para o bispo Durick, 10 de setembro de 1964. Ver GOODSTEIN, Laurie. Early Alarm for Church Abusers in Clergy [Alerta inicial sobre os molestadores entre o clero]. *The New York Times*, 2 de abril de 2009. Artigo e correspondência disponíveis em:http://www.nytimes.com/2009/04/03/us/03church.html. Acesso em: 20 de julho de 2010. Ver também a carta de Matthew Brady, bispo de Manchester (New Hampshire) para o reverendo Gerald Fitzgerald, 23 de setembro de 1967, e a carta do reverendo Gerald Fitzgerald para o bispo de Reno, 12 de setembro de 1952. Essas correspondências vieram a público em um processo judicial nos Estados Unidos. Em 1957, Fitzgerald se recusou a proteger padres pedófilos e começou a castigar bispos que cometessem a "blasfêmia" de oferecer comunhão a esses transgressores.
3. WHAT the Bishop Knew [O que o bispo sabia]. *Guardian*, p. 27, 3 de abril de 2010. Ver GOODSTEIN, Laurie. Payout is Bittersweet for Victims of Abuse [Indenizações trazem alívio e amargor para as vítimas de abuso]. *The New York Times*, 17 de julho de 2007. Disponível em: http://www.nytimes.com/2007/07/17/us/17abuse.html. Acesso em: 22 de julho de 2010.
4. Ver MASON, Willian Brian. The New Call for Reform: Sex Abuse and the Foreign Sovereign Immunities Act [O novo chamado à reforma: Abuso sexual e o Ato de Imunidade Soberana Estrangeira]. *Brooklyn Journal of International Law*, edição nº 33(2), p. 655, 2008.
5. Ver "Bishops' Record in Cases of Accused Priests" [Registro de bispos em casos de padres acusados]. *Dallas MorningNews*, 12 de junho de 2002. Os casos e citações nos parágrafos 21 e 22 são todos relatados nesse extenso resumo dos casos de abusos nos Estados Unidos.
6. Citações são de ALLEN JR., John L. *All the Pope's Men: The Inside Story of How the Vatican Really Thinks*. New York: Doubleday, 2004. p. 242-272.

7. Ibidem, p. 279.
8. Faculdade de Justiça Criminal John Jay, *The Nature and Scope of the Problem of Sexual Abuse of Minors by Catholic Priests and Deacons in the United States* [Natureza e escopo do problema dos abusos sexuais de menores cometidos por padres e diáconos católicos nos Estados Unidos], 2004. Disponível em: http://www.usccb.org/nrb/johnjstudy (Estudo de John Jay). Alguns estimam que a incidência de abusos sexuais cometido por sacerdotes possa chegar a até 9%. Ver Capítulo I, nota 6.
9. Estudo de John Jay, p. 6-7.
10. Bispo de Imola, citado por BARSTOW, Ann. *Married Priests and the Reforming Papacy:The 11th Century Debates (Texts and Studies in Religion)*. New York: Edwin Mellor Press, 1982, p. 112.
11. Estudo de John Jay, p. 60
12. YALLOP, David. *The Power and the Glory*. London: Constable, 2007. p. 452 [Edição nacional: *O poder e a glória*. São Paulo: Planeta do Brasil, 2007].
13. Ver "Signature on Letter Implicates Pope in Abuse Cover-up" [Assinatura em cartas envolvem o papa no acobertamento de abusos]. *The Times*, p. 4, 10 de abril de 2010.
14. Ver OSTLING, Richard N. Sex and the Single Priest [Sexo e o padre solteiro]. *Time Magazine*, 5 de julho de 1993.
15. Porta-voz do Vaticano, citado em CHU, Henry; BOORSTEIN, Michelle. US Sex Abuse Lawsuits Target Holy See [Processos por abusos sexuais nos Estados Unidos visam a Santa Sé]. *The Age*, 29 de março de 2010. Disponível em: http://www.theage.com.au/world/us-sex-abuse-lawsuits-target-holy-see-20100328-r531.html. Acesso em: 21 de julho de 2010.
16. Em entrevista a Margaret Warner no programa *Newshour* da PBS, 27 de abril de 2010. Ver transcrição: "Cardinal Levada: We Ought to Hold Ourselves to a High Standard" [Cardeal Levada: Devemos defender um alto padrão]. *PBS Newshour*, 27 de abril de 2010. Disponível em: http://www.pbs.org/newshour/bb/religion/jan-june10/vatican_04-27.html. Acesso em: 20 de julho de 2010.
17. MURPHY, Juiz Francis D.; BUCKLEY, Helen; JOYCE, Larain. *Ferns Inquiry to the Minister for Health and Children [Inquérito de Ferns para o Ministério da Saúde e da Criança]* (Relatório Ferns). Dublin: Government Publications, outubro de 2005. Sumário executivo disponível em: http://www.bishop-accountability.org/ferns/. Acesso em: 22 de julho de 2010.
18. Ver *Public Report* (Relatório Ryan) da Commission to Inquire into Child Abuse [Comissão de Inquérito sobre Abuso de Menores], CICA, 20 de maio de 2009. Sumário executivo, parágrafos 18-20, disponível em: http://www.childabusecommission.ie/rpt/execsummary.php. Acesso em: 18 de julho de 2010.
19. Ibidem, parágrafo 21.
20. Ibidem, parágrafos 29-30.
21. Ver McGARRY, Patsy. Cardinal Brady to Stay in Office as He Asks for Assistance [Cardeal Brady continua no cargo enquanto pede ajuda]. *Irish Times*, 18 de maio de 2010. Disponível em: http://www.irishtimes.com/newspaper/frontpage/2010/0518/1224270601322.html. Acesso em: 20 de julho de 2010. Ver

também "Pope Retains Bishops" [Papa não libera bispos]. *Irish Times*, 12 de agosto de 2010, artigo no qual é dito que a decisão do papa de não aceitar as renúncias "deverá chocar muitas pessoas. Tal postura envia mensagens bastante contraditórias".
22. *Dublin Archdiocese Commission of Investigation Report* [Relatório da Comissão de Investigação da Arquidiocese de Dublin] (Relatório Murphy), 26 de novembro de 2009, capítulo 1.15; 1.113 (Conclusão). Disponível em: http://www.dacoi.ie/. Acesso em: 10 de julho de 2010.
23. Ver Relatório Murphy, Capítulo 1, parágrafo 113.
24. Ibidem, parágrafo 1.35.
25. Ibidem, Capítulo 4, parágrafo 90.
26. JESUITS Admit Shame Over Abuse of 200 Children [Jesuítas admitem vergonha pelo abuso de duzentas crianças]. *The Times*, 28 de maio de 2010.
27. VICTIMS of Sex Abuse to Sue Vatican [Vítimas de abuso sexual devem processar o Vaticano]. *Sunday Times*, 28 de março de 2010. Esse sacerdote, o padre Peter Hullermann, foi por fim condenado em um tribunal alemão em 1986 por crimes que provavelmente não teriam sido cometidos caso o bispo Ratzinger o tivesse denunciado à polícia em 1979. Os defensores do papa dizem que, embora Ratzinger estivesse no comando geral da CDF, o órgão era muito grande e um assistente havia cuidado desse caso específico.
28. AFRICA Now Under the Spotlight Over Sex Crimes [África agora sob os holofotes graças a crimes sexuais]. *Legal Brief Africa*, edição nº 379, 3 de maio de 2010.
29. Ver "John Paul Ignored Abuse of 2,000 Boys" [João Paulo ignorou o abuso de 2 mil garotos]. *Sunday Times*, p. 19, 4 de abril de 2010.
30. POPE Weeps as He Meets Abuse Victims for First Time [Papa chora ao se encontrar com as vítimas de abuso pela primeira vez]. *The Times*, p. 41, 17 de abril de 2010; p. 29, 19 de abril de 2010.
31. Ver McKENZIE, Nick; EPSTEIN, Rafael. 300 Abuse Cases, One Defrocking [Trezentos casos de abuso, uma destituição]. *The Age*, 22 de abril de 2010. Disponível em: http://www.theage.com.au/victoria/300-abuse-cases-one-defrocking-20100421-szz6.html. Acesso em: 23 de julho de 2010.
32. Ver DALY, Martin. Rome Backed Sex-case Priest [Roma apoiou padre em caso de abuso sexual]. *The Age*, 6 de julho de 2002. Disponível em: http://www.theage.com.au/articles/2002/07/05/1025667059915.html. Acesso em: 14 de julho de 2010; e "Priest Used Worker Like Prostitute, Court Told" [Padre usou funcionária como prostituta, afirma tribunal]. *The Age*, 24 de outubro de 2002. Disponível em: http://www.theage.com.au/articles/2002/10/23/1034561548990.html. Acesso em: 15 de julho de 2010.
33. Ver "In Memory of Father Maurie Crocker, a Brave Priest who Exposed Child Abuse in Australia" [Em memória ao padre Maurie Crocker, um corajoso padre que expôs os casos de abuso sexual na Austrália]. Disponível em: http://brokenrites.alphalink.com.au/nletter/page14.html. Acesso em: 25 de julho de 2010.
34. *Winter Commission Report* (1990), Arquidiocese de São João, Newfoundland, Canadá.

35. A HISTORY of Residential Schools in Canada [Um histórico dos internatos no Canadá]. *Canadian Broadcasting Corporation News*, 14 de junho de 2010; SHENKER, Sarah. Legacy of Canada's Residential Schools [O legado dos internatos canadenses]. *BBC News*, 11 de junho de 2008.
36. "*Baxter contra procurador-geral do Canadá*", 2006, Cânone LII, p. 41.673, Suprema Corte de Ontário, 15 de dezembro de 2006.
37. POPE Expresses "Sorrow" for Abuse at Residential Schools [Papa expressa "tristeza" pelos abusos em internatos]. *CBC News*, 29 de abril de 2009.
38. CURRY, Bill. Catholic Church Reluctant to Release Residential School Records [Igreja Católica reluta para liberar os históricos de internatos]. *Globe and Mail*, 6 de abril de 2010.
39. *Safeguarding with Confidence – Keeping Children and Vulnerable Adults Safe in the Catholic Church [Proteção e confiança – Como garantir a segurança de crianças e adultos vulneráveis na Igreja Católica]*. Relatório da Comissão Cumberlege. London: Catholic Truth Society, 2007, p. 4, 21, 57, 89, 90. A recomendação era de uma lei territorial especial vigente na Inglaterra e no País de Gales que daria autoridade jurídica às regras mais importantes da Igreja para a proteção de crianças e adultos vulneráveis, e também garantiria um direito de recurso à Santa Sé caso alguma pessoa ou congregação não conseguisse cumprir suas obrigações de proteger as crianças (Recomendação 72).
40. HOOPER, John. Former Archbishop Cormac Murphy-O'Connor to Head Papal Inquiry into Sex Abuse in Ireland [Ex-arcebispo Cormac Murphy-O'Connor deverá comandar investigação papal sobre os casos de abuso sexual na Irlanda]. *Guardian*, 31 de maio de 2010. Disponível em: http://www.guardian.co.uk/world/2010/may/31/cormac-murphy-o-connor-inquiry-sex-abuse-ireland. Acesso em: 16 de julho de 2010.
41. HE Should Have Been Watched Like a Hawk [Ele deveria ter sido vigiado como um gavião]. *The Times*, p. 5, 10 de abril de 2010; Britain's Top Catholic Protected Paedophile [Alta cúpula católica britânica protegeu pedófilo]. *The Times*, p. 1, 9 de abril de 2010; Archbishop Dodged Apology for Abuse [Arcebispo não se desculpa pelos abusos]. *The Times*, 12 de abril de 2010; QC to Lead Abuse Inquiry at Catholic School [Conselheiro da Rainha deverá comandar investigação sobre abusos em colégio católico]. *The Times*, 6 de agosto de 2010. Abuse Scandal to hang over Papal visit [Escândalo sexual marcará a visita do papa]. *The Times*, 18 de agosto de 2010.
42. Ver WYNNE-JONES, Jonathan. Vatican Allowed Paedophile Living in Britain to Remain as a Priest [Vaticano permitiu que pedófilo vivesse na Grã-Bretanha para continuar atuando como padre]. *Sunday Telegraph*, 11 de abril de 2010.
43. Comissão Nacional Católica de Salvaguarda, *Safeguarding Procedures Manual [Manual de Procedimentos de Salvaguarda]*. Diponível em: http://www.csas.uk.net. Ver Seções 2.5.6 (Disagreements) [Discordâncias], 3.1 (Information Sharing) [Compartilhamento de informações] e 4.1 (Sacrament of Reconciliation) [Sacramento de reconciliação].
44. CATHOLIC Bishops Apologise for Terrible Crimes and Cover-ups [Bispos católicos pedem desculpas pelos terríveis crimes e acobertamentos]. *Guardian*, 23 de abril de 2010.

45. Carta pastoral do santo padre Bento XVI aos Católicos na Irlanda, 19 de março de 2010, parágrafo 4. Disponível em: http://www.vatican.va/holy_father/benedict_xvi/letters/2010/documents/hf_ben-xvi_let_20100319_church-ireland_po.html. Acesso em: 21 de julho de 2010.
46. Ibidem, parágrafo 11.
47. Ver "Pope's Message to the World Ignores Sex Scandal" [Mensagem do papa ao mundo ignora os escândalos sexuais]. *The Times*, p. 14, 5 de abril de 2010.
48. VATICAN Rebukes Austrian Cardinal [Vaticano critica cardeal austríaco]. *New York Times*, 29 de junho de 2010.
49. POPE'S Top Advisor Blames Gays as Rome Seeks Scapegoats for Sex Abuse Scandals [Principal conselheiro do papa culpa os homossexuais enquanto Roma busca bodes expiatórios para os escândalos de abusos sexuais]. *The Times*, 14 de abril de 2010.
50. POPE Calls for Church Repentance Over Sins [Papa pede que a Igreja se arrependa de seus pecados]. *Guardian*, 16 de abril de 2010.
51. *Encíclica Caritas in Veritate*, 29 de junho de 2009, parágrafo 34.
52. "Insidious Challenge of Gay Marriage – the Pope Speaks" [O insidioso desafio do casamento homossexual – o papa se pronuncia]. *The Times*, 14 de maio de 2010.

3. DIREITO CANÔNICO

1. JOHN Paul Backed Bishop for Hiding Abuse: Cardinal [João Paulo apoiou bispo por esconder abuso: cardeal]. *Washington Post*, 17 de abril de 2010; POPHAM, Peter, Made in His Own Image: The Catholic Church Faces Another Scandal [Feito à sua própria imagem: Igreja Católica enfrenta outro escândalo]. *Independent*, 28 de junho de 2010.
2. Ver ORSY, Ladislas M., S. J. Theology and Canon Law [Teologia e direito canônico]. In: BEAL, J. P., CORINDEN, J. A. e GREEN, T. J. *New Commentary on the Code of Canon Law*. Washington, DC: Canon Law Society of America, 2000. p. 1.
3. Ver *New Commentary on the Code of Canon Law*, p. 1371-3.
4. Ibidem, p. 1529 (GREEN, Thomas J.).
5. Ibidem, p. 1532.
6. Ibidem, p. 1600.
7. Relatório Murphy, Capítulo 4, parágrafo 11.
8. Código de 1983, Cânone 1395(2).
9. Ver Relatório Murphy, Capítulo 4, parágrafos 59-61.
10. *Instruction on the Manner of Proceeding in Causes involving the Crime of Solicitation* [Instrução sobre como proceder em causas envolvendo o crime de solicitação]. Vatican Polyglot Press, 1962. Disponível em: http://www.vatican.va/resources/resources_crimen-sollicitationis-1962_en.html. Acesso em: 20 de julho de 2010. Parágrafo 73. Ver trechos no Apêndice B.
11. Ibidem, parágrafo 42.
12. Ibidem, parágrafo 42c.
13. Ibidem, parágrafo 52.

14. ALLEN JR., John L. *All the Pope's Men*, p. 300-301.
15. Ver ROBERTSON, Geoffrey; NICOL, Andrew. *Media Law*. London: Penguin, 3ª edição, 2006, p. 462-3.
16. Ver PLUMER, Eric. *The Catholic Church and American Culture*. London: University of Scranton Press, p. 51.
17. *Crimen Sollicitationis*, Apêndice B, parágrafo 11.
18. Ibidem, parágrafo 65.
19. Ibidem, parágrafo 52.
20. Memorando do réu em apoio à segunda moção para descartar a jurisdição do assunto, p. 16-17.
21. Relatório Murphy, Capítulo 4, parágrafo 82.
22. Relatório Murphy, Capítulo 4, parágrafo 24.
23. Trecho de *Codicis Iuris Canonici Fontes*, 20 de fevereiro de 1866, parágrafo 14.
24. Carta de 2002. Ver Conferência Católica dos Bispos dos Estados Unidos, *Normas Essenciais*, aprovadas em 8 de dezembro de 2002, nota 7.
25. Esse guia está disponível no site do Vaticano: http://www.vatican.va/resources/resources_guide-CDF-procedures_po.html. Acesso em: 20 de julho de 2010.
26. COLE, Andrew. "The Church's Penal Law and the Abuse of Children" [O direito penal da Igreja e o abuso de crianças]. *Thinking Faith*, p. 2, 17 de junho de 2010. O padre Cole presumiu que o "guia" on-line afetasse o direito canônico, mas ele agora já foi anulado pela *de gravioribus delictis*.
27. LOMBARDI, padre Frederico. "O significado da publicação das novas normas sobre os delitos mais graves", sem data. Disponível em: http://www.vatican.va/resources/resources_lombardi-nota-norme_po.html. Acesso em: 20 de julho de 2010.

4. O TRATADO DE LATRÃO

1. Lorde Acton, carta a Mandell Creighton, 5 de abril de 1887.
2. O'CONNELL, D. P. *International Law*. London: Stevens, 1970. p. 289.
3. "*Thome Guadaloupe contra Associação Italiana de Santa Cecília*" (1937) 8 ILR p. 151.
4. "The Presence of the Holy See in the International Organizations" [A presença da Santa Sé nas organizações internacionais], palestra do arcebispo Jean-Louis Tauran, 22 de abril de 2002. Disponível em: http://www.vatican.va/roman_curia/secretariat_state/documents/rc_seg-st_doc_20020422_tauran_ en.html.
5. Ibidem, p. 6.
6. CDF, *Nota doutrinal sobre algumas questões relativas à participação e comportamento dos católicos na vida política*, publicada pelos cardeais Joseph Ratzinger e Tarcisio Bertone, 24 de novembro de 2002. Disponível em: http://www.vatican.va/roman_curia/congregations/cfaith/documents/rc_con_cfaith_doc_20021124_politica_po.html. Acesso em: 21 de julho de 2010. Sobre a proibição do sexo apenas por prazer dentro do casamento, ver FINNIS, John. Reason, Faith and Homosexual Acts ["Razão, fé e atos homossexuais"]. *Catholic Social Science Review*, edição nº 62, 2001, p. 61.
7. CDF, *Considerações sobre as propostas de reconhecer legalmente as uniões entre homossexuais*, publicada pelo cardeal Ratzinger, 3 de junho de 2003, parágrafo 4.

8. Ver a declaração de soberania entregue pela Santa Sé ao Comitê da ONU para os Direitos da Criança, na Santa Sé, *Initial Report to the Committee on the Rights of the Child on the Optional Protocol on the Sale of Children, Child Prostitution and Child Pornography [Relatório inicial ao Comitê da ONU para os Direitos da Criança em relação ao protocolo opcional sobre a venda de crianças, a prostituição infantil e a pornografia infantil]*, 14 de maio de 2010. Disponível em: http://www2.ohchr.org/english/bodies/crc/docs/AdvanceVersions/CRC-C-OPSC-VAT-1.doc. Acesso em: 24 de julho de 2010, p. 1, parágrafo 4(b).
9. Ver, por exemplo, MORGAN, Philip. *Italy 1915-1940.* Bedford: Sempringham Publishing, 1998. p. 6-9, 25, 50-52; e KNIGHT, Patricia. *Mussolini and Fascism.* London: Routledge, 2003, p. 478.
10. ACTON, John E. E. D. *Selected Writings of Lord Acton.* Edição de J. Rufus Fears. v. 3. Indianapolis: Liberty Fund, 2000, p. 340.
11. Ver HITE, John; HENTON, Chris. *Fascist Italy.* London: Hodder Education, 1998. p. 75, citando a carta de Pio XI ao embaixador francês Beyens.
12. Ver DUGGAN, Christopher. *The Force of Destiny: A History of Italy since 1796.* London: Allen Lane, 2007, p. 478.
13. YALLOP, David. *In God's Name.* London: Corgi, 1985, p. 146-7 (Edição nacional: *Em nome de deus.* Brasil: Record, 1984). Nessa época, o Banco do Vaticano também comprou uma empresa que fabricava preservativos.
14. Convenção de Viena sobre o Direito dos Tratados (1969), Artigo 2. O Artigo 3 afirma que "a convenção atual não se aplica aos acordos realizados entre Estados e outras entidades de direito internacional" – outras entidades como, sugiro eu, a Santa Sé.
15. WILLS, Gary. Forgive Not [Não perdoar]. *New Republic,* 18 de maio de 2010.
16. Ver BROWN-SCOTT, James. The Treaty Between Italy and the Vatican [O tratado entre Itália e Vaticano], (1929). *American Society of International Law Proceedings,* edição nº 23, p. 19.
17. Ibidem.
18. Ver "Papal Diplomacy: God's Ambassadors" [Diplomacia papal: os embaixadores de Deus]. *Economist,* 21 de julho de 2007.
19. BRITAIN'S Human Rights Policies Violate National Law, Pope Says [Papa afirma que as políticas de direitos humanos da Grã-Bretanha violam o direito nacional]. *The Times,* 2 de fevereiro de 2010.
20. Carta do MNEC a Jennifer Robinson, 19 de julho de 2010.
21. Carta do MNEC a Jennifer Robinson, 10 de agosto de 2010.
22. BRITAIN Sparks Row with Vatican Over Proposal to Close Embassy [Grã-Bretanha se desentende com o Vaticano quanto à proposta de fechar embaixada]. *The Times,* 9 de janeiro de 2006.
23. Carta do MNEC a Jennifer Robinson, 4 de agosto de 2010.

5. O CRITÉRIO PARA A CONDIÇÃO DE ESTADO

1. A "teoria declaratória" usada para reconhecer Estados com base em um critério formal foi substituída pela teoria constitutiva. Ver, por exemplo, CRAWFORD, James. *The Creation of States in International Law.* 2 ed. Oxford: OUP, 2006;

BROWNLIE, Ian. *Principles of Public International Law*. 6 ed. Oxford, OUP, 2003. p. 86-88; TRIGGS, Gillian. *International Law: Contemporary Principles and Practices*. Sydney: Butterworths/Lexis Nexis, 2005, p. 93.
2. McDOWELL, Bart. *Inside the Vatican*. Washington, DC: National Geographic Society, 2008. p. 15. Um guia de viagens recente publicado pelo MNEC (de abril de 2010) lista a população do Vaticano com 466 habitantes e 333 diplomatas no mundo todo.
3. Ver ABDULLAH, Yasmin. The Holy See at United Nations Conferences: Church or State? [A Santa Sé nas conferências das Nações Unidas: Igreja ou Estado?]. *Columbia Law Review*, volume 96, edição nº 7, p. 1.835, 1996.
4. Ver EUGENE, Cardeal Hyginus. *The Holy See and the International Order*. Bucks: Smythe, 1976.
5. Ver WRIGHT, Herb. The Status of Vatican City [O status da Cidade do Vaticano]. *American Journal of International Law*, edição nº 38, p. 452, 1944.
6. *Inside the Vatican*, produzido pela Gruppe 5 Filmproduktion para a rede ZDF, Episódio I, "An Easter Lamb" [Um cordeiro de Páscoa].
7. BROWNLIE, Ian. *Principles of Public International Law*. 6 ed. Oxford: OUP, 2003. p. 71.
8. EUGENE, Cardeal Hyginus. *The Holy See and the International Order*, p. 32.
9. ABDULLAH, Yasmin. The Holy See at United Nations Conferences [A Santa Sé nas conferências das Nações Unidas: Igreja ou Estado?], p. 1.865.
10. Ver YOUNG, Stephen E.; SHEA, Alison. Separating Law from Church: A Research Guide to the Vatican City State [Separando o direito da Igreja: um guia de pesquisa para o Estado da Cidade do Vaticano]. *Law Library Journal*, edição nº 99, p. 589 e 595, 2007.
11. Convenção de Viena sobre relações consulares (1963), Artigo 5, "Funções Consulares".
12. Ver YOUNG, Stephen E.; SHEA, Alison. Separating Law from Church [Separando o direito da Igreja], conforme a nota 10, p. 595.
13. O exemplo mais cínico dessas nomeações vem da Austrália, onde governos trabalhistas vêm explorando a atração a esse cargo diplomático (que até 2009 era conjunto com o da Irlanda) para políticos católicos, como visto nas nomeações de Vince Gair (um senador da oposição que tinha seu cargo cobiçado), Brian Burke (como recompensa a um político corrupto) e Tim Fischer (líder de um partido de oposição).
14. MAGISTERE, Sandro. Mission Impossible: Eject the Holy See from the UN [Missão impossível: expulsar a Santa Sé das Nações Unidas], 21 de agosto de 2008. Disponível em: http://chiesa.espresso.repubblica.it/articolo/162301?eng=y. Acesso em: 22 de julho de 2010.
15. Ver YOUNG, Stephen E.; SHEA, Alison. Separating Law from Church [Separando o direito da Igreja], p. 605-6.
16. CRAWFORD, James. *The Creation of States in International Law*, p. 221-5.
17. TRIGGS, Gillian. *International Law*, p. 188.
18. CRAWFORD, James, citando DUURSMA, Jorri. *Fragmentation and the International Relations of Microstates: Self-determination and Statehood*. Cambridge: Cambridge Studies in Comparative and International Law, 1996, p. 386-7.

19. O'CONNELL, D. P. *International Law*. London: Stevens, 1970, p. 290.
20. BROWNLIE, Ian. *Principles of Public International Law*, p. 64.
21. A melhor abordagem foi feita por ABDULLAH, Yasmin. The Holy See at United Nations Conferences [A Santa Sé nas conferências das Nações Unidas], (In: *Satow's Diplomatic Practice*), que reconhece a Santa Sé como um Estado.
22. CORNWELL, Rupert. *God's Banker: The Life and Death of Roberto Calvi*. London: Unwin, 1984. O Vaticano se recusou a receber as intimações enviadas a Marcinkus pela corte italiana, alegando que, por ser um Estado soberano, esses documentos deveriam ser enviados pelo Ministério das Relações Exteriores da Itália e pela embaixada italiana para a Santa Sé: ver p. 225.
23. YALLOP, David. *Em nome de Deus*. Brasil: Record, 1984.
24. TRIGLIO JR., Reverendo John; BRIGHENTI, Reverendo Kenneth. *Catholicism for Dummies*. London: Wiley, 2003, p. 384 [Edição nacional: *Catolicismo para leigos*. Rio de Janeiro: Alta Books, 2008].
25. Ver "*Alperin contra Banco do Vaticano*", (2005) 410 F. 3º p. 532; BEHAR, R., Washing Money in the Holy See ["Lavagem de dinheiro na Santa Sé"]. *Fortune*, 16 de agosto de 1999, p. 128-37; e POLLOCK, Ellen Joan. *The Pretender: How Martin Frankel Fooled the Financial World and Led the Feds on One of the Most Publicized Manhunts in History*. New York: Free Press, 2002.
26. Ver YOUNG, Stephen E.; SHEA, Alison. Separating Law from Church [Separando o direito da Igreja], p. 599.
27. CUSHLEY, Monsenhor Leo. A Light to the Nations: Vatican Diplomacy and Global Politics [Uma luz às nações: a diplomacia do Vaticano e a política global], palestra em Habigen, 2007. Disponível em: http://www.stthomas.edu/cathstudies/programs/habiger/default.html. Acesso em: 20 de julho de 2010, p. 7-8.

6. A SANTA SÉ E AS NAÇÕES UNIDAS

1. Ver EUGENE, Cardeal Hyginus. *The Holy See and the International Order*, p. 256.
2. HELLEGERS, André, citado por YALLOP, David. *In God's Name*, p. 59. A votação da comissão ficou em 64 votos a favor e 4 contra os métodos contraceptivos.
3. PAPAL Diplomacy: God's Ambassadors [Diplomacia papal: os embaixadores de Deus]. *Economist*, 21 de julho de 2007.
4. Resolução do Conselho Econômico e Social da ONU 1296 (XLIV), *Preparativos para a deliberação com organizações não governamentais*, 23 de maio de 1968, parágrafo 12.
5. KOENIG, Christian. *Revisão interna da Cruz Vermelha*, 280 (28 de fevereiro de 1991), p. 37-48.
6. CHARLESWORTH, Hilary; CHINKIN, Christine. *The Boundaries of International Law: A Feminist Perspective*. Manchester: Manchester University Press, 2000, p. 135.
7. Ver U.S. Catholic Bishops Conference Says Pro-Abortion Politicians Should be Shunned [Conferência dos bispos católicos dos Estados Unidos afirma que polí-

ticos pró-aborto deveriam ser afastados]. *LifeSite News*, 21 de setembro de 2004 e 27 de setembro de 2004.
8. O melhor relato pode ser encontrado em ABDULLAH, Yasmin. The Holy See at United Nations Conferences: Church or State? [A Santa Sé nas conferências das Nações Unidas: Igreja ou Estado?]. *Columbia Law Review*, volume 96, edição nº 7, p. 1835, 1996.
9. Ibidem, p. 1851, nota 126.
10. Ibidem, p. 1853. E também CHARLESWORTH, Hilary; CHINKIN, Christine, *The Boundaries of International Law*, p. 134-6.
11. TOTARO, Paola. The Enforcer with a Gentle Manner [A imposição com gentileza]. *Sydney Morning Herald*, 15 de abril de 2010.
12. KRISTOF, Nick. The Pope and AIDS [O papa e a AIDS]. *The New York Times*, 8 de maio de 2005.
13. LETTE, Kathy. Ovarian Roulette [Roleta-russa da concepção]. In: *Because I Am a Girl*. London: Vintage, 2010. p. 69.
14. BURKE, Arcebispo do Vaticano. No Communion for Catholic Politicians Who Support Abortion [Comunhão proibida para políticos católicos que apoiam o aborto]. *Lifestyle News*, 2 de maio de 2009.
15. CHARLESWORTH, Hilary; CHINKIN, Christine. *The Boundaries of International Law*, p. 134.
16. ALLEN JR., John L. *All the Pope's Men*, p. 375-6.
17. ROBERTSON, Geoffrey. *Crimes Against Humanity*. London: Penguin, 2006. p. 340, 424, 433-4.
18. TOP Cardinal Made Plea for Pinochet [Cardeal proeminente faz apelo por Pinochet]. *Sunday Times*, p. 24, 11 de fevereiro de 1999.
19. Ver DEL PONTE, Carla. *Madame Prosecutor: Confrontations with the Culture of Impunity*. Other Press, 2008. p. 189-91; 267-9.
20. Ver WILSON, Richard. The Catholic Church Acts as a Law Unto Itself [A Igreja Católica age como se fosse a própria lei]. *New Humanist*, volume 125, edição nº 3, p. 13, maio/junho de 2010.
21. *"Promotor público contra Akayesu"*, caso nº ICTR-96-4-T, setembro de 1998, parágrafo 597.
22. *"Raquel Martí de Mejía contra Peru"*, caso 10.970, relatório nº 5/96, Corte Interamericana de Direitos Humanos, OEA/Ser.L/V/II.91 Doc. 7 de 157 (1996).
23. Ver *"Menesheva contra Rússia"* (2006) ECHR, cadastro nº 59261/00, 9 de março de 2006.
24. *In re E (uma criança) (AP) (apelante) (Irlanda do Norte)* [2008] UKHL p. 66.
25. Ver a contribuição de Cherie Booth em STANFORD, Peter. *Why I am Still a Catholic* [Por que ainda sou católico]. London: Continuum, 2005. p. 25.
26. Essa guerra interna começou com "A carta de Ratzinger", que condenava os movimentos da teologia da libertação porque suas críticas de influência marxista e de classe iam contra os ensinamentos da Igreja e poderiam levar a ditaduras socialistas: "Aqueles que apoiam esse tipo de filosofia na verdade estão traindo os próprios oprimidos que tentam ajudar". Nos anos 1980, preocupado com os padres de guerrilha e não com os pedófilos, Ratzinger expulsou Leonardo Boff e

outros líderes intelectuais que pediram à Igreja para tomar uma atitude radical em apoio à causa dos camponeses e dos empregados: ver BERRYMAN, Phillip. *Liberation Theology*. London: IB Taurus, 1987, p. 185-200 ("The Ratzinger Letter" [A carta de Ratzinger]).
27. LINDEN, Ian. *Global Catholicism*. London: Hurst, 2009, p. 148.
28. CORNWALL, John. *The Pope in Winter*. London: Penguin, 2005, p. 255.
29. Ibidem, p. 276-7.
30. ALLEN JR., John L. *Pope Benedict XVI*. London: Continuum, 2005, p. 17 (amnésia); p. 27-30 (acobertamento); p. 152 *et seq* (teologia da libertação); p. 177 (mulheres); p. 189 (fertilização *in vitro*); p. 205 (preservativos); p. 206 (homossexuais); p. 213 (espancamentos de homossexuais).

7. A CONVENÇÃO SOBRE OS DIREITOS DA CRIANÇA

1. Santa Sé, *Relatório ao Comitê dos Direitos da Criança*, 28 de março de 1994. O Artigo 2(d) da Convenção de Viena sobre o Direito dos Tratados define uma ressalva como "uma declaração unilateral [...] feita por um Estado, visando invalidar ou modificar o efeito legal de certas cláusulas dos tratados ao serem aplicadas nos Estados em questão". No entanto, o Artigo 19 afirma que uma ressalva "não pode ser inconsistente com o objetivo e o propósito do tratado".
2. Comitê dos Direitos da Criança, *Observações finais do Comitê dos Direitos da Criança: Santa Sé*, 27 de novembro de 1995, CRC/C/15/Add.46.
3. Ver as críticas recentes pela Santa Sé não ter entregado seu relatório: JORDANS, Frank. UN: Vatican Child Rights Report 13 Years Overdue [ONU: Relatório dos direitos da criança do Vaticano está 13 anos atrasado]. *Associated Press*, 16 de julho de 2010. Disponível em: http://www.usatoday.com/news/religion/2010-07-16-report15_ST_N.htm. Acesso em: 22 de julho de 2010.
4. Ver Artigos 2(d) e 19 da convenção.
5. Santa Sé, *Relatório inicial ao Comitê dos Direitos da Criança sobre o Protocolo Opcional sobre a venda de crianças, a prostituição infantil e a pornografia infantil*, 4 de maio de 2010, CRC/C/3/Add 27, parágrafo 57.
6. CRC/C/3/Add.27, parágrafo 16 (b).
7. Relatório Cumberlege, *Protegendo com confiança* (2007), 5.21
8. CRC/C/3/Add.27, parágrafo 23 (a).

8. UMA ACUSAÇÃO A SER RESPONDIDA?

1. POPE Engineered Cover-up of Child Sex Abuses Says Theologian [Teólogo afirma que o papa teria orquestrado o acobertamento de abusos sexuais contra menores]. *Irish Times*, 16 de abril de 2010.
2. DERSHOWITZ, Alan. *Thou Shalt Not Stereotype* [Não estereotiparás]. Disponível em: http://www.huffingtonpost.com/alan-dershowitz.
3. WILLS, Gary. Forgive Not [Não perdoar]. *New Republic*, 18 de maio de 2010.
4. Ver a *Convenção Sobre a Não Aplicação das Limitações Estatutárias aos Crimes de Guerra e dos Crimes contra a Humanidade* (1968) e ROBERTSON, Geoffrey. *Crimes Against Humanity*. London: Penguin, 2006, Capítulo 7.

5. TRIGLIO JR., Reverendo John; BRIGHENTI, Reverendo Kenneth. *Catholicism for Dummies*. London: Wiley, 2003, p. 129 [Edição nacional: *Catolicismo para leigos*. Rio de Janeiro: Alta Books, 2008].
6. *"W contra Edgell"* [1990] 1 All ER p. 835, e *"Tarasoff contra regentes da Universidade da Califórnia"* (1976) 17 Cal 3º p 425.
7. ALLEN Jr., John L. Don't be Daft – You Can't Put the Pope on Trial [Não seja tolo – você não pode levar o papa ao tribunal]. *Spectator*, 14 de abril de 2010. Disponível em: http://www.spectator.co.uk/spectator/thisweek/5879613/5911953/part_3/dont-be-daft-you-cant-put-the-pope-on-trial.thtml. Acesso em: 25 de julho de 2010.
8. *Crimen*, parágrafos 66-8.
9. Ibidem, parágrafo 70.
10. Ver GUILLERMOPRIETO, Alma. The Mission of Father Marcial [A missão do padre Marcial]. *New York Review of Books*, p. 28, 24 de junho de 2010.
11. POPE, in Sermon, Says He Won't be Intimidated [Papa afirma em sermão que não será intimidado]. *The New York Times*, 28 de março de 2010. Disponível em: http://www.nytimes.com/2010/03/29/world/europe/29pope.html. Acesso em: 25 de julho de 2010.
12. CDF Official Details Response to Sex Abuse [Oficiais da CDF detalham resposta aos casos de abuso sexual]. *National Catholic Reporter*, 31 de março de 2010. Disponível em: http://ncronline.org/news/accountability/cdf-official-details-response-sex-abuse. Acesso em: 25 de julho de 2010.
13. TOWNLEY, Leslie. Conceal or Reveal? The Role of Law in Black Collar Crime [Esconder ou revelar? O papel da lei nos crimes do colarinho preto]. *Public Space (The Journal of Law and Social Justice)*, edição nº 1, p. 30, 2007. E ver, para a rejeição por parte do papa João Paulo II da política de "tolerância zero" por ser contrária ao direito canônico: YALLOP, David. *The Power and the Glory*. London: Constable, 2007. p. 449. O papa Bento já aceitou, apenas nos Estados Unidos, mas não no resto do mundo, que a política diluída de "chance única" fosse aplicada pelos bispos dos Estados Unidos. Dessa forma, um único caso de abuso sexual já justifica a cassação da "atividade ministerial" de um padre. Ver: Something Missing [Algo faltando]. *National Catholic Reporter*, 9 de agosto de 2010.

9. CRIMES CONTRA A HUMANIDADE

1. *"Estados Unidos contra Ohlendorf" (caso 9) (1946-7)*, IV Julgamentos de criminosos de guerra nos tribunais militares de Nuremberg, p. 408.
2. A Autoridade do Distrito de Regensburgo publicou um comunicado à imprensa confirmando que Bento, nascido no vilarejo de Pentling, no distrito de Regensburgo, nunca renunciou à sua cidadania alemã, nem pediu sua anulação. O direito alemão permite dupla cidadania, e Bento continua tendo direito de votar nas eleições alemãs.
3. *Decisão sobre moção em defesa do caso "Promotoria contra Tadic"*, IT-94-1-AR72-2, outubro de 1994, parágrafo 141.
4. *Conferência Diplomática das Nações Unidas de Plenipotenciários para a Criação de um Tribunal Penal Internacional*, Roma, 15-17 de julho de 1998, Registros oficiais, volume II, p. 150-52.

5. *Decisão de acordo com o Artigo 15 do Estatuto de Roma sobre a autorização de uma investigação no caso da República do Quênia*, ICC-01/09, Tribunal Penal Internacional (TPI), 31 de março de 2010. Disponível em: http://www.unhcr.org/refworld/docid/4bc2fe372.html. Acesso em: 26 de julho de 2010.
6. Artigo 7(1)(g), Estatuto de Roma.
7. Artigo 7(1)(k), Estatuto de Roma.
8. *"Promotor contra Brima, Kamara e Kanu" (julgamento de recurso do Conselho das Forças Armadas Revolucionárias de Serra Leoa), Tribunal Especial de Serra Leoa,* 22 de fevereiro de 2008, parágrafos 197-202.
9. *"Promotor contra Vasiljevic"* IT-98-32T, 29 de novembro de 2002, parágrafo 29.
10. *"Yamashita contra Estados Unidos"* (1946) 327 US.1.
11. CASSESSE, Antonio. *International Criminal Law.* 2 ed. Oxford: OUP, 2008, p. 245-6 e ver parágrafos 11.4.2 até 11.4.4.
12. Ver OLASOLO, Hector. *Criminal Responsibility of Senior Political and Military Leaders as Principals to International Crimes.* Oxford: Hart Publishing, 2009, p. 103 e o parágrafo 120.
13. Assembleia dos Estados Membros do Tribunal Penal Internacional, *Elementos constitutivos dos crimes,* ICC-ASP/1/3 (parte II(b)), adotado em 9 de setembro de 2002.
14. Ibidem.
15. Ver Estatuto de Roma, Artigo 21, e SCHABAS, William A. *An Introduction to the International Criminal Court.* 2 ed. Cambridge: CUP, 2004. p. 356.
16. Essa foi a determinação feita pela corte de apelação do TPI no caso "Promotor contra Kunarac", IT-96-23/I-A, 12 de junho de 2002, parágrafo 98: "A exigência de uma política de Estado não faz parte do direito consuetudinário, desde que os crimes contra a humanidade tenham sido mais do que 'casos isolados ou desconexos'." Outros sugerem que essa inconsistência pode não ser tão problemática quanto receio. Nesse sentido, Darryll Robinson argumenta que isso simplesmente reafirma o princípio de que não é possível inferir uma "política" com base apenas na falta de atitude. No entanto, se o Estado estava ciente dos crimes e tinha os meios para puni-los ou denunciá-los, é possível inferir que esses atos foram incentivados. Ver LEE, Roy S. (ed.). *The ICC: Elements of Crime and Rules of Procedure and Evidence,* 2001, p. 76.
17. Ver CASSESSE, Antonio. *International Criminal Law,* p. 93.
18. *Caso referente ao mandado de prisão de 11 de abril de 2000 ("República Democrática do Congo contra Bélgica") (TIJ)* Relatório 2.
19. Ver, por exemplo, *"Al-Adsani contra Reino Unido",* cadastro nº 35763/97, Conselho da Europa: Tribunal Europeu de Direitos Humanos, 21 de novembro de 2001.
20. Ver "Police Seize Cardinal's Computer in Sex Abuse Enquiry" [Polícia apreende computador de cardeal em investigação sobre abusos sexuais]. *The Times,* p. 43, 25 de junho de 2010, e "Police Raids in Sex Abuse Cases Focus on Belgium's Catholic Hierarchy" [Operações policiais sobre casos de abuso sexual se concentram na hierarquia católica belga]. *Guardian,* p. 20, 25 de junho de 2010.
21. *"Lautsi contra Itália",* cadastro nº 30814/06, Tribunal Europeu dos Direitos Humanos, 3 de novembro de 2009 (remetido à Grande Câmara).

22. *"Pelligrino contra Itália"*, cadastro nº 30882/96, Tribunal Europeu dos Direitos Humanos, 20 de julho de 2001.
23. *"Reverendo James O'Callaghan contra Reverendo Charles O'Sullivan"* (1925), Relatórios Irlandeses, p. 90.
24. *"Gillfillan contra R"* (KJ80) 637 F 2b 924.
25. O secretário de justiça Kenneth Clarke anunciou agora que a lei de jurisdição universal do Reino Unido será ainda mais atravancada por uma regra exigindo que a emissão de qualquer mandado seja aprovada pelo Diretor da Promotoria Pública.
26. *"R contra Rafique"* [K993] QB 843.

10. O PAPA PODE SER PROCESSADO?

1. Ver *"Bazley contra Curry"* (1999) 174 DLR (4º) p. 45 (Suprema Corte do Canadá); *"Lister contra Hesley Hall"* [2002] 1 AC p. 215 (Câmara dos Lordes do Reino Unido) e *"NSW contra Lepore"* (2003) 195 ALR p. 412 (Suprema Corte da Austrália), discutidos em DEAKIN, Simon; JOHNSON, Angus; MARKESINIS, Basil. *Tort Law.* 5 ed. Oxford: OUP, 2003, p. 593-5. No caso "Maga contra fiduciários da arquidiocese católica de Birmingham" [2010] EWCA Civ 256, a Corte de Apelação Inglesa deu um amplo escopo à exigência de uma "conexão" entre um padre e a Igreja que é necessária para sustentar uma acusação por abuso sexual de menores.
2. Ver *"Fiduciários da Igreja Católica Romana contra Ellis"* (2007) NSWCA p. 117, no qual um corpo representando membros da Igreja Católica não pôde ser responsabilizado por ações cometidas por um padre assistente da paróquia. Esse foi um caso terrível, no qual o denunciante reclamou para o superior do padre que, sem seu conhecimento, preparou um encontro entre ele e seu molestador para "acertar as coisas". O juiz comentou que chega a ser "arrepiante" a ideia de que esse superior poderia ser outro molestador. Ver a decisão de primeira instância de "Ellis contra Pell" [2006] NSWSC p. 109, parágrafo 90.
3. MARTINEZ, Lucian C. Sovereign Impunity: Does the Foreign Sovereign Immunity Act Bar Lawsuits Against the Holy See in Clerical Sexual abuse Cases? [Impunidade soberana: O Ato da Imunidade Soberana de Estado impede ações contra a Santa Sé em casos de abuso sexual?]. *Texas International Law Journal,* edição nº 44, p. 123 e 144, 2008.
4. *Diocese católica romana de Galvarston-Houston* 408 F suplemento 2º, p. 276.
5. Carta de 2 de agosto de 2005 de John Bellinger III (conselheiro legal do Departamento de Estado) para Peter Keisler (advogado-geral assistente do Departamento de Justiça dos Estados Unidos).
6. Esse certificado ministerial só é conclusivo em ações civis. Tal documento pode ser apresentado em ações criminais, nas quais ele seria "substancial", mas não conclusivo: *"Alamieyeseigha contra Serviço de Promotoria da Coroa"* [2005] EWHC p. 2.104.
7. *"Christian contra R"* [2007] 2 AC p. 400, no parágrafo 33, pelo Lorde Woolf. O ataque precisaria ser baseado na irracionalidade de reconhecer a Santa Sé como um Estado. Uma votação no Tribunal Europeu dos Direitos Humanos decidiu, ainda que por nove contra oito, que, embora a imunidade de Estado vete acesso

à justiça (uma violação à primeira vista do Artigo 6), seria "plausível" a hipótese de um Estado (o Reino Unido) estender seu efeito, mesmo se os denunciantes estivessem tentando mover uma ação por um crime contra a humanidade (como a tortura cometida por oficiais da Arábia Saudita). Ver "Al-Adsani contra Reino Unido" (2001) EHRR p. 273, e McCLEAN David; BEEVERS, Kisch. *Morris's Conflict of Laws*. 7 ed. London: Sweet & Maxwell, 2008, p. 153.

8. Essa foi a conclusão do juiz David Hunt em um curioso processo por difamação movido por um padre contra seu bispo e o papa João Paulo II por uma declaração feita pela sua diocese de que ele estaria com problemas mentais quando atacou políticos em um sermão. O denunciante não contestou o fato de o papa ser um chefe de Estado, então o juiz aplicou a regra de que ele não poderia ser processado em New South Wales, a menos que consentisse com isso: "*Wilkins contra Jennings e papa João Paulo II*" (1985) ATR p. 68-754. Ironicamente, 16 anos depois, foi o próprio David Hunt, desta vez como juiz do TPI, quem preparou a denúncia contra Slobodan Milosevic, um chefe de Estado, por crimes contra a humanidade.

9. O último papa a abdicar foi Gregório XII, em 1415.

10. Título 28, Código dos Estados Unidos, Artigo 1605(a)(5), usado no caso do rei Farouk.

11. Uma base alternativa para a responsabilização seria mostrar ao tribunal que o padre molestador era um empregado direto da Santa Sé, o que daria a ela responsabilidade indireta pelos ataques. Ver "Doe contra Santa Sé" 434 F Suplemento 2º, p. 949; "O'Bryan contra Santa Sé" 471 no Suplemento 2º, p. 291; BLACK, Melanie. The Unusual Sovereign State: FSIA and Litigation against the Holy See for its Role in the Global Priest Sexual Abuse Scandal [A estranha soberania de Estado: o AISE e o litígio contra a Santa Sé pelo seu papel no escândalo global sobre os abusos sexuais clericais]. *Wisconsin International Law Journal*, edição nº 27(2), p. 299, 2009.

12. "*Maga contra fiduciários da arquidiocese católica de Birmingham*" [2010] EWCA Civ p. 256, por Neuberger MR.

13. "*John Doe contra Santa Sé*", Tribunal Distrital dos Estados Unidos, Oregon, juiz Mosman, 7 de junho de 2006, e ver "*Doe contra Santa Sé*", Corte de Apelação dos Estados Unidos do Nono Circuito, nº 06-35563, e "US Rules that Victims Can Sue the Vatican" [Estados Unidos determinam que as vítimas podem processar o Vaticano"]. *The Times*, 29 de junho de 2010.

14. "*Santa Sé (Requerente) contra John V. Doe*", Suprema Corte, caso nº 09-1, declaração para os Estados Unidos como um amicus curiae, feita pelo procurador-geral Koh, em maio de 2010, p. 3-4.

15. Cânone 331 e Cânone 336 do código de 1983.

16. *Catecismo da Igreja Católica*. São Paulo: Loyola, 2000, parágrafos 880-85.

17. "*O'Bryan contra Santa Sé*", ação civil nº 13.04CV338-H US Tribunal Distrital do Distrito Oeste de Kentucky, Divisão de Louisville, memorando do defensor em apoio à segunda moção para descartar o caso por falta de argumentos sobre a jurisdição, emitido em 17 de maio de 2010. Agora, os advogados da Santa Sé estão argumentando que a *Crimen* não foi usada para disciplinar os padres que

molestaram os reclamantes; seus casos teriam sido administrados pessoalmente pelo arcebispo local, que não respondia à *Crimen*, não deixando que o caso se encaixe na exceção prevista pelo AISE.
18. Ibidem, p. 32, citando o especialista em teologia do Vaticano, o dr. Edward N. Peters.
19. Os tribunais de *common law* relutam a "entrar em disputas ou diferenças doutrinais" oriundas de práticas obscuras de comunidades religiosas específicas, e já se recusaram a aceitar, por exemplo, um processo por difamação movido por um pretenso "bispo" de uma suposta "Igreja Católica Liberal" que realizava casamentos entre homossexuais, contra um jornal que fez comentários descorteses sobre seu bispado: *"Reverendo Jonathan Blake contra Associated Newspapers" [2003]* EWHC 1960 (QB). Mas essa é uma questão muito diferente da análise da relação entre, por exemplo, bispos e padres, ou bispos e o Vaticano, para se determinar sua caracterização legal.
20. Ver RATNER, Steven R.; ABRAMS, Jason S.; BISCHOFF, James L. *Accountability for Human Rights Violations in International Law*. 3 ed. Oxford: OUP, 2009, p. 273-4.
21. Ver ROBERTSON, Geoffrey. *Crimes Against Humanity*. London: Penguin, 2006, p. 288-9; 294-5.

11. REFLEXÕES

1. Extrapolando o subestimado número do estudo da Faculdade John Jay de 10.667 vítimas nos Estados Unidos, o abuso "endêmico" na Irlanda em instituições para meninos ao longo de muitos anos, os crescentes casos na Europa (por exemplo, cinquenta dos 850 padres de Malta são suspeitos de molestar menores, e pedófilos em geral fazem múltiplas vítimas) e o número previsto na América Latina e na África, o total de crianças molestadas na Igreja Católica durante os últimos trinta anos, ou seja, sob o comando de Ratzinger/Bento, poderia até passar de 100 mil.
2. A ligação entre o celibato e os casos de abuso sexual fica clara no estudo de HAGGETT, Louise: ver seu site e *The Bingo Report: Mandatory Celibacy and Clergy Sex Abuse*. [s.l.]: CSRI Books, 2005.
3. Ver, por exemplo, "Priest's secret lovers ask Pope to scrap celibacy rule" [Amante secreta de padre pede ao papa para descartar a exigência de celibato]. *The Guardian*, 28 de maio de 2010.
4. THE fate of Catholic Europe [O destino da Europa católica]. *The Economist*, 7 de agosto de 2010, p. 20-22.
5. LINDEN, Ian. *Global Catholicism*. Hearst, 2009, p. 267-8.

EPÍLOGO

1. A esses nomes podem ser adicionados os do arcebispo de Santa Fé, na Argentina, acusado em 1995 por nada menos do que 47 jovens seminaristas de abuso sexual. Ele se reuniu às pressas em Roma com João Paulo II, que ordenou o fim da investigação e o confirmou como arcebispo. Ele só foi julgado em 2009, quando

recebeu uma sentença de oito anos de prisão. Ver: http://en.wikipedia.org/wiki/sexual-abuse-scandal-in-Santa-Fe-de-la-Vera-Cruz-archdicese.
2. POPE blames 1970's for sex abuse in church [Papa culpa os anos 1970 pelos casos de abuso sexual na Igreja]. *The Guardian*, 21 de dezembro de 2010.
3. IRELAND granted immunity to sex abuse church officials under pressure from Vatican says Wikileaks [Irlanda concede imunidade a oficiais da Igreja acusados de abuso sexual sob pressão do Vaticano, diz Wikileaks]. *Daily Mail*, 11 de dezembro de 2010.
4. VATICAN letter on sex abuse from '97 revealed [Carta do Vaticano sobre abuso sexual de 1997 é revelada]. *Associated Press*, 18 de janeiro de 2011.
5. BUTT, Riazat. Paedophile priests remain part of church [Padres pedófilos continuam fazendo parte da Igreja]. *The Guardian*, 15 de setembro de 2010.
6. GOODSTEIN, Laurie. Delaware diocese settles with victims of abuse [Diocese de Delaware faz acordo com vítimas de abuso]. *New York Times*, 3 de fevereiro de 2011.
7. YARDLEY, William. Catholic order reaches $166 million settlement with several abuse victims [Ordens católicas chegam a 166 milhões de dólares em acordos com diversas vítimas de abuso]. *New York Times*, 25 de março de 2011.
8. THE Catholic Church: Chapter 11, verse 8 [A Igreja Católica: Capítulo 11, verso 8]. *The Economist*, p. 49, 12 de fevereiro de 2011.
9. THE Catholic Church: Sins of the Fathers [A Igreja Católica: Pecados dos pais]. *The Economist*, p. 53, 12 de março de 2011.
10. CLAIMS of Abuse at San Diego church [Acusações de abuso na igreja de São Diego]. *Associated Press*, 24 de outubro de 2010.
11. CHILEAN priest found guilty of abusing minors [Padre chileno é julgado culpado pelo abuso de menores]. *New York Times*, 18 de fevereiro de 2011.
12. ROME priest sentenced to 15 years for paedophilia [Padre romano sentenciado a 15 anos por pedofilia]. *AFP*, 4 de março de 2011.
13. CASTLE, Stephen. News reports say Cardinal protected an abuser [Notícias afirmam que cardeal protegeu um molestador]. *New York Times*, 10 de fevereiro de 2011
14. PISA, Nick. Belgian church abuse detailed by Adriaenssens Report [Abusos na Igreja belga são detalhados no Relatório Adriaenssens]. *BBC*, 10 de setembro de 2010.
15. STEPHEN Castle. Belgium call for sex abuse panel [Bélgica exige comissão para apurar casos de abuso sexual]. *New York times*, 29 de março de 2011.
16. INSIDE Germany's Catholic Sexual Abuse Scandal [Por dentro do escândalo de abusos sexuais na Igreja Católica alemã]. *Spiegel online*, 2 de agosto de 2010.
17. GERMAN Catholic church re-writes sex abuse guidelines [Igreja Católica alemã reescreve diretrizes para casos de abuso sexual]. *ABC*, 31 de agosto de 2010.
18. MUNICH church hid abuse allegations for decades [Igreja de Munique esconde alegações de abuso durante décadas]. *The Local*, 4 de dezembro de 2010.
19. GERMANY: Cardinal asks forgiveness of abuse by priests and teachers [Alemanha: Cardeal pede perdão pelos abusos cometidos por padres e professores]. *Associated Press*, 3 de dezembro de 2010.

20. KEANE, Fergal. What the Pope knew [O que o papa sabia]. *ABC One*, 13 de setembro de 2010.
21. Em um debate sobre se "o papa deveria ser responsabilizado pelos pecados dos padres", Festival de Ideias Perigosas, Sydney Opera House, 2 de outubro de 2010.
22. Cartas, *The Times*, quarta-feira, 15 de setembro de 2010.
23. Ver carta de Henry Bellingham, membro do parlamento, em reposta a Geoffrey Robertson e ao website New Statesman, 13 de setembro de 2010.
24. "Lautsi contra Itália", 18 de março de 2011, parágrafo 71. Ver parágrafo 211, nota 21.
25. Ibidem, parágrafo 16.
26. Ibidem.
27. Vaticano: http://www.amnesty.org/en/region/vatican/report/2011.
28. DONADIO, Rachel. Vatican tells Bishops to set clear strategy against abuse [Vaticano pede aos bispos para definirem uma estratégia clara contra os abusos]. *New York Times*, 16 de maio de 2011.